集人文社科之思 刊专业学术之声

集 刊 名：反歧视评论

主　　编：刘小楠　王理万

ANTI-DISCRIMINATION LAW REVIEW　No.6

编辑委员会（按姓氏拼音排名）

曹义孙　郭慧敏　李　楯　林燕玲　刘伯红　刘明辉
李薇薇　薛宁兰　叶静漪　张千帆　周　伟

编　辑

龚新玲　徐　丹　赵　晨　包晓璇　王威智　陈颖楠
闫之涵　赵　飞　杨　帆　曾诗雨　孔雨雪

第6辑

集刊序列号：PIJ-2018-338
中国集刊网：www.jikan.com.cn
集刊投约稿平台：www.iedol.cn

反歧视评论

Anti-Discrimination Law Review No.6

第 **6** 辑

主编 ／ 刘小楠 　王理万

社会科学文献出版社
SOCIAL SCIENCES ACADEMIC PRESS (CHINA)

卷首语

第 6 辑《反歧视评论》如约与读者见面了！回首 2014 年《反歧视评论》创办，迄今已然经过六年时光。这六年中，社会和公众对于反歧视经历了从"集体无意识"到"全民觉醒"的可喜进步。反歧视从精英话语转变为公众话语，并且已经开始影响和推动国家政策的发展。2018 年至 2019 年，相关政策成果集中涌现：2018 年底，最高人民法院发布《关于增加民事案件案由的通知》，明确在"一般人格权纠纷"下增设"平等就业权纠纷"案由，在"侵权责任纠纷"中增加"性骚扰损害责任纠纷"案由；2019 年 2 月，人力资源和社会保障部、教育部等九个部门联合发布《关于进一步规范招聘行为促进妇女就业的通知》，着手解决招聘中的就业性别歧视问题；2019 年 3 月 5 日，李克强总理在十三届全国人大会议做政府工作报告时重申"坚决防止和纠正就业中的性别和身份歧视"。由此，反歧视不再是知识精英的吁求，也不再是民间共识，而成为实实在在的国家行动。

《反歧视评论》作为国内首个以平等权利和反歧视为主题的学术集刊，躬逢和参与了反歧视由理论到实践的艰辛历程。个中甘苦，也与诸位反歧视同仁共同经历和分担。反歧视阶段性政策成果涌现，并不意味着反歧视研究可以告一段落，反而对理论提出了更高、更新和更细致的要求。比如，如何在增设案由之后为歧视案件提供更周延的司法救济，如何分配举证责任，如何保障当事人诉权等。为了解决这些问题，《反歧视评论》主办方中国政法大学宪政研究所于 2018 年组织专家团队赴美参访，集中了解和研究相关问题。专家团队成员包括本书主编、中国政法大学刘小楠教授，中国政法大学孙萌副教授，中国政法大学郭晓飞副教授，西南财经大学何霞副教授，上海交通大学王彬副教授，对外经贸大学卢杰锋副教授，南开大学朱桐辉副教授，四川大学李昊副教授，北京市瑞凯律师事务所黄溢智律师等。代表团先后参访了纽约市平等就业机会委员会、纽约市人权委员会、法律援助协会、平等就业机会委员会、联邦法院、纽约大学劳动和雇佣法中心，并开展了专题授课和深入研讨。

本辑"主题研讨"板块收录的九篇文章，就是上述访问项目的一系列成果。刘超研究员翻译了何宜伦（Aaron Halegua）的《美国就业歧视法律制度简介》一文，对美国禁止就业歧视的法律体系和执法机制做了框架性介绍。何霞副教授通过对美国就业性别歧视立法和司法解释中"性别"概念的梳理，发现美国法院通过判例将性别的概念从生理性别逐步扩展为社会性别，并开始涵盖性别认同和性别表达。郭晓飞副教授以美国联邦最高法院对奥伯格费尔案的判决为基础，讨论了美国宪法原旨主义与同性婚姻的关系。王彬副教授详细考察了美国禁止询问犯罪记录法案的立法背景及目的、具体规定、司法判例，并对美国禁止询问犯罪记录法案进行评析。李昊副教授分析了法学和社会学关于歧视的理论分野和融合，并着重研究了社会学统计方法在反歧视法中的应用。卢杰锋副教授系统介绍了美国反就业歧视法律救济，并提出其对中国的借鉴和启示。孙萌副教授和封婷婷对美国平等就业机会委员会建立的法律根据、职能范围以及运行机制及其特色进行全面考察，并对其在推动平等就业方面的贡献及面临的挑战进行探讨。朱桐辉副教授对美国反歧视案件举证责任分配与证明问题做了细致观察和研究，阐述了"三步举证法"的具体内容，并提出中国可供选择的方案。黄溢智律师对美国的就业歧视案件的司法救济制度，以及当事人如何获得司法援助等问题做了细致剖析。上述成果基于贴近性观察、专题性研究和实证性调研，为我们理解美国反歧视的理论和实践提供了最新的素材和观点。

在"学术专论"板块，收录了三篇文章。赵进博士基于对德国法律规定及司法经验的考察，对用人单位防治职场性骚扰的合同义务及违约责任做了深入研究，辨析了侵权责任模式和违约责任模式的差异，对德国法律中的雇主防治性骚扰义务做了深入介绍，进而提出了中国相关法律规范的解释方法和司法适用方法。黄家声对隐性就业歧视的司法认定做了分析，通过借鉴美国、中国台湾的司法裁判经验，试图构建一套系统的，具有操作性的，以差别对待、法律禁止的歧视事由为核心的司法认定标准。刘畅对我国怀孕歧视问题做了系统研究和梳理，通过分析怀孕歧视产生的原因，有针对性地提出我国消除怀孕歧视的改革路径。

在"案例研读"板块，陆银清法官基于对大量判决书的实证分析，指出用人单位的正当理由经历了在立法上从较少的限制到诸多规制的路径转型，在法官态度与判决上从谦抑到适度干预的转变，在司法实践中形成对就业歧视案件宽严程度不同的认定路径。陆法官基于对美国司法认定用人单位差别对待行为的三种类型展开的分析，提出了以比例原则的客观标准与认定类型连续化的主观标准相结合，为识别就业歧视提供可行的标准。

在"调研报告"板块，刘小楠教授对跨性别者受教育权问题进行了深入研究，详尽分析梳理了国际法所规定的有关受教育权的国家义务以及中国现有的相应法律、法规或政策措施，通过实地调研收集的案例呈现了跨性别人士在全面享有受教育权方面所遭遇的实际挑战，并基于此对包括学校、教育部门在内的各责任义务相关方提出了改善性建议。该研究报告为将跨性别者的受教育权明确而具体地纳入中国法律和政策的保护框架下提供了重要依据。

《反歧视评论》第6辑得以顺利付梓，得益于作者们慷慨赐予高质量稿件，更需要诚挚感谢社会科学文献出版社编辑优质高效的编辑工作。作为编者，我们期待《反歧视评论》能与中国平等进程共同成长！

编　者

2019 年 4 月 29 日

主题研讨：美国反歧视制度与实践

学术专论

目　录

主题研讨：美国反歧视制度与实践

美国就业歧视法律制度简介[*]

〔美〕何宜伦[**]　刘　超[***] 译

本文介绍美国有关禁止就业歧视的法律体系和执法机制。目的是让中国的读者了解相关的制度，为他们在处理本国就业歧视问题时提供借鉴。具体地，本文的六个部分围绕以下主题：一、各种反歧视法律及其所禁止的歧视类型；二、诉讼中证明歧视的法律标准，包括可能使用到的证据种类；三、认定歧视后给予的法律救济；四、执行法律的机制和程序，包括行政机关、法院、替代性争议解决机制、雇主的内部程序以及劳动仲裁；五、歧视受害者可以获得的法律服务；最后第六部分是结论部分。尽管美国反对歧视的法律和机制已经存在几十年了，但这些法律体系和执法机制仍然非常复杂，存在诸多不完善之处。为了响应 Me Too 运动，在过去一年间，美国针对多项反性骚扰法律已经推出数项改革措施。

一　法律渊源和内容

美国法律禁止歧视有多个渊源。《美国联邦宪法》第十四修正案规定政府不得拒绝为所有公民提供平等法律保护，由此禁止某些歧视类

---

[*] 本文的大部分内容来源于 2016 年国际劳工组织出版的 M. Ebisui, S. Cooney 和 C. Fenwick，主编的《解决个人劳动纠纷：比较视角》第十章美国篇（第 311—347 页），可以从国际劳工组织网站下载获取报告全文。本文现经国际劳工组织明示授权重新发表。

[**] 何宜伦（Aaron Halegua），美国纽约大学法学院劳动与雇佣法中心和亚美法研究所的研究员，执业律师，曾在纽约南区联邦法院担任法官助理。他在美国和中国发表大量劳动和雇佣法律的文章。

[***] 刘超，美国纽约大学法学院亚美法研究所研究员。

型。① 自废除奴隶制以来，联邦政府还颁布法律禁止种族歧视。例如，《美国法典》第四十二章 1981 节规定，美国的每一个人都有相同的权利"缔结并且执行合同"，"与所有白色人种的公民一样……全部且平等地享有法律权利……"。法院判定，这条禁令同样适用于就业关系中的歧视。

（一）联邦法律

然而，就业领域反歧视法律最重要的渊源是专门针对这个问题的联邦法律、州法律和地方法律。在联邦层面，《1964 年民权法案》第七章——通常被简称为"第七章"，规定禁止基于种族、肤色、宗教、祖籍国和性/性别的歧视（修订后的"第七章"增加了禁止以怀孕状态为由歧视妇女的规定）。这些受到反歧视法律保护的群体通常被称为"受保护的群体"。除了禁止诸如拒绝录用、拒绝晋升和终止劳动关系等歧视行为，"第七章"还禁止性骚扰和基于种族、宗教或其他受保护的特征实施骚扰。法律还规定雇主因为员工投诉举报歧视行为，或者因为员工参与政府针对就业歧视发起的调查或者参与诉讼，而对其实施报复，是违法的。法律还要求雇主需要为求职人员和员工开展真诚的宗教活动提供合理便利，除非这样做会给雇主的经营造成过度负担。如下文所述，"第七章"还规定了在执行这些禁止歧视的规定时政府和受害者应该采取的程序，以及针对违法行为有哪些救济。

因为"第七章"只涵盖了某些特定受保护群体，联邦政府随后又颁布了几部禁止因为其他特征而实行歧视的法律。主要包括以下几部。

《1967 年就业年龄歧视法案》（缩写 ADEA）。这部法律保护 40 岁（含）以上的人不因年龄而受到歧视，但并不保护 40 岁以下的人。

《1990 年美国残障人士法案》（缩写 ADA）。这部法律规定民营企业、州政府和地方政府均不得歧视符合录用条件的残障人士。法律还规定，雇

---

① 该宪法条款仅仅适用于政府行为，并不适用于民营企业或雇主。

主必须为那些有身体或者精神障碍但是符合录用条件的应聘人员或员工提供合理便利，除非这样做会给雇主的经营造成过度负担。

《2008 年反基因信息歧视法》（缩写 GINA）。这部法律禁止在就业和健康保险领域基于基因信息实施歧视。

"第七章"并不适用于或者"覆盖"美国境内所有的雇主。雇主雇佣的员工必须达到一定人数才能纳入法律适用范围，而这个人数限制取决于雇主的类型（例如，雇主类型是私营企业、州政府部门或地方政府部门、联邦政府部门、提供第三方人力资源服务的企业，还有工会）和具体涉及的法律。例如，依据"第七章"和 ADA，只有员工人数达到 15 人（含）以上的雇主才受这两部法律的制约。但是，依据 ADEA 提起的年龄歧视诉讼，只能适用于员工人数达到 20 人（含）以上的私营企业。相较之下，根据《美国法典》第四十二章 1981 节提起的直接故意种族歧视诉讼则对雇主的员工人数没有任何限制。

（二）州法律和地方法律

联邦反歧视法律并不禁止州或地方政府自行制定其他更具保护性的法律。事实上，不少州和城市已经颁布了反歧视法律，主要是为了填补联邦反歧视法律的空白。例如，这些地方法律可能禁止某些联邦法律不禁止的歧视类型，还可能适用于那些人数较少的，并不适用联邦法律的雇主。

纽约州已经通过了《纽约州人权法案》（缩写 NYSHRL），纽约市通过了《纽约市人权法案》（缩写 NYCHRL）。"第七章"仅适用于雇佣 15 名及以上员工的雇主，但是《纽约州人权法案》和《纽约市人权法案》适用于所有雇佣 4 名以上员工的雇主。《纽约市人权法案》还保护实习生，尽管实习生严格按法律来说可能并不是雇佣关系的当事方。

这两部法案还明确禁止比"第七章"更多的歧视类型。例如，地方法律禁止基于性倾向或犯罪记录的歧视。《纽约市人权法案》是美国范围最广的反歧视法律之一，禁止的歧视类型包括：年龄、移民身份、逮捕或定罪记录、家庭照料者身份、肤色、信用记录、过往薪资水平、残障、性别、性别认同或表达、婚姻状态或伴侣状态、祖籍国、怀孕、种族、宗教/信仰、性倾向、在役或退伍军人身份、家暴受害人身份、性暴力受害人身份、遭受跟踪的受害人身份，以及失业状态。

《纽约市人权法案》的另一个创新条款是对实施歧视行为的个人追究个人责任。根据"第七章"，只有公司雇主或法律实体才会因为歧视行为被追究法律责任，但是纽约市法律允许对自然人追究法律责任。

这些法律都设置了相应的行政机构来实施这些法律。但是，如下文所述，这些机构的运作方式都与负责实施"第七章"和其他联邦法律的美国平等就业机会委员会（EEOC）有所不同，比如没有要求原告在向法院提起诉讼之前须先向行政机关提起投诉。再如，相对于"第七章"规定的180 天，地方法律给予原告更多时间（300 天）主张权利。比起"第七章"，地方法律为歧视受害人提供了更多的法律救济。

因此，要记住，尽管"第七章"在美国是被研究最多的反歧视法律，但很多学者和倡导者认为"第七章"并不是对员工最具保护性的法律。一些地方法律适用于更多的员工，禁止的歧视类型更多，提供更好的救济——因此这些地方法律也值得研究。

二　证明歧视[①]

禁止就业歧视的两种最常见类型分别是"差别待遇"案件和"差别影响"案件。差别待遇是指员工因为他/她属于被保护的群体而遭受相对不利的待遇。在这类案件中，可以通过直接证据证明有关歧视的主观故

---

① 这部分主要讨论联邦反歧视法律。尽管很多州法律和地方法律运行方式相同，但也存在不同之处，包括责任标准和救济方式均有所不同。

意，或者通过间接证据（也被称为"旁证"）推测有关歧视的主观故意。员工很少能掌握雇主实施歧视或采取报复的直接证据，例如雇主承认之所以采取某个不利于员工的行为是因为这个人的种族或性别，这意味着员工通常情况下必须依赖间接证据。而且，雇主经常会提出一些非歧视理由来解释他们的行为。

法院通常依赖麦克唐纳·道格拉斯证明举证责任转移的理论框架（McDonnell Douglas burden-shifting scheme）来解决有关事实的争议。原告承担最初的举证责任，提出歧视或者报复的"初步证据"。尽管具体的构成要素依据原告声称的歧视行为的性质有所不同，员工通常必须证明他/她属于受保护的群体，以及是不利用工行为的受害人。之后，雇主必须证明其所采取的不利用工行为存在合法、非歧视性的理由。如果雇主这样做了（几乎总能做到），员工必须证明雇主的理由是"借口"，要么证明该理由是虚假的（例如，事实上是虚假的），要么证明该理由并非该用工行为的"真实"原因。一个常用的证明"借口"的方法是出示证据证明雇主并未一视同仁地统一执行某项政策（可仅针对该名员工，也可针对所有员工）。例如，如果一个女员工声称她被解雇是因为她的性别，雇主可能做出的答复是她被解雇是因为她经常上班迟到。该员工可出示证据证明其他男性员工经常上班比她更晚却没有被解雇，证明这个理由是借口。

但是，要在歧视案件中胜诉，原告不能仅证明雇主陈述的理由是借口。严格根据法律来讲，雇员仍然承担最终的说服责任，证明雇主的行为存在歧视故意。要证明歧视故意，证据合适与否明显取决于个案的情况。不过，通常用于该目的的间接证据包括：雇主的口头评论（例如，表达对女性的偏见的评论）；属于被保护群体的雇员或经理人数的统计数据（例如，高级管理者的性别比）；以及取代原告而被录用的人的信息（例如，一名女员工被解雇了，一位男员工取代了她，或者女员工未获晋升，而晋升的是一位男员工）。

有一类特别的差别待遇案件，涉及的是"混合动机"的情况，在这种情况下，雇主采取对员工不利的用工行为的原因包括违法原因（例如，歧视或者报复）和合法、非歧视性的理由。例如，员工被解雇是因为上班迟到，而且还因为他的种族。在这些案件中，根据"第七章"，法院必须判定雇员受法律保护的特征是否为雇主用工行为的"驱动因素"，即便其他因素也影响了该用工行为。原告可以使用直接或者间接证据证明歧视意图是一个驱动因素。但是，如果雇主能够证明即使不存在针对该员工的非法歧视意图，还是会采取相同的用工行为，那么员工就不能获得损害赔偿或是恢复劳动关系，只能获得宣示性的救济、特定的禁制令救济，以及律师费用和支出。

根据"第七章"提起的案件采用的是"驱动因素"标准，跟其他法律所规定的标准相比，原告更容易满足"驱动因素"的标准。例如，联邦关于年龄歧视的法律（缩写为"ADEA"）要求员工证明他的年龄是雇主不利行为的"如果不……"原因。换句话说，即使有证据证明年龄是导致雇主决定的其中一个因素，雇员也必须证明"如果不是"因为他的年龄，雇主就不会采取案件涉及的争议行为。联邦最高法院也在至少一部反歧视法案中采用"如果不"的因果关系标准，证明歧视报复行为。

第二种类型的案件是"差别影响"案件，在这类案件中，员工可以证明表面中立的政策或做法对某一个受法律保护的群体造成了显著不利的影响。在这些案件中，员工不需要证明存在歧视的主观故意——焦点是影响。原告必须说明争议的政策或做法对某一个受保护的群体造成了不成比例的影响，证明是一个有"初步证据"的案件（a prima facie case）。举证责任随后转移至雇主，雇主要证明其所采取的做法"与所争议的工作岗位有关联而且与商业必需性一致"。例如，要求具备一定身体力量或者能力的政策经常遭到质疑，因为这些政策不成比例地将女性排除在这类工作之外。除非雇主可以证明身体力量不仅与工作业绩有关系，而且检测特定身体条件要求是必需的，否则法院会判定这些政策具有歧视性。

另外一类最近颇受关注的案件就是性骚扰案件，主要分为两类。一类是"交换型"案件，在这类案件中，员工的就业待遇以其提供的性好处为条件。比如，一名经理要求员工与其约会，实施性行为，或者其他与性有关的行为，并且将该要求与招聘、晋升、解除劳动关系或其他就业待遇相挂钩。出现一次交换型性骚扰就足以追究雇主法律责任。另一类禁止的性骚扰是因为存在不受欢迎的涉性评论或玩笑、挑逗、触摸、要求，或其他口头或肢体动作，雇主制造了一个"敌意工作环境"。这些行为要么足够"严重"，要么足够"普遍"，才能构成非法歧视。就是说，单次行为可能足够严重，造成了敌意工作环境，或者说，歧视行为可能足够普遍，也造成了敌意工作环境。

三 针对歧视的救济

"第七章"、《纽约州人权法案》和《纽约市人权法案》所提供的法律救济是不同的。而且，自颁布以来，"第七章"所规定的法律救济已历经数次修订。不同法律所提供的不同种类的金钱救济如表1所示。

表1 不同法律所提供的不同种类的金钱救济

救济类型	"第七章"	《纽约州人权法案》	《纽约市人权法案》
欠发薪资	√	√	√
预付薪资	√	√	√
补偿性损害赔偿	高达 300000 美元	无任何限制	无任何限制
惩罚性损害赔偿	高达 300000 美元	×	无任何限制
律师费	√	×	√
法院费用	√	×	√

欠发薪资包括自不利行为（比如劳动合同解除或拒绝晋升）发生之日起至和解或诉讼之日员工所能获得的工资薪金和津贴福利。员工通常有义务减轻损害赔偿，即员工必须采取合理措施，积极寻找替代性就业机会。

员工在这期间通过其他工作所获得的收入，或员工尽合理努力减少损害可能挣得的收入，将从最终的欠发薪资金额中减去。

预付薪资是指对歧视所造成的可以预见的未来损失的补偿，但是法院很少会支持这一诉求。

补偿性损害赔偿通常指对原告因为歧视、骚扰或报复所遭受的"精神损害"或"痛苦和折磨"所做出的经济补偿。"第七章"所规定的这类损害赔偿的上限取决于雇主的规模：员工人数在 0 到 100 人之间的，雇主需支付的赔偿是 50000 美元（每个原告）；员工人数在 101 到 200 人之间的，雇主需支付的赔偿是 100000 美元（每个原告）；员工人数在 201 到 500 人之间的，雇主需支付的赔偿是 200000 美元（每个原告）；员工人数大于500 人的，雇主需支付的赔偿是 300000 美元（每个原告）。

惩罚性损害赔偿可能出现的情形是雇主持恶意或者对受侵害员工的权利持放任冷漠的态度，实施了故意歧视、骚扰或报复行为。这些损害赔偿通常是为了惩罚雇主的过错行为。"第七章"规定的补偿性损害赔偿的上限同样适用于惩罚性损害赔偿。

禁制令救济，又称衡平救济。法院可根据上述三个法案，在金钱救济以外给予禁制令救济，包括在解除劳动关系的案件中恢复员工的劳动关系，或者强制雇主采取其他措施矫正弥补歧视行为。

对于由行政机关负责的案件，原告不需要提起民事诉讼，行政机关可对雇主做出民事罚金的决定。这些罚金并不交给政府，而是用于补偿员工个人。

四 执法的机制和程序

（一）穷尽救济原则

实施反歧视法律一般有两种方式。第一种，也是最常见的，是歧视受害人本人提起投诉。第二种是政府通过相关的行政机构自行发起调查，追究潜在的歧视行为。

在第一种方式中，歧视受害人有时是向一个行政机构提起投诉，有时是向法院提起诉讼。上文讨论的不同法案在这方面有不同的要求。"第七章"规定了"穷尽的强制要求"（exhaustion requirement）——当事人在向法院提起诉讼之前必须穷尽行政程序。换而言之，被歧视的原告依据"第七章"提起诉讼，必须先向平等就业机会委员会（EEOC）投诉立案。EEOC可能会作出一个雇主同意遵守的行政决定，以调解方式处理投诉，或者通过EEOC的律师向法院提起诉讼。在其他情况下，当EEOC无法解决案件时，EEOC则会向原告人出具一封"有权起诉书"（a "right to sue" letter），原告就可以到法院提起诉讼。

州一级和市一级的法律，即《纽约州人权法案》和《纽约市人权法案》采用了不同的方法。这两部法案不要求原告向行政机关提起投诉。相反，受害人必须选择是向行政机关提起投诉还是向法院提起诉讼。二者只能选其一。因此，如果当事人选择向行政机关提起投诉，但是对处理结果不满意，将不能继续向法院提起诉讼，案件已经终结。同样的，如果当事人向法院提起诉讼，但是对判决结果不满意，也将无法继续向相关行政机关提起投诉。①

（二）行政机构

1. EEOC 投诉机制

要依据"第七章"或其他几个联邦法案提起歧视诉请，必须在向联邦法院提出诉讼之前向EEOC进行投诉。接到当事人投诉之后，EEOC会指派一名调查员并且通知雇主。有些案件会被认定为缺乏事实支撑，立即被撤销。对于其他案件，很多EEOC地区办公室会邀请双方当事人参加一个自愿和解程序。目的是在案件早期，在双方投入大量时间和资源之前就将

---

① 有一点比较复杂，员工通常希望依据不同的法律对同一个行为提起诉讼或投诉。例如，同时依据"第七章"和《纽约市人权法案》提起种族歧视案件。在某些情况下，机构之间达成联动程序。通过这些程序当事人向一个地方行政机构提起投诉之后，会被视为履行了EEOC的投诉要求，也就满足了穷尽的要求。但是，当事人向EEOC提起投诉本身并不会阻碍其根据地方反歧视法律向法院提起诉讼。当事人经常在同一个诉讼案件中援引多个反歧视法律提出诉请。

案件以调解方式解决掉（下文中将详细介绍 EEOC 的调解项目）。如果调解未能成功，EEOC 将会展开调查，要求当事人双方就该诉请提供信息。据 EEOC 统计，调查平均耗时近 10 个月。调查结束后，EEOC 就是否有"合理理由"（reasonable cause）相信发生了违法歧视作出决定。如果没有合理理由，EEOC 会撤案，并且通知员工有权在 90 天之内向联邦法院提起诉讼。在大量案件中，调查人员认定不存在"合理理由"。例如，2015年，EEOC 依据"第七章"办结了大约 64000 起案件，67% 的案件以没有"合理理由"结案，另外 16% 的案件，要么原告人主动撤回案件（在没有获得任何救济的情况下），要么 EEOC 因为行政原因结束调查。

当 EEOC 认定存在合理理由时，EEOC 可能会选择向联邦法院提起诉讼，状告雇主违法。但是，在提起诉讼之前，法律要求 EEOC "努力通过非正式的方式，诸如协商、和解和劝导，消除原告所声称的非法用工行为"。因此，EEOC 需将决定告知双方当事人，并邀请他们参加"和解"——自愿的类似于调解的程序。据 EEOC 统计，2014 财政年度的和解成功率是 38%。当和解不成功时，EEOC 有限的资源限制了其提起诉讼的案件数量。2014 财政年度，EEOC 接收案件逾 88000 起（依据所有的法律），但是仅就 133 起案件向联邦法院提起了诉讼。如果 EEOC 不提起诉讼，则将向员工发出一封"有权起诉通知"——通常被称为"有权起诉书"，员工有权在 90 天内向联邦法院提起诉讼。

总而言之，通过调解没被解决的诉请很少能被 EEOC 认定存在"合理理由"，更别提 EEOC 提起诉讼了。根据 EEOC 统计，2015 年依据"第七章"提起诉请的案件中，只有 16.5% 认定为"有事实支撑"，即案件处理对员工方有利。因此，考虑到 EEOC 调查耗时漫长，被 EEOC 提起诉讼的低概率，很多倡导员工权利的人认为 EEOC 程序仅是员工向联邦法院提起诉讼路上的一个绊脚石。

2. EEOC 调解项目

EEOC 的调查前纠纷调解项目（相较于认定存在"合理理由"后所开展的和解而言）到目前为止十分成功。EEOC 统计显示，2014 财政年度，该机构接收的 88788 起案件中，10221（11.5%）起案件进行了调解，这些调解的案件中，7846（76.8%）起调解成功，原告获得的金钱补偿总额高达 1 亿 4460 万美元。而且，96.4% 的调解参与者反映他们对调解项目有信心。之前还有另一项研究显示，90% 的原告和雇主表示他们愿意再次用调解项目解决纠纷。

如此高的成功率背后有若干原因。第一，EEOC 推荐进行调解的案件都是 EEOC 认为有可能有一些事实证据支撑的案件。第二，这个程序是自愿性的，因此只有当雇主同意调解时才会进行调解。EEOC 纽约办公室的工作人员称，在 90% 的案件中员工愿意接受调解，但是雇主同意调解的案件仅占 25%。

3. 纽约州人权处

根据《纽约州人权法案》规定，原告可以在纽约州人权处和法院两者之间选择一个提起歧视诉请。但是，一旦他们向纽约州人权处提起控告，就不能再向法院提起诉讼了。纽约州人权处受理案件后，将通过书面问询、实地访问、调查性会谈及其他方式调查歧视指控，之后将决定是否存在"相当理由"（probable cause）可认为发生了歧视性行为。如果人权处认定存在"相当理由"，那么行政执法法官将主持召开公开的听证会，人权处的律师或代表将在当众陈述案件情况。行政执法法官将起草一份建议令，发送给当事人双方，征求他们的意见。然后，纽约州人权处委员作出最终决定，要么撤销案件，要么出具一份认定歧视存在的决定书。决定书可能会授予禁制令救济（要求雇主停止歧视行为或要求其采取其他的整改措施）和（或）要求雇主进行经济赔偿。如果人权处作出未发现相当理由的决定，就会撤销该案。员工可以在 60 天内向州法院对撤案决定提出上诉。同样的，雇主也可以就人权处委员作出的存在歧视行为的决定及其作出的相关令状在 60 天内向州法院提出上诉。

4. 纽约市人权委员会

纽约市人权委员会参与了一系列外联项目，对反歧视保护和该机构提供的服务进行宣导，其中一项服务就是处理投诉。一旦纽约市人权委员会受理了一个歧视案件，就会开展调查，并且做出"存在相当理由"或"不存在相当理由"的决定。如果该机构认定"不存在相当理由"，原告方可以就这一决定提出上诉。如果该机构认定存在"相当理由",而且雇主也不同意采取整改措施,那么行政执法法官会主持召开一个听证会。这名法官会向纽约市人权委员会委员出具推荐意见,由该委员作出最终的决定。纽约市人权委员会也设立了调解项目,试图在调查阶段解决投诉。

在过去的二十年间,纽约市人权委员会的预算和人员编制经历了较大波动。曾经一度出现,市政府财政支持的员工人数从 152 名被裁减至 11 名,降幅高于 90%。但是,2015 年 2 月,市议会宣布拨给纽约市人权委员会的预算将增加 500 万美元。从那个时候开始,该机构的人数又继续增长。

(三)法院

美国的法院系统由"联邦法院"和"州法院"构成。一般来说,如果满足下列情况可以向联邦法院提起诉讼:(1)案件依据的是联邦法律(比如"第七章"),或者(2)原告和被告分别来自不同的州(在劳动纠纷中较为少见)。不过,一旦法院受理了某个诉请,法院便有很大的自由裁量权,可以一并审理有相同基础事实的其他诉请。例如,如果一名员工依据"第七章"向联邦法院提起一个歧视诉请,该院很可能也一并审理员工依据州一级或市一级法律提出的诉请。目前,联邦法院的立案费是每个案件 350 美元,但是法院有时候会免去经济困难的原告的立案费。

案件最初是由地区法院——联邦法院系统中的初审法院受理。如果案件没有达成和解而且已经下达法院判决书,败诉方可以向有管辖权的上诉法院提出上诉,而上诉法院必须受理案件。通常,上诉法院仅仅审查下级法院(初审法院)对法律问题作出的决定,并不重新审查下级法院对事实问题的认定。之后,败诉方可以向联邦最高法院上诉,联邦最高法院对受理哪些案件有自由裁量权,在实践中,联邦最高法院仅审理极少部分的案件。

州法院可以审理依据地方法律、州法律或联邦法律提出的任何案件。在纽约市,根据争议标的数额大小,案件由不同的州法院受理:小额法院审理标的金额为 5000 美元(含)以下的案件,民事法院审理标的金额为

25000 美元（含）以下的案件，州最高法院审理标的金额更高的案件（在纽约州，州"最高法院"是初审法院，而上诉法院是级别最高的法院）。一般的规律是，进入级别越高的法院，要解决一个案件所要经历的程序也越复杂，时间也越长。

联邦法院系统和纽约州法院系统都没有设立劳动案件特别法院。联邦法院法官受理的案件范围包括刑事案件和民事案件。州法院有时候更加专业化，但是专门受理民事案件的法官仍然可能需要同时处理其他的案件。美国的法院系统缺乏专门劳动法院的效率，专门法院的法官非常熟悉各种劳动和就业的问题。

总体而言，向联邦法院提起诉讼的劳动就业案件要远远少于向行政机关投诉的案件。《1991 年民权法案》（该法案是对"第七章"的修订，允许采用陪审团审判的方式，规定了可以得到补偿性损害赔偿和惩罚性损害赔偿）通过后，依据"第七章"提起的歧视案件的数量开始攀升，在1997 年达到高峰，达到 23392 件，2013 年时已经下降至 15108 件，降幅逾 30%。不过，对于每一类反就业歧视案件，法院诉讼仍然在构建争议解决大框架的过程中发挥了重要的作用。

在美国，人们常认为法院诉讼就是一种"高风险、高回报"的制度：就是说，向法院提起诉讼或者胜诉并不容易，但是胜诉的原告能够获得的回报也远远高于其他纠纷解决机制所能带来的回报。一项反歧视案件的研究发现，联邦法院受理案件中，员工获胜的占 36.4%，州法院受理案件中，员工获胜的占 59%。在原告胜诉的情况下，联邦法院支持的赔偿金额平均值是 150500 美元，加利福尼亚州法院支持的赔偿金额平均值是296991 美元。

如果一个案件真正进入诉讼（而不是在那之前获得和解），可能耗时数年。2008 年的一项研究显示，州法院和联邦法院受理的就业歧视案件通常耗时约两年才能进入裁判阶段。另一项研究发现，一个案件从法院立案到法院开庭审理，联邦法院平均耗时 709 天，州法院平均耗时 818 天。但是，要注意的是，只有极少数的案件会最终进入庭审。几乎所有的案件都在庭审前达成了和解。例如，法院的统计数据显示 2014 年联邦法院办理解决的 10666 起劳动就业案件中，只有 2.3% 的案件最终进入庭审。

一些前法官和学界人士认为，歧视案件的受害人要在法院胜诉已经越来越难。法官会以"依法律判决"（as a matter of law）为由驳回很多起诉——这实质上是法官作出的认定，认为没有一个理性的陪审团会作出有利于原告的判决——因此，陪审团不可能审理这个案件。联邦法院立案的就业歧视案件越来越少，这可能便是其中的一个原因。

原告还可以向法院提起"集团诉讼"——意味着原告是一群人（或一个"集团"），他们遭受了来自某个特定雇主的相同的歧视行为。依据"第七章"提起的案件属于"自选退出"（opt-out）类集团诉讼，即如果法官认定这个集团里所有人面临的法律和事实问题均相同，而且这些法律和事实问题是案件的核心，用集团诉讼是最优选择，那么法院就可以确认存在一个"集团"（class）。所有满足集团标准的个人都会被自动纳入集团范围，他们的诉讼请求也会通过诉讼得到裁决，除非他们明确"自选退出"。一名或多名原告作为"集团代表"，与律师一起代表这个集团。

如前文所述，只有很少一部分在联邦法院和州法院立案的案件会实际进入庭审程序。法官在庭审之前驳回一些案件起诉，其余的案件基本上是通过和解解决的。法院可能会采取各种不同的方法不同程度地促进和解。在非正式的层面上，法官也可能主持召开和解会议，试图解决案件。至于这个环节是否强制的，争议双方是否必须出席该会议，这个会议发生在诉讼的哪个阶段，审理案件的法官是否同时是主持和解会议的法官，各地实务做法各有不同。

纽约南区联邦法院为所有的就业歧视案件设立了强制调解项目。即使当事人双方之前已经尝试了调解，例如，在 EEOC 调解过，还是会要求他们至少参加一次调解会议。当然，是否达成协议是自愿的。调解员一般是律师或者其他专业人员，他们都是志愿者。案子立案后，法官很快会将案件转移给强制调解项目，安排当事人在 30 天内召开调解会议，如果当事人一方没有聘请律师，则会安排在 60 天内召开调解会议，以便为当事人指派律师参加调解预留时间。调解员都会接受有关调解技巧和就业歧视法律的培训。经过强制调解项目的案件中，大约有一半案件是以调解结案的。

（四） 内部机制和民间机制

越来越多没有设立工会的民营企业雇主设立了内部纠纷解决机制，以便在员工向行政机构或法院提起诉请之前解决歧视投诉，一旦投诉到行政机构或法院，企业将面临较高的成本。而且，尽管法律并未强制要求，但是如果案件进入了法院诉讼，设立了这一机制的雇主便可能在骚扰和歧视案件中获得某些形式的法律免责。除了此类考量外，雇主设立这样的机制也能提高生产能力，防范扰乱工作场所的冲突。

这些纠纷解决机制有多种形式。最简单的形式是，雇主只需要指定一位经理专门负责处理员工投诉即可。其他形式有设立一个由多名经理组成的小组，负责听取员工的投诉，建立管理人员申诉机制或者设立一名申诉专员。近年来，出现了不少更为复杂的此类机制，有些还引入了调解员和仲裁员之类的第三方。有些企业还设立了同行评审小组，由员工的同事们组成小组听取并且判定案件。

民间调解服务提供商的数量也在日益增加，可以在纠纷解决过程的不同阶段介入其中。两个较为有名的服务提供商是 JAMS 和美国仲裁协会（AAA），两者都提供仲裁服务。这些机构不仅处理就业纠纷，而且有专业处理就业纠纷的个人仲裁员、调解员和其他中立人员。这些私营的、第三方服务提供商正日益在就业纠纷解决领域成为重要的参与者。

不少人支持将调解作为争议解决机制的一部分，但是大家对应该设计什么样的调解项目少有共识。例如，调解必须是自愿的吗？是强制的吗？应该准许律师参加吗？应该禁止律师参加吗？应该在何时进行调解？如果太早进行调解，当事人双方可能尚未准备好通过协商解决纠纷，但是，如果太晚了，当事人可能过于坚持自己的立场。

（五） 劳动仲裁

美国有越来越多的人利用私营的就业仲裁机构解决纠纷，同时这种做法充满争议。有一种仲裁叫"强制性仲裁"，雇主录用员工时便强迫员工同意未来任何就业争议，都必须采用私营仲裁——员工不得向行政机关提起投诉或是向法院提起诉讼。之后，一名私立仲裁员将对这个案件作出裁判，通常员工对这个仲裁判决进行上诉极困难。这种仲裁形式与"事后"仲裁不同，事后仲裁是指当事人双方在员工提起歧视诉请之后，双方自愿通过仲裁解决纠纷；也不同于有工会的工作场所所采用的"劳动仲裁"，劳动仲裁是集体劳动合同规定，纠纷将交由工会和雇主共同指定的仲裁员进行仲裁。

据估算，大约四分之一非工会员工签署了强制仲裁协议。支持就业仲裁的人经常强调这种方法的效率和便捷性：程序简单，进入时没有任何程序障碍，不要求有律师代理。批评强制性仲裁的人反对仲裁协议的非自愿性以及担忧程序的正当性，比如员工可能会被要求承担成本和费用，而法院诉讼程序并无此要求。另外一种批评意见针对的是仲裁的结果以及有些时候仲裁往往是保密的这一事实。因此，有可能不少员工对某一特定雇主或者公司里的某特定个人提起了数个歧视投诉，但是这一信息不是公开的。保密问题在 Me Too 运动中获得了越来越多的关注，很多人批评雇主通常坚持对性骚扰的和解都必须是保密的。一种意见认为，这种做法有效地对受害者进行了封口，使得他人难以有效识别那些反复骚扰员工的个人，也减轻了企业对这些人采取违纪处理措施的压力。

五 律师代理

如果法院受理了一个反歧视的案件，法院的流程对很多没有律师的员工而言过于复杂，难以应付。尽管美国有些地方，比如纽约，有很多律师愿意接受员工的委托，但是员工往往还是很难找到律师。很多低收入或被解除劳动关系的员工无钱聘用按小时计费的私人诉讼律师。律师们会以风险代理的方式接部分案件，但是仅当证据充足时才这么做。而且，一些研究人员认为，对于年收入不到 6 万美元的员工而言，请律师代理歧视案件并不经济划算，因为可以获得的经济赔偿金额过低。据估计，在所有声称自己遭到歧视并且寻求私人律师代理的员工中，仅 5% 最后能够成功聘请一个律师。大多数法院受理的歧视案件是由经理或者专业人士提起的，而不是由低收入的职工提起的，就不奇怪了。

在大多数歧视案件中，可要求律师费转移是律师接收小额赔偿案件的部分动因。在美国，默认规则是每一方自行承担律师费用和成本。但是对大多数歧视案件以及依据其他几部民权保护法案所提起的案件而言，胜诉的原告会获得数额合理的律师费，计算依据是律师的小时费率和所花费的合理时间。因此，即使原告只能获得较少金额的赔偿，律师还是可以就其付出的诉讼工作获得合理的补偿。曾经有几个案件律师费的金额高于损害赔偿。这意味着原告不需要从获得的赔偿金中支付律师费。

除了聘请私人律师，原告还有其他几种替代选择。法律援助办公室通常由政府和私人基金共同提供经费，为员工方提供法律建议，有时候还提供代理服务。工会有时候替员工支付律师费用，或者提供工会律师，由其代理员工案件。此外，员工中心——为员工提供援助的小型草根非政府组织（NGO）越来越常见，可以协助员工获得律师代理服务。

六　结论

现在美国的就业歧视法律和制度十分复杂，不仅仅是理性的政策制定过程的结果。在制定就业歧视法律和制度的过程中，政策制定者并没有问：我们能够设计出的最佳的制度是什么？而是国会在各个不同的阶段希望通过不同的法律解决不同的问题　而每一部法律都是一个政治妥协。因此，部分歧视类型被法律禁止在先，部分则被禁止在后，还有一些没有任何禁止性规定。不同种类歧视适用不同的法律标准和法律救济。而且，随着时间推移，法院通过法律解释、国会通过修正案改变了这些法律的含义和实施制度。如果我们今天在美国从头设计就业歧视法律和制度，那么有希望比现行的联邦法律更为简单。

事实上，美国的很多州和城市通过了他们自己的法律，创设了他们自己的制度来处理就业歧视。这些法律，例如《纽约市人权法案》适用于更多的雇主（而不仅仅是大型雇主），保护更多类别的人群，法律标准也更为宽松，比起联邦法律为歧视受害人提供更多救济。因此，在了解学习美国针对歧视的最佳实践时，考虑地方性措施非常重要。

　　本文这些介绍性的内容的结论是，美国很多人已经意识到现行联邦法律和地方性反歧视体制的不足之处。近来的 Me Too 运动将这一讨论推到前沿。尽管禁止性骚扰法律推行了几十年，原告也时常进行投诉或者起诉性骚扰，联邦和地方政府还是在过去一年间又颁布了一些相关新法律。例如，联邦政府已经采取了措施阻止在与性骚扰投诉有关的和解协议中使用保密条款。2017 年的税法改革规定，如果和解协议中有保密条款，则税法禁止公司将性骚扰相关的和解赔偿款作为税前列支的项目。2018 年，纽约州禁止对性骚扰案件强制仲裁，限制保密条款在和解协议中的应用，要求雇主应当对非正式员工（比如顾问或合同工）的性骚扰承担法律责任，并且要求雇主每年都对员工进行反性骚扰培训。联邦和州一级的政府机构也都发布了雇主应对性骚扰的"最佳实践"指南。提及这些新的进展是为了强调美国的联邦和地方反歧视制度历经数十年仍然具有诸多不完善之处，有许多的工作仍在不断改进中。

就业性别歧视中"性别"概念的发展

——基于美国立法和司法判例的研究

何　霞[*]

摘要：就业性别歧视中"性别"的概念能否包含性倾向、性别认同与性别表达，这是一个立法和司法解释需要回应的问题。通过对美国就业性别歧视立法和司法解释中"性别"概念的梳理，本文发现法院通过判例将性别的概念从生理性别逐步扩展为社会性别，并涵盖性别认同和性别表达。近期的司法判例也将性别的解释扩大到性倾向，但并未形成统一意见。

关键词：性别　性倾向　性别认同　性别表达　就业性别歧视

在中国政法大学宪政研究所组织的《反就业歧视法（专家建议稿）》的起草和修改过程中，参与者对性别歧视是否应作为上位概念包含性倾向、性别认同和性别表达歧视存在争论。在我国第一例跨性别就业歧视案"C先生诉慈铭体检公司侵犯一般人格权案"中，诉讼当事人、代理人、专家辅助人之间对单独主张性别认同歧视适用我国《就业促进法》和《劳动法》的规定构成性别歧视也存在不同看法。

鉴于此，本文提出的问题为，就业性别歧视中"性别"的概念能否包含性倾向、性别认同与性别表达。

在性别概念的界定上，美国的司法分支和行政分支也有这样的争论。本文通过对美国就业性别歧视立法和司法解释中"性别"概念的梳理，尤

---

[*] 何霞，西南财经大学法学院副教授，法学博士，研究方向为就业歧视法、劳动与社会保障法、性别与法。

其是性别（sex）和 LGBT① 之间关系的考察，提供对上述问题理解的一个视角。

一 1964 年《民权法案》：就业性别歧视中 "性别" 限定为生理性别

在美国对就业歧视进行规制的联邦法律主要为 1964 年的《民权法案》第七章（下文简称 "第七章"）。该章规定，禁止在就业过程中基于种族、性别、肤色、宗教信仰和来源国的歧视。而立法的历史记载却让我们看到，性别进入该法案纯属偶然。② 霍华德·史密斯众议员提出禁止就业性别歧视提案的目的在于阻碍禁止种族歧视的《民权法案》通过。当时根深蒂固的社会观念认为，女性应当服务于家庭而不是外出工作；男女有别，这种区别是自然而正当的。该议员试图表明，在当时禁止种族歧视就如同禁止性别歧视一样可笑。然而，肯尼迪总统遇刺身亡使得《民权法案》的通过在议会中被赋予了强烈的感情色彩，禁止性别歧视如同搭便车般地被法律明文规定。在这个阶段，性别仅仅指生理上的性别，由染色体、性征所区别的男性和女性。③

1972 年，议会在《平等机会法案》中将第七章的义务主体范围从私营企业雇主扩展到了联邦、州、地方政府。与此同时，对 LGBT 在就业中的歧视却以政府行政命令的形式公然地存在。这可以证明当时第七章禁止的性别歧视并不包括对 LGBT 的歧视。在当时的公众意识中，同性恋是一种精神上或者心理上的疾病，是不容于择优录取的工作场所的。同性之间的性行为，尤其是男性间的性行为在各州被普遍地规定为犯罪，最高可处

---

① LGBT 人群，即男同性恋、女同性恋、双性恋、跨性别群体，跨性别群体是指心理性别认同与生理性别不符的人士。也有学者指出，应当将其扩展为 LGBTIQ，同时包括间性人和酷儿。

② 对此也有不同的观点，see Rachel Osterman, "Origins of a Myth, Why Courts, Scholars, and the Public Think Title VII's Ban on Sex Discrimination Was an Accident," *Yale Journal of Law & Feminism*, Vol. 20 (2009), p. 409。

③ William N. Eskridge JR., *Sexuality, Gender, and the Law* (4th edition), Foundation Press, 2018, p. 710。

以 20 年的有期徒刑。

1969 年的石墙运动是美国 LGBT 运动的一个重要转折点。在此之后，美国在立法和司法进程中逐步实现对 LGBT 群体的去罪化①、去病化以及同性婚姻合法化。在就业领域，虽然联邦立法层面仍然没有明确禁止基于性倾向的歧视，但司法通过对性别概念的解释逐步将性别扩展到社会性别。社会性别理论中的性别刻板印象（gender stereotype）概念为保障性别认同、性别表达权利的司法判决奠定了基础，同时给性倾向平权的法律主张提供了一个理由。

二　普华永道诉霍普金斯案：性别概念扩展到社会性别

普华永道诉霍普金斯案件（*Price Waterhouse v. Hopkins*②，下文简称普华永道案）的判决将性别的解释从生理性别（sex）扩展到社会性别（gender），其中性别刻板印象概念的运用成为扩大解释的重要依据。

霍普金斯女士 1982 年时是普华永道会计师事务所华盛顿特区办公室的高级经理。因为她杰出的工作能力，她所在办公室推荐她参与事务所合伙人的角逐。但她被合伙人评议后列入再考虑的名单，最后被拒绝，公开的理由是她的人际交往能力存在问题。但实际上合伙人对她的意见多为充满性别刻板印象或者性别偏见的言论。例如反对她获得合伙人资格的意见指出，她有时是过于雄心勃勃、过于严厉、对下属缺乏耐心，难以共事；认为她"大男子气概"，应该去魅力学校上门课；还有些合伙人批评她说脏话；部门主管给她的建议是，"走路、说话和衣着都要更有女人味，应换个优雅的发型，佩戴首饰"。③

在该案中，美国联邦最高法院六位法官支持的多数意见判决指出，第七章不仅禁止基于生理性别的歧视，它还禁止基于性别刻板印象的歧视，

---

① *Lawrence v. Texas*，539 U.S. 558（2003），该案对《鸡奸法》做出了违宪的判决。
② *Price Waterhouse v. Hopkins*，490 U.S. 228（1989）.
③ *Price Waterhouse v. Hopkins*，490 U.S. 228（1989）.

即人们因其行为或者外表不符合性别期待而受到的歧视,因此普华永道公司的行为构成性别歧视。多数意见还强调,合伙人批评中带有性别偏见的语言是如此的露骨,如果这些特点,如雄心勃勃、严厉、大男子气概,甚至说脏话,放在一位工作业绩突出的男性身上显得是那么自然。形容一名咄咄逼人的女性"需要在魅力学校上门课"属于性别刻板印象……那"令人印象深刻"的建议不需要心理学专业知识就能知道,如果一个雇员"人际交往能力"上的缺陷可以被一套色调柔和的西装或一支不同颜色的口红弥补,那么招致批评的可能是雇员的性别而非她的人际交往能力。①

普华永道案的重要意义体现为两点。第一,判决将性别的外延从男女二分的生理性别扩展到社会性别,即性别气质和性别角色,认定基于性别刻板印象的区别对待构成性别歧视。这个解释也为跨性别歧视（transgender discrimination）的诉讼请求奠定了法理基础。跨性别人士主张,他们受到不利对待是因为其着装、语言、行为方式等不符合性别刻板印象的要求,而正是不服从社会建构的性别表达导致了他们在就业中被不利对待,因此跨性别歧视应构成性别歧视。

第二点重要的意义在于,法院提出了混合动机歧视的概念并对其举证责任的分配做出了规定。1991 年《民权法案》的修订通过立法也确认了混合动机歧视。基于性别的混合动机歧视是指,当有证据证明性别是一个驱动因素时,即便雇主同时还考虑了其他合法的与工作有关的理由而做出对劳动者不利的决定,除非雇主能提出清晰的、令人信服的证据证明即使不考虑性别因素也会做出相同的决策,否则雇主将承担歧视的责任。混合动机歧视加重了雇主的举证责任。劳动者不需要证明如果不是因为（but for）性别,她/他便不会受到歧视,而只需要证明雇主做出的不利行为与性别有关,剩下的举证责任便转移给雇主。此时,雇主需要提出清晰的、令人信服的证据来证明其行为的动机,否则将承担责任。

普华永道案作为一个重要的先例,它在没有禁止性倾向和跨性别歧视

---

① *Price Waterhouse v. Hopkins*, 490 U. S. 228 (1989).

立法的州里被援引为判决的依据。在 2004 年的 "*Smith v. Salem*"① 案件中，法官依据普华永道案的先例，做出了跨性别就业歧视案突破性的判决。在该案中，史密斯是消防部门的一名中尉，当他告知上级自己被诊断为性别认知错乱，因此需要进行性别重置的手术和心理治疗后，他被开除。在该案中，第六上诉法院判决指出，"跨性别者因为性别认同或性别表达与他的性别及社会性别规范不一致而受到的歧视，与普华永道案中的歧视无异，后者是当事人在性别刻板形象下表现得不像一个女人。因当事人不符合性别刻板印象而进行的歧视，不管它的原因如何都是不被允许的歧视"。

在 2012 年平等就业机会委员会（EEOC）对 "*Mia Macy v. Eric Holder*"② 的裁决中，EEOC 明确指出对跨性别人群的歧视构成性别歧视。在性别刻板印象的理论之外，EEOC 还指出不管雇主是基于原告违反了关于着装、行为的性别规范，还是仅仅对原告重置性别的行为或过程感到不舒服，或者只是不喜欢跨性别人士，他都是基于原告的性别而做出的决定，而联邦最高法院在普华永道案件中禁止雇主在就业过程中考虑求职者和劳动者的性别。因此在该案中，EEOC 是根据性别的字面意义进行了扩展解释。③

在 2017 年第十一巡回法院审理的 "*Evans v. Georgia Regional Hospital*"④ 案件中，Robin Rosenbaum 法官作为少数的反对意见者提出了性倾

---

① *Smith v. Salem*，378 F. 3d 566（6th Cir. 2004）.

② *Mia Macy v. Eric Holder*，*Appeal*，No. 0120120821（EEOC 2012）.

③ EEOC 拥有对联邦政府雇员涉及的第七章争议进行裁决的职能，以及对私营部门的雇主行政执法的职权。在针对私营部门的案件中，EEOC 的决定将作为正式的指导意见，其说理部分在法院判决中可以作为专家机构的意见被参照。在第七章的程序下，一个"声称受害申诉者"（claiming to aggrieved）最开始不能直接向法院起诉，必须向 EEOC 提出申诉，主张被告的行为违反了第七章的实质性条款。一旦申诉人及时提出申诉，EEOC 将决定是否有"合理的理由相信申诉控告是真实的"，如果有，它将采用会议、调解、说服等非正式的手段来消除违法的行为。如果这些举措不能得到自愿地遵循，它将通知申诉人可以在 30 日以内在联邦法院提起诉讼。对违法雇佣行为的救济，法院可以禁止该行为以及命令适当的积极措施，如恢复劳动关系（恢复原职），或者命令雇用该雇员，或者支付欠付工资或应当雇佣而没被雇佣期间损失的工资。

④ *Evans v. Georgia Regional Hospital*，850 F. 3d 1248（11th Cir. 2017）.

向歧视属于性别刻板印象歧视的解释。她提出，人们头脑中最根深蒂固的性别刻板印象是女性应当与合适的男性而不是女性建立爱情和伴侣关系。该案中的女同性恋者正是因为与这烙印深刻的刻板印象不符而受到不公平对待，而在普华永道案件中法院已经阐明，基于性别刻板印象的歧视构成性别歧视。

三 "性别"概念的发展：性倾向、 性别认同和性别表达

性别是否应当包括性倾向、性别认同和性别表达，与其说是一个法律问题，不如说是公共政策的选择问题，它需要回应的是对 LGBT 人群权利保障的正当性。当公众暂时不能对该问题形成合意从而通过立法时，LG-BT 权利的倡导者将一个个的案件送至法院，希望法院通过个案的判决形成先例推动社会的变革，而法院则将其变为对性别进行解释的司法技术问题。从 Hively 案件的判决意见里我们可以看到法官之间，法院与 EEOC、司法部之间的不同观点，也能观察到作出这些解释的努力。在此之前，我们需要先了解美国 LGBT 平权立法的历史与现状，这是司法不得不对性别做出解释的背景和原因。

（一）LGBT 平等就业权的立法历史和现状

美国法律包括了议会的立法、行政命令和法院的司法判决，而议会立法则包括联邦和州的立法，以及地方性法令。

美国政府在公职人员就业上曾有公然歧视同性恋的历史。第二次世界大战开始时，美国军队明确地排除所有的同性恋者入伍并设有筛选程序。战后，政府的文职官员也开始禁止招录同性恋者。议会特别小组做出的调查报告显示，在 1947 年下半年至 1950 年的两年半的时间里，有 1700 名左右的公民仅仅因为他们的性倾向而在公务员的招录中被排斥。1953 年艾森豪威尔总统就职后，他签发的第一个行政命令即为禁止军队和联邦政府的文员中雇佣同性恋者，并且还要求与政府签订采购合同的私营企业搜

出并解雇同性恋者。直到 1975 年卡特总统就职后,上述规定才在大多数联邦政府机构中废除,但废除仅仅意味着政府没有义务去主动地歧视同性恋。1998 年克林顿总统签署 13087 号行政命令,要求在联邦政府层面禁止对文职官员的性倾向歧视,而军队里实施的则是"不问不说"的政策。但该行政命令仅仅是作为行政机构内部申诉和处理的依据,并没有创造新的权利,不能得到平等就业机会委员会的执行,也不能成为法院判决的依据。①

在现今的法律体系下,美国联邦法层面还没有禁止对 LGBT 就业歧视的立法。虽然 1974—2017 年 43 年间提交至议会的与《就业非歧视法案》(The Employment Non-Discrimination Act) 相关的 62 件提案都涉及禁止性倾向和性别认同的歧视,但是这些提案都没能通过。②

在州立法的层面,美国 50 个州和 1 个行政特区中,有 20 个州以及华盛顿特区明确禁止在就业领域基于性倾向和性别认同的歧视,其中有 2 个州是通过立法解释的方式将禁止性别歧视扩展为包括性倾向和/或性别认同歧视。有 28 个州没有明确规定禁止性倾向和性别认同歧视。另外两个州仅禁止性倾向歧视而不包括性别认同歧视。③

在司法层面,因为联邦立法没有禁止对 LGBT 群体歧视的明确规定,所以一些案件以宪法第十四修正案平等保护或者第五修正案正当程序为由层层诉至联邦最高法院,寻求宪法性裁决。而在民事案件中,在 28 个没有禁止 LGBT 就业歧视的州里,1964 年《民权法案》第七章的禁止性别歧视则是他们的法律依据。

2015 年 *Obergefell v. Hodges*④ 案同性婚姻合法化的司法判决对 LGBT 的婚姻权利保障而言,有跨时代的意义。但同性婚姻的合法化也带来另一

---

① Ball, Carlos A. , *Cases and materials on sexuality*, *gender identity*, *and the law* (Sixth edition), West Academic Publishing, 2017, pp. 13 - 14.

② William N. Eskridge JR. , "Title VII's Statutory History and the Sex Discrimination Argument for LGBT Workplace Protections," *The Yale Law Journal*, Vol. 127 (2017), p. 328.

③ http://www. lgbtmap. org/equality-maps/non_ discrimination _ laws/employment,最后访问时间:2018 年 8 月 4 日。

④ *Obergefell v. Hodges*, 135 S. Ct. 2071 (2015).

个问题，正如不少报刊评论所提到的，周六结婚可能周一就会被解雇。从 20 世纪 70 年代开始，美国的 LGBT 原告就开始向法院提出诉讼，主张工作场所中对 LGBT 的歧视构成了第七章规定的性别歧视。但是法院驳回了这些诉讼，例如 *Holloway v. Arthur Andersen & Co.* ① 案与 *Ulane v. Eastern Airlines, Inc.* ② 案（针对跨性别就业歧视是否适用性别歧视的案件），*Desantis v. Pac. Tel. &Tel. Co.* ③案（针对性倾向歧视是否适用性别歧视的案件）。法院在这些判决中依据的理由是跨性别与性倾向和第七章规定的性别不同，议会的立法宗旨并没有将这两种事由涵盖在内，并且关于保护性倾向平权的提案在议会不能得到通过，也证明了议会的立法本意中性别并不包括 LGBT。

值得注意的是，性骚扰概念从法理到联邦最高法院的司法判决，到 1991 年的立法确认，已经不仅仅把第七章中的性别（sex）概念局限于男女二分的生理性别。性别包括了社会性别（gender），以及性（sexuality）。不受欢迎的性示好、含有性意味的语言行为，可以构成交换式性骚扰或者敌意工作环境性骚扰。而 *Oncale v. Sundowner Offshore Services, Inc.* ④ 案中，联邦最高法院的回答是同性间的性骚扰也属于第七章所规制的性别歧视。

（二） Hively 案：性别概念包含了性倾向歧视

对于 1964 年《民权法案》中禁止就业性别歧视是否能适用于性倾向，由于联邦法律和联邦最高法院并没有做出明确的规定和判决，美国的行政分支之间以及不同的巡回法院产生了截然不同的意见。

作为 1964 年《民权法案》实施机构的 EEOC 在 *Baldwin v. Foxx*⑤ 案的裁决中，对第七章禁止性别歧视的规定做出解释，释明其包括了禁止基于性倾向的就业歧视。但美国司法部（DOJ）在 2017 年 *Zarda v. Altitude*

① *Holloway v. Arthur Andersen & Co*, yangfan19961996., 566 F. 2d 659, 663（9th, cir. 1977）.
② *Ulane v. Eastern Airlines, Inc.*, 742 F. 2d 1081（7th, cir. 1984）.
③ *Desantis v. Pac. Tel. &Tel. Co.*, 608 F. 2d 327（9th, cir. 1979）.
④ *Oncale v. Sundowner Offshore Services, Inc.*, 118 S. Ct. 998, 1003（1998）.
⑤ *Baldwin v. Foxx*, No. 0120133080, 2015 WL 4397641（E. E. O. C. July 15, 2015）.

*Express，Inc*①案（下文简称 Zarda 案）中提交的法庭之友意见里，明确反对第七章性别歧视可以扩大解释为性倾向和性别认同歧视。在附件中，司法部列举了 1974—2017 年 43 年间提交至议会的 62 件提案，这些提案都涉及禁止基于性倾向和性别认同的歧视，但是这些提案都没能通过。司法部以此表明议会的立法目的并不包括禁止对 LGBT 群体的就业歧视。司法部发言人在 Zarda 案件后，对媒体的发言中提到"司法部忠于一个基本的原则，法院不能超出议会的制定去扩展法律"②。

在巡回上诉法院的判决中，上诉法院的观点，以及在同一法院中法官的观点也都发生了根本性的分歧。目前，在美国的十二个联邦巡回法院的判决中，仅有第二、第四、第六、第七巡回法院做出了对第七章性别歧视的扩展性解释，将其解释为包括性倾向和性别认同歧视。

2017 年的判决 *Hively v. Ivy Tech Community College of Indiana*③（简称"Hively 案"）是一个重要的案件，在该案中上诉法院第一次作出解释将性别扩大到性倾向。Hively 女士是印第安纳常春藤科技社区学院的非全日制老师，她主张学院因为其女同性恋者的身份而拒绝授予其长期教职，因此她起诉学院构成 1964 年《民权法案》第七章所禁止的性别歧视。在这个案件中，美国第七巡回上诉法院采用了不同的方式来对性别进行解释。这是第一个将性别歧视扩展到 LGBT 案件的上诉法院的判决。

首席法官伍德在多数意见中提供了两种相关的解释，以此说明基于性倾向的歧视构成性别歧视。第一种解释采用了性别歧视案件惯用的比较者论证（comparator argument）路径，即假设原告的性别是男性，雇主是否会有不同的对待。法院认为，如果她是男性，和女性伴侣结婚或者共同居住生活，那么雇主不会因此而拒绝她的终身教职的申请。因此雇主的行为是基于原告的性别而实施的区别对待，这种行为构成了性别歧视。

第二种解释路径是对伴侣性别的考虑，这种路径被称为基于关联者的

① *Zarda v. Altitude Express，Inc*，883 F.3d 100（2nd，Cir.2018）.
② William N. Eskridge JR.，"Title VII's Statutory History and the Sex Discrimination Argument for LGBT Workplace Protections，" *The Yale Law Journal*，Vol. 127（2017），p. 328.
③ *Hively v. Ivy Tech Community College of Indiana*，853 F.3d 339（7th Cir. 2017）（en banc）.

歧视（associational discrimination argument）。即如果她的伴侣的性别是男性，雇主是否会有不同的对待。这个分析是基于最高法院对 Loving 案件的判决逻辑。在 *Loving v. Virginia*①（简称"Loving 案"）案件中，弗吉尼亚州禁止跨种族婚姻，并且在诉讼中主张并没有违反宪法第十四修正案的平等保护条款，因为该立法对白人和其他有色人种都是统一地禁止跨种族婚姻。在联邦最高法院的判决中，运用了伴侣种族的逻辑来证明该州的法律是基于种族歧视的立法。如果 Loving 的伴侣与其是同一种族的公民，立法则不会限制其婚姻自主权。在更深层次意义上，禁止跨种族婚姻是为了保证白人的高贵性与种族的"纯洁性"，这是典型的种族主义。这一判决逻辑后来被沿用并发展到其他的领域。伍德法官主张在 Hively 一案中应类推适用该逻辑，基于伴侣性别的区别对待构成了性别歧视。

在 Joel Flaum 法官的协同意见中，提出了另一种解释逻辑，即性别作为一个驱动因素构成混合动机歧视。Joel Flaum 法官之所以做出这样的解释，是因为在反对意见中提出性倾向与性别是不同的，法院不应当扩大解释。他认为即便性倾向与性别不同，但从比较者模式和关联者性别的模式也能得出性别至少是雇主做出不授予长期教职的一个原因，这是一种折中的观点。

波斯纳法官在协同意见里，虽然同意将性别歧视解释扩展到性倾向歧视，但他并不同意上述"比较者"和"关联者"逻辑。波斯纳法官认为，法官应当根据现行的社会生活规则和对最佳工作场所的理解来"更新"成文法。同性恋已经在现代的生活中充分地正常化了，因此法官应当能动地解释第七章，以使其能反映现实生活的需求。②

Hively 案的反对意见中，Diane Sykes 法官代表三位法官提出了不同的观点，认为将性别歧视解释为包含性倾向歧视是超出了法官的解释法律的范围，是一种过于能动的法官赋权。Sykes 法官指出，首先，1964 年《民

---

① *Loving v. Virginia*, 388 U. S. 1 (1967).
② 对上述观点的总结，参照 William N. Eskridge JR., "Title Ⅶ's Statutory History and the Sex Discrimination Argument for LGBT Workplace Protections," *The Yale Law Journal*, Vol. 127 (2017), pp. 325 – 327.

权法案》里的性别（sex），不仅在当时立法者的主观意图中，也在一个普通的理性人对法条的理解中，仅仅指男性和女性这两种生理性别，并不包括性倾向，该词在1964年没有像今日这样被广泛应用。其次，2009年颁布的仇恨犯罪预防法案里，将性倾向和性别两个词并列适用，这证明立法者的意图是将两者区分。最后，在现实生活中的用语中，人们也会将性别与性倾向进行区分。基于此，Sykes法官主张性别歧视和性倾向歧视是基于不同的偏见，应当通过立法者的更新而非通过司法扩展性别的外延来实现对LGBT人群的保护。①

值得注意的是，2017年第十一巡回法院审理的“*Evans v. Georgia Regional Hospital*”案件，法官的多数意见却与Hively案相反，对性别做出了狭义的解释。即便是第七巡回法院的多数意见，也是遵循着形式逻辑对第七章中的性别进行解释，看上去非常教条，但这样的解释是不是为了避免意识形态的争议，以免在人群中引发更大的分歧和分裂？

关于性别的界定，司法机构之间以及行政机构之间的分歧等待着美国最高法院和立法者的回应。

本文侧重于对性别概念发展的梳理。文末，笔者希望提出一个值得深入思考的问题：性别与性倾向、性别认同、性别表达之间的关系究竟是个可以通过“性别”研究的自然或社会科学的发展来论证的事实判断，还是仅仅为一个因立法在短期内无法在共识的基础上为性倾向、性别认同、性别表达的保障提供合法的依据，因此借助司法解释的功能对社会变革做出回应的策略性考虑？

---

① *Hively v. Ivy Tech Community College of Indiana*, 853 F. 3d（Sykes, J., dissenting）.

原旨主义支持同性婚姻吗？

郭晓飞 [*]

摘要：本文以美国联邦最高法院对奥伯格费尔（*Obergefell v. Hodges*）案的判决为基础，讨论了美国宪法原旨主义与同性婚姻的关系。从旧的原旨主义到新的原旨主义有一个大的变化就是从"原初意图"到"原初公共含义"的转变。新的原旨主义认为，宪法文本客观上具有开放的条款，拒绝承认这些开放条款赋予法官自由裁量的空间，本身就不是原旨主义的进路。带有自由主义倾向的原旨主义者，论证宪法的原旨主义解释方法也支持同性伴侣获得婚姻权。第十四修正案的"平等保护"被理解为反对等级立法，反对类似于印度那样的种姓制度，最高法院与时俱进地把这样宽泛的理解带入种族歧视和性别歧视的案子里。对同性婚姻的禁止可以视作针对性倾向的等级立法，不能通过宪法审查，这样的解释体现了"救赎立宪主义"的宪法理论。

关键词：原旨主义　活的原旨主义　同性婚姻　救赎立宪主义

2015 年 6 月 26 日，美国联邦最高法院对奥伯格费尔（*Obergefell v. Hodges*）案做出判决，根据第十四修正案的正当程序和平等保护条款，推翻了一些州禁止同性婚姻的立法，同性婚姻合法化在全美得以实现。本文无意对本案判决做整体分析，主要是以原旨主义宪法解释和同性婚姻的关系来展开分析。

---

[*] 郭晓飞，中国政法大学法学院副教授，致力于"性、性别与法律"的研究，出版有国内第一本同性恋法律的专著《中国法视野下的同性恋》。

一 新旧原旨主义

旧的原旨主义主要指的是解释宪法的时候诉诸宪法制定者或者批准者的原初意图。1985 年美国司法部部长埃德温·米斯三世在美国律师协会的演讲是典型的代表："判决的坚实基础只能是'国家在通过和批准宪法时赋予的含义'以及起草和制定法律时赋予的含义。其他任何标准都不足取，把新义注入旧词，因而创设新的权力和权利，则完全违背了我们的宪法逻辑以及对法治的庄严承诺。"① 他认为法官的判决不能偏离宪法文本和制宪者的原始意图，如果法官任由自己的政治偏好主导判决，那就没有真正意义上的宪法。一般来说，旧的原旨主义被认为是一种保守主义的解释方式，是对 20 世纪 60 年代沃伦法院司法能动主义的反动。旧的原旨主义如著名的博克法官认为第九修正案和第十四修正案的特权与豁免权条款是宪法上的"墨水渍"（ink blots），认为制宪者不会允许没有经过选举的法官去强制执行没有列举的权利。而新的原旨主义认为，宪法的一些条款如"平等保护""自由言论""正当程序"等客观上是开放性的条款，这些抽象的开放性条款允许法官进行自由裁量，拒绝承认这一点就是违背了宪法的原初含义。② 如著名宪法学家巴尔金认为："如果宪法文本规定的是规则，我们必须把这个规则适用于今天的情境。如果宪法规定的是标准，我们就适用这个标准。如果宪法规定的是一般原则，我们就必须适用原则。"③ 意思是美国宪法规定年龄未满三十五周岁不得当选为总统，这就是规则，必须严格遵守，除非根据宪法第五条进行修宪。而"正当程序""平等保护"这些条款就是原则，这种抽象性很高的条款需要法官的自由裁量，这可能本身就是立宪者或者批准宪法者的意图，或者是在宪法

---

① 〔美〕斯蒂芬·卡拉布雷西编《美国宪法的原旨主义：廿五年的争论》，李松锋译，当代中国出版社，2014，第 9 页。

② Thomas B. Colby, "The Sacrifice of the New Originalism," *The Georgetown Law Journal*, Vol. 99 (2011), pp. 724 – 725.

③ Jack M. Balkin, "Framework Originalism and the Living Constitution," *Northwestern University Law Review*, Vol. 103, No. 2 (2009), pp. 549, 553.

通过时这些词的公共含义也允许一定的裁量空间。从旧的原旨主义到新的原旨主义有一个大的变化就是从"原初意图"到"原初公共含义"的转变，前者强调的是立法者的立法意图，探究立法者主观上期待如何把宪法条款应用于具体案件；后者强调宪法通过时一个中立的读者从宪法文本和结构中读出的含义。斯卡利亚大法官就在演讲中说到自己首先是一个文本主义者，其次才是原旨主义者，认为自己并不关心立宪者的主观意图，而是看重法条本身，探究其在公布的时候，美国人民如何解读。①

有学者认为，投票者的意图是多样且矛盾的，不如法律文本的公共含义清晰，因为立法机关完全可能制定出矛盾的法律，例如既立法支持控烟，又立法支持烟草种植业，原因是立法机关要同时取悦立场矛盾的游说集团。在重建时期，议会一方面投票赋予非洲裔美国人平等的民权，另一方面，又不愿意中止在婚姻和教育领域的种族隔离。② 如果完全按照旧的立法者意图的解读方式，著名的布朗诉教育委员会③的案件的判决就会失去正当性。因为 1868 年第十四修正案获得通过的时候，结束公立学校的种族隔离很难说是修宪者的主观意图，所以布朗案成了旧的原旨主义的一个尴尬，旧的原旨主义要敢否定布朗案，一定是自我拆台，因为布朗案的道德光环不容置疑，并且在宪法学界的地位早已稳若磐石。与其说是布朗案需要原旨主义来给自己加分，不如说原旨主义需要布朗案来给自己加分。有一个学者讲述了这么一个轶事，著名宪法学家亚历山大·比克尔曾经做过大法官费利克斯·弗兰克福的助理，他曾经被大法官指派去写一份备忘录，内容是可以让大法官驳斥代理南方州的律师这样一个看法：第十四修正案的立法者的意图允许州对教育领域进行种族隔离。亚历山大·比克尔的工作让大法官很满意，他的基本观点是第十四修正案的原初意图就是允许进行演进的、高度抽象化的解读，这种中立化的论证正当化了布朗案的判决。所以评论者对这个轶事总结了一句颇堪玩味的话："布朗案害

---

① Steven G. Calabresi and Hannah M. Begley, "Originalism and Same-Sex Marriage," *University of Miami Law Review*, Vol. 70 (2016), pp. 648, 651.

② Steven G. Calabresi and Andrea Matthews, "Originalism and Loving v. Virginia," *Brigham Young University Law Review*, Vol. 2012, No. 5, pp. 1397 – 1398.

③ *Brown v. Board of Education of Topeka*, 347 U. S. 483 (1954).

怕原旨主义，正如原旨主义害怕布朗案。"①"布朗案害怕原旨主义"是个玩笑话，因为旧的原旨主义认为第十四修正案并没有结束公立学校种族隔离的原初意图，按照这种思路，布朗案的平权判决就是出于政治的理由而没有宪法依据，比克尔用高度抽象化的原初意图才能为布朗案进行证成。"原旨主义害怕布朗案"，原因是如果旧的原旨主义坚持原初意图的解读从而否定布朗案判决的正当性，就会在道义上陷入被动。总之，坚持原初意图的原旨主义不敢面对布朗案的判决。

其实，另外一个著名的案件拉文（*Loving v. Virginia*）②案也和旧的原旨主义有张力，如果按照立法者意图的解释，这个案子判决禁止跨种族通婚的法律违宪就得不到证成。因为立法者批准第十四修正案的时候不断向议会保证说禁止跨种族通婚的法律和第十四修正案不冲突。③如果原旨主义不是另辟蹊径，强调文本的客观含义和更加抽象的解读，这些著名的判例都不能得以正当化。

原旨主义曾经被认为是一种独特的宪法解释方式，很多支持者甚至认为这应该是唯一的宪法解释方式，认为这样的解释可以限制法官的自由裁量权，那些"活宪法"的思想是不尊重民主和法治。可是也有学者指出：原旨主义在公共话语中影响巨大，原因是它承诺可以限制法官，这一承诺让它在外行中影响巨大，但是只有它放弃了这个承诺，才在学术界赢得尊重。原旨主义在公共领域和学术界都赢得尊严，仅仅因为双方说的是不一样的原旨主义。让它在政治运动界熠熠发光的东西恰好是学术界看不上的东西，反之亦然。④之所以得出这个结论，是因为正如上文所言，如果原旨主义履行了限制法官自由裁量权的承诺，那无论是布朗案还是拉文案的

---

① William Baude, "Is Originalism Our Law," *Columbia Law Review*, Vol. 115, pp. 2349, 2381. 笔者的理解是，布朗案害怕原旨主义指的是，弗兰克福大法官害怕布朗案不能在宪法学说上被正当化，怕被批评是法官个人意识形态的强加；而原旨主义害怕布朗案指的是布朗案在宪法史上已经稳若磐石，熠熠生辉，原旨主义没有胆量说布朗案的判决违背了宪法原意。

② *Loving v. Virginia*, 388 U. S. 1 (1967).

③ Steven G. Calabresi and Andrea Matthews, "Originalism and Loving v. Virginia," *Brigham Young University Law Review*, Vol. 2012, No. 5, pp. 1394–1395.

④ Thomas B. Colby, "The Sacrifice of the New Originalism," *Georgetown Law Journal*, Vol. 99 (2011), p. 716.

判决都不能被正当化，也无法成为首尾一致的、具有智识含量的融贯理论。而新的原旨主义认为，宪法文本客观上具有开放的条款，拒绝承认这些开放条款赋予法官自由裁量的空间，本身就不是原旨主义的进路。

二 活的原旨主义

巴尔金的"活的原旨主义"概念的提出，把看似矛盾的两种理论融合在一起，在概念上体现的张力，颇有点像"实体性正当程序"这个词一样。这种思路认为，我们没有必要在与时俱进"活的宪法"和亦步亦趋的"原旨主义"之间二选一，可以用框架原旨主义（framework originalism）来兼容两者："框架原旨主义认为宪法是一个初步的治理框架，它拉开政治序幕，而且必须随着时间的推进通过宪法阐释予以充实。它的目标在于启动政治并使之继续（和保持稳定），以解决未来的治理问题。后续世代需要做很多事情来发展和实施宪法，但是，当他们这样做时，他们也必须忠于基本框架。"[1] 这种思路视宪法为未完成品，为后续世代的宪法阐释以及宪法的变迁提供了空间，但同时也要求忠于宪法文本，尽管这种忠诚不同于旧的原旨主义的"原初被期待适用"，而是忠诚于宪法文本，何况宪法的制定者和批准者故意使用开放性的模糊语言，委托后代对这些条款的适用问题进行阐释，这种"旧瓶装新酒"的阐释本来就是原旨主义内涵的一部分。

这样的一种融合其实已经解构了原旨主义限制法官自由裁量，防范在判决中偷渡个人偏好的功能，甚至使原旨主义和非原旨主义变得很难区分了，但依然需要提倡遵守宪法文本这样一个"遮羞布"。丁晓东认为这有些自欺欺人，因为"在宪法解释中，决断才是真实的世界，而排除决断之治不过是没有自觉的幻象"。[2] 斯卡利亚法官就生活在这样的幻象里，他

---

[1] 〔美〕杰克·巴尔金：《活的原旨主义》，刘连泰、刘玉姿译，厦门大学出版社，2015，第 16 页。这种"活的原旨主义"本质上就是"框架原旨主义"。

[2] 丁晓东：《宗教视野下的美国宪法解释——评巴尔金的〈活原旨主义〉》，《政法论坛》2015 年第 5 期。

认为非原旨主义者经常混淆他们自己偏好的价值和社会的基本价值，而原旨主义的法官有历史的标准可以区分清楚。① 宪法是否可以推导出婚姻权这一基本权利？是否要保证同性伴侣的权利？难道有什么样的宪法解释方法可以排除政治性的决断吗？

而恰恰是不同世代的人们都参与了美国宪法的建构性阐释和决断，在一定程度上消解了"死人之手"（the dead hand）问题，"死人之手"质疑原旨主义把老一辈的原初含义强加于当下世代的正当性。巴尔金提到看待美国宪法的三种方式：基本法（basic law）、高级法（higher law）和我们的法律（our law）。不同世代都参与了美国宪法阐释这一政治事业，从而塑造了美国人民作为"集体主体"（collective subject）的一部分："换句话说，视宪法为'我们的宪法'是一个宪法故事——人们通过这种基本叙事，将自己想象为一个拥有共同的记忆、目标、愿景、价值、义务和雄心的民族。"②

旧的原旨主义无法体现"我们的法律"这一作用，而巴尔金的进路可以使得新世代能够把自己建构为旧世代的一部分，这也使得旧世代成为新世代的一部分。所以巴尔金"活的原旨主义"绝不仅仅是提供了一种新的法官解释宪法的方法，而是视宪法为一个说服平台，法院、立法机关、行政机关、公民的社会运动，都在宪法变迁过程中承担一定的角色，而各方力量对同性婚姻议题的种种反应，也正是在这个平台上一一展现。所以奥伯格费尔案多数意见判决婚姻权是基本权利不能排斥同性伴侣，绝不仅仅是五名大法官的突发奇想，更不是反对人民中的多数意见的"精英独裁"。同性恋运动已经做了多年抗争，奥巴马总统也表达了对同性婚姻的支持，全国的民调也显示支持同性婚姻的民众超过了半数，支持同性婚姻的大法官一定感受到了美国人在舆论上的变化，也一定希望达成法律效果和社会效果的统一，如果非要说到强制，那也只是大法官们用判决，把全国的对

---

① Antonin Scalia, "Originalism: The Lesser Evil," *University of Cincinnati Law Review*, Vol. 3 (1989), pp. 863 – 864.

② 〔美〕杰克·巴尔金：《活的原旨主义》，刘连泰、刘玉姿译，厦门大学出版社，2015，第45页。

同性婚姻支持的多数意见，强加给了某些州的立法机关，而这些州的多数民众或许对同性婚姻是排斥的。

三　宪法救赎与同性婚姻

首席大法官罗伯茨在奥伯格费尔案中表达了宪法的原初意图，他认为建国之初，婚姻被认为是一男一女的自愿契约，布莱克斯通认为"夫和妻"的婚姻关系为私人生活中的伟大关系之一。著名哲学家洛克也认为婚姻是男女的自愿契约，核心目的是生殖和养育孩子。对于宪法的制定者和批准者来说，这种婚姻和家庭的概念和价值被普遍接受。[1] 相比之下，带有自由主义倾向的原旨主义者，论证宪法的原旨主义解释方法也支持同性伴侣获得婚姻权。埃斯克瑞基教授运用的是带有"活的原旨主义"特色的解读方式，也是更加抽象的方式，他认为，早在杰克逊时代（Jacksonian Era），"平等保护"就是一个古老原则的表达，政府立法目的必须是共同利益，必须避免等级立法（class legislation），因为等级立法赋予公民中的一群人特殊的优惠但是又给另外一群人施加了负担。在批准第十四修正案的时候，用的措辞都是"废除州的所有等级立法"，"美国所有公民获得平等权"。[2] 第十四修正案的"平等保护"被理解为反对等级立法，反对类似于印度那样的种姓制度，最高法院与时俱进地把这样宽泛的理解带入种族歧视和性别歧视的案子里。19 世纪的时候，法律人并没意识到在财产和就业方面对女性的歧视构成违宪，正如在 1868 年第十四修正案通过的时候并没有意图要立刻推翻公立学校种族隔离，终止对跨种族婚姻的刑事惩罚，但是当法律文化慢慢接受了新的平等的理念，就会诉诸第十四修正案反对等级立法的宽泛的原旨，来推翻歧视性的立法。而如果同性恋概念开始出现，并且逐渐形成一个可见的群体，政府针对同性恋的排斥性规定，也会被视为等级立法，而不能通过司法的审查。在 *Hollingsworth v.*

---

① Obergefell, 135 S. Ct. at 2613 (Roberts, C. J. , dissenting) .
② William N. Eskridge Jr. , "The Marriage Equality Cases and Constitutional Theory," *Cato Supreme Court Review* (2015) , pp. 118 – 119.

Perry 中，大法官斯卡利亚问了代理同性伴侣的律师奥尔森一个问题："从什么时候开始，排斥同性伴侣结婚变得违宪？"奥尔森说当文化认可性倾向成为一个人不能控制的特征的时候，并认为这是一个演进的过程，没有一个确定的时间。[①] 如果用一个对比来说明这个问题就比较清晰了，2016年长沙一对同性伴侣到民政局办理结婚登记遭拒而起诉，挑战民政局对《婚姻法》的解释，这个和 2015 年美国奥伯格费尔案最大的不同在于，孙文麟挑战的《婚姻法》是"前同性恋身份"的时代制定的，也就是说《婚姻法》所规定的"一夫一妻"制度出现在同性恋身份还没有稳定地建构在中国语境的情况下，而美国的奥伯格费尔案一些同性伴侣所挑战的州禁止同性婚姻的立法，是同性恋运动兴起之后，保守力量对同性恋进行制度性排斥的立法。

"活的宪法"的观念常常抱怨原旨主义让我们受到过去"死亡之手"的控制，而埃斯克瑞基要把婚姻平权和历史联系起来，这种活的原旨主义是要让婚姻平权融汇到美国宪法的"伟、光、正"的变迁当中，仿佛美国宪法是一部伟大的宪法，所有的曾经的种族、性别的不平等立法都是歪嘴和尚把"经"给念歪了，这是一种美国式的"坏事变好事"，即曾经的这些不平等都会被伟大的宪法所纠正，关于平等的承诺终究会践行。每一场争取平等的社会运动都是拿着宪法建国之父开的支票来要求现在的政府兑现。这种理想与现实的张力，曾经被美国著名政治学家亨廷顿命名为"失衡的承诺"（The Promise of Disharmony）[②]。这也体现在巴尔金教授所说的"救赎立宪主义"理论中："救赎立宪主义认为宪法包含了那些我们只能部分实现的承诺，以及仍必须实现的许诺。救赎立宪主义并不是无视宪法的错误或它的许诺——而是尽可能地认真对待两者。我们首先必须承认过去和现在存在于我们制度中的恶，这些制度曾经且仍然为宪法所支持，才能认为宪法以更伟大的正义和道德正当性为目标。如果不承认恶，就不会有任何救赎。同时，我们必须识别出宪法中那些使救赎成为可能的元

---

① Jamal Greene, "The Age of Scalia," *Harvard Law Review*, Vol. 130 (2016), pp. 159, 144.

② 参见〔美〕塞缪尔·亨廷顿《失衡的承诺》，周瑞译，东方出版社，2005，第 12 页。

素——它们既存在于该文件中,也存在于相关的制度中。"[1] 种族平等、性别平等、性倾向平等,似乎都可以在宪法文本中找到救赎的资源,历史上曾经的"恶"没有成为阻止信仰宪法的证据,反而——成为宪法不断在实现自己平等承诺的证据。这是一种"多难兴邦"的美国版本,我们不得不佩服这一套叙事力量的强大。

巴尔金教授认为斯卡利亚是一个"投机性原旨主义者"(fair weather originalist),也是结果导向地,不能同原旨主义共患难,例如在补偿性行动的案子里,对特定种族的优惠同重建时期的宪法原意并不冲突,但是斯卡利亚视而不见。巴尔金也认为,这的确不仅仅是个法律技术问题。保守主义声称第十四修正案的原旨无关婚姻,自由主义认为第十四修正案的原旨是禁止专门挑出一个群体施加不利负担或者通过法律使一个群体处于次要地位。这取决于不同的人不同的使用历史的方式,也跟怎么从历史中读出一些原则有关,是抽象一些,还是具体一些,不同的概括程度会得出不同的结论,不管什么样的解读方式,法官都要进行决断。他说:"法官(judge)被我们雇佣就是来做判断(judge)的。"[2]

实体性正当程序中对历史的解读与概括程度有关,原旨主义对历史的解读同样与概括程度有关,即使同性婚姻如此离经叛道,也能被活的原旨主义在宪法的维度里招降纳叛。正如有学者所提出的,传统不是一个客观的等待着被发现的"事实",传统需要解释,而不是放在那里等待着恢复,理性和判断在解释传统的时候不可或缺。传统也处在流变的过程当中,变化经常巩固了传统而不是削弱了传统。[3] 传统都是在当代语境下理解的传统,完全中立的对传统的认定是不可能的,无论是实体性正当程序对未列举权利的认定,还是各种原旨主义方法对"平等保护"的理解,都离不开

---

① 〔美〕杰克·巴尔金:《活的原旨主义》,刘连泰、刘玉姿译,厦门大学出版社,2015,第 60 页。

② Originalism, "Scalia and Gay Marriage: An Interview With Jack Balkin ByFrancis Wilkinson." https://www.bloomberg.com/view/articles/2013-03-26/originalism-scalia-and-gay-marriage-an-interview-with-jack-balkin., 最后访问时间:2017 年 1 月 25 日。

③ Katharine T. Bartlett, "Tradition as Past and Present in Substantive Due Process Analysis," *Duke Law Journal*, Vol. 62 (2012), pp.537-551.

价值判断，都对历史采取了"入乎其内，出乎其外"的方法，不同概括度的提炼，都离不开选择，都离不开对历史的依赖。这不仅是因为美国法律分析方法本质上是历史的，还因为同性婚姻的诉求本身既是激进的，又是传统的。同性恋权利的倡导者往往不太接受"民事结合"等另外专门为同性伴侣创造的模式，说这样的制度是认为同性伴侣不配"婚姻"称号，这种安排是新的"隔离但平等"，但这恰恰证实了同性婚姻的倡导者一定要保守婚姻这个传统，或许，这可以解释，为什么看起来最不能纳入原旨主义的同性婚姻问题，也可以被"活的原旨主义"煞有介事地高谈阔论并引为同道。

美国禁止询问犯罪记录法案的
立法与实践

王　彬[*]

摘要： 为保障有犯罪记录者的平等就业权，美国近年来推行禁止询问犯罪记录法案。该法案禁止雇主在申请阶段询问应聘者有无犯罪记录；但当雇主决定雇佣后，雇主有权核查应聘者有无犯罪记录。雇主因应聘者有犯罪记录而拒绝聘用时须披露背景调查的情况，并依法对犯罪记录与工作的关系进行个性化评估，同时给予应聘者一定时间来回应。基于对美国禁止询问犯罪记录法案的立法与实践的分析，本文认为该法案能有效地平衡有犯罪记录者的平等就业权与雇主的权利，但对于该法案反对种族歧视的目标，在实践中却收效甚微。

关键词： 犯罪记录　平等就业权　禁止询问犯罪记录法案

在美国，当求职者求职的时候，往往被要求填写求职申请表或者其他类似文件，在此类文件中往往含有很多需要求职者勾选的选项，其中可能就有询问求职者是否有犯罪记录的选项。为保障有犯罪记录者获得公平的就业机会，美国的很多州及城市近年来推行禁止询问犯罪记录法案（Ban the Box）。该法案禁止雇主在求职申请表或者类似求职文件中包含是否有犯罪记录的选项，同时要求雇主在申请阶段不询问求职者是否有犯罪记录，其目的是确保求职者在被问及是否有犯罪记录之前有机会展示他们的就业资格和能力。

---

* 王彬，上海交通大学凯原法学院副教授，法学博士，研究方向为宪法学、劳动法学、就业歧视法。

禁止询问犯罪记录法案起源于 1990 年代的夏威夷，最近几年在美国迅速推广，已经有 23 个州以及 100 多个城市和县城采纳了这样的立法，并且在这 23 个州里，已经有 7 个州将 Ban the Box 的义务扩大到私营企业。[①] 例如，纽约市从 2015 年 10 月 27 日起实施一项新的名为《公平就业机会法案》的法律，该法案要求纽约市的大多数雇主在向应聘者发出有条件工作邀约后才能询问、考量应聘者的犯罪记录。2016 年，洛杉矶城市议会通过类似法令，在早期招聘阶段禁止雇主询问求职者的犯罪记录。在美国联邦立法层面，2015 年，奥巴马总统曾要求联邦机构推行 Ban the Box。美国平等就业机会委员会（Equal Employment Opportunity Commission，下文简称 EEOC）曾就有关问题发布过相关指引（guidelines）。

笔者于 2018 年 2 月受邀参加美国纽约大学的反就业歧视法寒假项目，对纽约市的相关立法进行了考察。因此，本文拟以纽约市的《公平就业机会法案》为考察对象，结合美国平等就业机会委员会的相关指引，论述美国禁止询问犯罪记录法案的立法背景及目的、具体规定、司法判例，并对美国禁止询问犯罪记录法案进行评析。

一 美国禁止询问犯罪记录法案的立法背景及目的

（一）立法背景

美国禁止询问犯罪记录法案推广的背景之一是有犯罪记录者的数量的激增。越来越多的美国人因为严格执法，特别是毒品犯罪的严格执法，有了犯罪记录。[②] 美国雇佣法律项目组织（National Employment Law Project，

---

① 柯振兴：《美国部分州禁止岗位申请阶段询问犯罪记录》，http://uslaborlawob.com/2016/06/news/574/，最后访问时间：2018 年 6 月 25 日。

② William Harless, "Ban the Box′Laws Make Criminal Pasts Off-Limits," *Wall Street Journal*, August 2013, p. 3.

简称 NELP）的律师 Rodriguez 特别谈道，"现在对毒品犯罪的打击已经将更多的人送进监狱。这真的意味着任何人都可能有犯罪记录，你的同事，你的邻居，但是这并不意味着他们是罪犯，这只是意味着他们的行为与法律有冲突（run-in）"。①

美国禁止询问犯罪记录法案推广的另外一个背景是有犯罪记录者的高失业率。在"9·11"恐怖袭击以后，更多的美国公司开始进行背景调查，这导致有前科的高失业率。② 在 2010 年美国一项针对人力资源的调查发现，96%的私人企业雇主在招聘过程中运用了某种形式的犯罪记录检查。在这一调查中，10%的雇主称犯罪背景方面的负面信息影响了 50%以上的雇佣决定。③

（二）立法目的

禁止询问犯罪记录法案寄希望于能够帮助那些出狱的罪犯更容易找到工作。在禁止询问犯罪记录法案出台之前，他们甚至尚未在面试中获得充分表现的机会即因自己的犯罪记录而被淘汰了。而当这些前罪犯们觉察到自己正在受到明显的求职歧视时，他们就会从内心深处丧失继续求职的动力，甚至很有可能会再次犯罪，进而形成一个恶性循环。因此，在形式上根除雇主询问求职者犯罪记录的做法，即在求职表中删除询问犯罪记录的选项，从一般意义的逻辑层面上看，似乎也确实有助于提高出狱罪犯们回归社会的成功率，降低再犯风险。④美国前总统奥巴马在一次演讲中说："发现一个人是否有犯罪记录是有意义的，我们不是建议忽视这个流程。我们建议的是当求职者来申请岗位时，给他们机会来走进大门。给他们一

① 柯振兴：《美国部分州禁止岗位申请阶段询问犯罪记录》，http://uslaborlawob.com/2016/06/news/574/，最后访问时间：2018 年 6 月 25 日。
② Marois, Michael B, "California Gives Break to Growing Workforce With Criminal Past," *Bloomberg Businessweek*, October 2013, p. 11.
③ Society for Human Resource Management Poll, January 22, 2010, Background Checking: Conducting Criminal Background checks, http://www.shrm.org/Research/SurveyFindings/Articles/Pages/ BackgroundCheckCriminalChecks.asPx, 最后访问时间：2018 年 3 月 25 日。
④ 律事通：《美国"禁止询问犯罪记录"刑事司法改革意外之果》，http://www.sohu.com/a/ 85043887_268525，最后访问时间：2018 年 3 月 18 日。

个机会，让他们证明自己。"① 纽约人权局副局长荷莉斯·费许（Hollis Pfitsch）指出，公平机会法就是保障每个人能以技能和经验获聘，不会因过去所犯错误而永远无法融入社会。每个人在就业时都应该有公平的机会，包括有犯罪记录者。②

总而言之，禁止询问犯罪记录法案的目的是让有前科的人可以得到公平的就业机会，雇主也可以从更多的求职者中选拔人才，从而使企业更苗壮，经济更加繁荣。

二 美国禁止询问犯罪记录法案的具体规定——以纽约市《公平就业机会法案》为例

纽约市《公平就业机会法案》将雇主的雇佣流程分为提出有条件工作要约之前和提出有条件工作要约之后两个阶段，在每个阶段，雇主须遵守的法律规定也有所不同。

（一）提出有条件工作要约之前

在提出有条件工作要约之前，雇主的雇佣流程不得包含调查应聘者的前科。为了遵守《公平就业机会法案》，雇主必须做到以下几点。

（1）在发布招聘公告时避免提及拘捕或前科。不得在招聘公告上使用诸如"不招收重罪犯"、"要求背景调查"、必须"无犯罪记录"等字眼。

（2）确保应聘表格和代表雇主的代理人不询问应聘者是否有犯罪记录，也不得要求应聘者授权开展背景调查。

（3）指示人力资源部门和负责招聘的员工不得在提出有条件工作要约之前向应聘者提出与犯罪记录相关的问题，不得对应聘者开展背景调查，不得探查应聘者是否有前科。

---

① 柯振兴：《美国部分州禁止岗位申请阶段询问犯罪记录》，http://uslaborlawob.com/2016/06/news/574/，最后访问时间：2018 年 6 月 25 日。

② 《调查求职者犯罪记录，12 公司挨罚》，《世界日报》2017 年 11 月 17 日。

在应聘流程中，雇主可能意外发现应聘者的前科。如发生此种情况，雇主应当告知该应聘者只有在雇主决定为其提供工作机会时才会考量其犯罪记录，让该应聘者知道目前不适合讨论此问题。雇主可以在应聘者的文件里标注上述情况，以防这种意外发现应聘者前科记录的情形造成麻烦。

（二）提出有条件工作要约之后

提出有条件工作要约之后，雇主可以通过口头或书面形式询问应聘者是否有过前科或未决的刑事案件；调查应聘者的犯罪记录；询问应聘者导致刑事犯罪的具体情况。雇主在询问上述问题的过程中应当按照《纽约矫治法》第 23 - A 的规定收集必要的资讯用以分析应聘者的前科。

雇主应当注意，部分拘禁和定罪资讯是被限制获取的，雇主不得询问或考量最终未被判定为刑事犯罪的拘捕，包括被判无罪或案件最终被封存的情况。宣判为青年犯或少年犯的案件也时常会被封存，轻微犯罪（例如扰乱治安的行为）的案件也会被封存。上述资讯不得出现在背景调查当中，在雇佣流程的任何阶段均不得问及或作为考量。雇主若确实获知上述资讯，不得将此等资讯用于雇佣决定。

雇主若认定应聘者的犯罪记录不会影响其选拔聘用该应聘者，并希望雇佣该应聘者，则无须再有其他行动。若雇主打算撤销工作要约，则必须首先实施以下三项行动。

1. 披露背景调查

雇主必须如实向应聘者提供雇主用以判断应聘者有前科的资讯。此等资讯应当包含获取日期和时间以及资讯的详细内容和获取方法。雇主应向应聘者提供一份用以判断该应聘者有前科的背景调查或其他文档的副本。具体做法非常简单，若聘用其他公司出具背景调查报告，则应提供该报告的副本；若通过互联网搜索，则打印相应的网页；若调查公共档案，则提供相应档案的副本；若依靠口头资讯，则以书面形式总结交谈内容和获得的资讯。

2. 依法评估应聘者

按照《纽约矫治法》第 23 - A 的规定，纽约市民因前科而被拒绝工作机会，只有在应聘者的犯罪记录与其应聘的岗位存有直接关系的情况下，或在雇主可以证明雇佣相关应聘者会对雇主的财产或特定人员、公众造成严重危害的情况下，雇主才可以拒绝雇佣相关应聘者。

雇主在作出决定之前必须考量八个因素。若雇主认定存在上述直接关系，则应当评估以下因素，以确定能否降低危害。若不存在上述直接关系，则在判断会造成严重危害时应当考量一切因素。这八个因素分别是：纽约市公共政策鼓励有犯罪记录的人获得从业许可证、就业；应聘者应聘的工作岗位的具体职责，应聘者的犯罪记录是否会影响其履行某项或多项工作职责的能力；致使应聘者被刑事定罪的事件（而非被拘捕或被定罪）已经过去多长时间，应聘者实施导致其被定罪的行为时的年龄；根据应聘者的行为判断所犯前科的严重程度，纽约人权委员会认为因持有或销售受管控物质而被定罪不是特别严重的前科；由应聘者或代表应聘者提供的与其改造或良好行为相关的资讯，由于雇主必须考量此资讯，因此雇主必须确保向应聘者索要；雇主在保护财产、保护特定人员或公众的安全和福祉方面拥有合法权益；应聘者是否持有残障人士免责证明；雇主必须假定该应聘者已经改过自新。

3. 留出时间让应聘者作出回应

雇主必须为应聘者留出合理的时间，以便应聘者就其背景调查和评估作出回应。在此合理的时间（一般为三个工作日）内，雇主必须为应聘者保留工作机会。

若应聘者在此期间与雇主联络，雇主可以阐明担忧并要求应聘者解决这些担忧，从而解决问题。雇主还可以决定为相关应聘者提供雇主认为更合适的其他工作要约。若在此合理时间内未能达成解决方案，雇主必须通知相关应聘者不予聘用，然后才能考虑其他应聘者。①

---

① *Fair Chance Act*, New York City Commission, October 23, 2015.

（三）雇主违反禁止询问犯罪记录法案的法律责任

违反禁止询问犯罪记录法案的雇主会被要求修改雇佣政策，支付赔偿和对员工进行相关法律培训，还有可能被罚款。纽约市曾经处罚一些违反公平法案的大企业。纽约市人权局（Commission on Human Rights）2017年 11 月 16 日宣布，当局已控告 12 家全国性企业或地方公司违反该法，对资讯公司 Yelp 处以 3 万美元民事罚款。[①] 纽约人权局局长表示，截至2017 年 11 月，人权局已经收到 200 件投诉，正在调查 150 起有关歧视前科者的案件。[②]

三　与禁止询问犯罪记录法案有关的司法判例

雇主如果违反禁止询问犯罪记录法案，有犯罪记录者可以以受到歧视为由向法院提起就业歧视的诉讼。但在司法实践中，有犯罪记录者挑战成功的例子并不多，雇主往往以商业必要性来进行抗辩。这种商业必要性的抗辩比较容易获得法院的支持，也就是实质上雇主利用商业必要性来拒绝录用更加容易。

一个著名的案例是联邦法院对"厄尔尼诺诉宾夕法尼亚州东南部交通管理局"（以下简称 SEPTA）一案的判决。在这个判例中，法官们特别强调雇主的经营风险。他们裁定，犯罪历史筛查政策只能区分两类申请人，即那些对雇主构成"不可接受的风险"的申请人和其他申请人。这一判例的另一重要意义在于，法官其实支持了铁路行业对所有暴力罪犯的"终身"就业禁令。在审判时，SEPTA 提交了支持终身就业禁令的证据，其中包括专家证词——有暴力犯罪前科的雇员，即使无犯罪多年，在统计学

---

① 被当局指控违反《公平机会法》的 12 家公司包括雅诗兰黛（Estée Lauder）、折扣零售商家多乐（Family Dollar）、调查公司 Kroll Associates、中央公园绿地客栈餐厅（Tavern on the Green）、Serafina 餐厅、云顶世界赌场、Barilla 餐馆、连锁超市 Best Market、Goldfarb 地产中介、生物制药外包提供商 inVentiv Health、自自助仓库 Safeguard Self Storage 与租赁公司 Aarons Rent-to-Own。

② 《调查求职者犯罪记录，12 公司挨罚》，《世界日报》2017 年 11 月 17 日。

意义上也显著地比一般人群更容易卷入暴力犯罪。SEPTA 的专家还指出，残障乘客更容易成为暴力犯罪的受害者。因此，对铁路行业来说，为保护更容易受伤害的残障乘客，禁止录用有暴力行为记录的人员具有"商业必要性"。①

EEOC 曾经起诉 Freeman 公司，认为公司在招聘时询问犯罪记录构成了差别影响，伤害了黑人求职者的机会，因此构成一种歧视。但是法院认为，公司对犯罪记录的使用是合理的，并且非常符合公司确保一个诚实的工作队伍的目的。法官补充说，公司将犯罪记录审核限制在过去七年，并且排除了求职者被逮捕但是没有被判罪的情况。因此，法官认为 EEOC 的起诉缺乏事实依据。②

在更早一些由犯罪记录者提起的有关限制其职业选择自由是否违反宪法平等权保障的案件中，有犯罪记录者获得胜诉的比例也不高。因为法院对有前科者的职业选择自由限制采取合理审查标准，该标准非常宽松，所以实践中有关诉讼法院倾向于判决该限制是合宪的。例如，在 *Hawker v. People of New York* 案中，法院判决宣告终身剥夺有重罪前科者执行医师业务权利的纽约州公众健康法合宪；在 *Deveau v. Braiste* 案中，法院判决纽约州 1953 年通过的纽约港埠委员会法禁止有重罪前科者（除非前科之后被撤销或者后来获得良好表现证明）对劳工组织内的成员收取任何费用的规定合宪；在 *Barsky v. Board of Regents of University* 案中，美国联邦最高法院宣告暂停执行内科医师职务六个月的决定合宪；在 *Baer v. City of Wauwatosa* 案中，法院判决拒绝核发贩卖枪支武器的执照给具有重罪前科者不违反宪法修正案第十四条的平等保障条款。③

虽然在美国有犯罪记录者提起就业歧视诉讼的胜诉比例不高，但至少存在有犯罪记录者可诉诸法律的机制，从而使得用人单位不会肆无忌惮地排除有犯罪记录的人。

---

① 479 F. 3d 232（3d Cir. 2007）.

② 柯振兴：《美国部分州禁止岗位申请阶段询问犯罪记录》，http://uslaborlawob. com/2016/06/news/574/，最后访问时间：2018 年 6 月 25 日。

③ 王彬：《就业中的前科歧视研究》，中国政法大学出版社，2009，第 164—165 页。

四　美国禁止询问犯罪记录法案的评析

（一）有犯罪记录者平等就业权与雇主权利的冲突

1. 有犯罪记录者的平等就业权

有犯罪记录者享有平等就业权。美国禁止询问犯罪记录法案的支持者认为，将有犯罪记录者统统排除在工作之外，是不正当的。他们的主要理由有两点。

（1）雇主经常依靠不准确的犯罪记录作出雇佣决定，这会造成不公；另外，允许对有犯罪记录者在招聘考试阶段就进行背景调查，会减少有犯罪记录者有效和完全重返社会的机会。

（2）根据美国平等就业机会委员会的指引，仅仅依靠被定罪的逮捕记录是不公平的，是违反《民权法案》第七章的行为，即便是曾被定罪的记录，平等就业机会委员会的态度是申请者不应因"没有不可接受风险"的违法行为而被拒绝。

2. 雇主的权利

反对禁止询问犯罪记录法案的人士认为，雇主应该享有用工自主权，同时为了公共利益和社会安全，避免风险的有效手段是不雇佣有犯罪记录的人。法医心理学家普遍认同，越是频繁发生（和最近发生）的行为越有可能在未来重复发生。事实上，"过去的行为"已经被证明了是预测未来犯罪、累犯或暴力行为的有效指标。雇主当然不应该武断地认定某个求职者一定会重复过去的不良行为，但在不了解对方的信用或犯罪记录的情况下作出雇佣决定将可能导致重大损失。在美国，雇主须承担雇佣侵权责任（Negligent Hiring），反对禁止询问犯罪记录法案的人士表示，（公司）有责任保护消费者，保护其他雇员并保护这个公司免受潜在犯罪者的伤害。所以核查犯罪记录是正常的。①

---

① 柯振兴：《美国部分州禁止岗位申请阶段询问犯罪记录》，http://uslaborlawob.com/2016/06/news/574/，最后访问时间：2018 年 6 月 25 日。

客观来说，赞成和反对禁止询问犯罪记录法案的理由各有道理。这实际上是两种法益的冲突，即有犯罪记录者平等就业权和雇主权利的冲突。这种冲突是不可避免的，问题是现有的禁止询问犯罪记录法案能否有效地平衡这两种权利。

（二）美国现行禁止询问犯罪记录法案如何解决有犯罪记录者与雇主之间的权利冲突

笔者认为，美国现行禁止询问犯罪记录法案实际上能解决公众安全、雇主的用工自主权和有犯罪记录者的平等就业权之间的权利冲突，有效平衡双方的权利。

1. 保障有犯罪记录者的机会平等

美国的某些州或者市的立法，例如纽约市的做法是：至少给有犯罪记录者一个证明自己的机会，目的是提供公平机会，希望他们至少有机会走进大门。这些法案将犯罪记录的调查推迟到发出录用要约之后。这样雇主不再问这些问题，而是认真地听应聘者讲述他有什么技能或者技术。这些法案无法消除应聘者的过去犯罪记录，但可以使他们有机会获得继续生活的机会。如果要拒绝录用，也要证明该犯罪记录与工作的关联性，评估其危险性以及是否有商业必要性等。用人单位不可以自动地或"地毯式"地排除任何有犯罪记录者的求职。

2. 保障雇主的雇佣权利

在保障有犯罪记录者公平机会的前提下，纽约市的《公平就业机会法案》禁止雇主在提供就业机会前，先询问应聘者犯罪记录或者展开背景调查。但是，雇主只要遵守流程，仍可询问应聘者的犯罪记录。若前科会影响其胜任工作，雇主仍可合法拒绝雇佣。

根据EEOC的指引，雇主如果要避免反歧视的指控，最好的办法是证明拒绝有犯罪记录的求职者的原因是与岗位相关并且符合商业决策，其中，主要的考虑因素包括犯罪的性质、从犯罪到现在间隔的时间以及工作的性质。EEOC还要求雇主在决策之前，必须对被拒绝的求职者做个人化的评估（individualized assessment）。[1] EEOC 要求雇主在用犯罪记录筛选员工时考虑以下三个因素：①犯罪性质及其严重性，②宣判及定罪的时间，和③现任以及所寻求工作的性质。同时，不论职位高低及性质，或距离上次犯罪的时间长短，雇主必须详细说明（这种调查的）商业必要性。EE-OC 在于 2005 年发布的一项立场声明中说，那些利用"一揽子政策"排除曾被逮捕或定罪人员可能"不成比例地排除某些种族或族群"的雇员，因此雇主在运用犯罪记录筛选员工时必须论证其筛选手段在商业上的必要性。

综上所述，美国禁止询问犯罪记录法案的流程设计在招聘的不同阶段赋予应聘者和雇主不同权利，有效地平衡双方的权利。在招聘阶段，禁止询问应聘者的犯罪记录，保障了应聘者的平等就业权；但在决定聘用后，雇主可以了解和核查犯罪记录，保障了用人单位的权利；在雇主决定因应聘者犯罪记录而拒绝聘用时，雇主应披露背景调查的详细情况，说明其商业必要性，同时要给予有犯罪记录者一定时间来回应，这保障了有犯罪记录者的救济权利。

（三）美国禁止询问犯罪记录法案中的种族歧视考量

美国禁止询问犯罪记录法案的推广有反对种族歧视的考量。在美国，有犯罪记录者中有色人种或者少数族裔所占比例非常高。例如纽约州有920 万有犯罪记录者，绝大多数为少数族裔。[2] EEOC 曾在于 2005 年发布的一项立场声明中说，那些利用"一揽子政策"排除曾被逮捕或定罪人员可能"不成比例地排除某些种族或族群"的雇员。

美国公平就业机会委员会（EEOC）是从反种族歧视的角度来看待禁止询问犯罪记录制度的。在 1987 年，EEOC 已经发布了一个指引（guide-line）。在 2012 年，EEOC 再次完善了这个指引。EEOC 主要从两方面来看待反歧视问题。第一是差别待遇（disparate treatment），如果雇主拒绝了一

---

① 柯振兴：《美国部分州禁止岗位申请阶段询问犯罪记录》，http://uslaborlawob.com/2016/06/news/574/，最后访问时间：2018 年 6 月 25 日。

② 《若前科有害工作，雇主仍可拒聘》，《世界日报》2017 年 11 月 17 日。

个有犯罪记录的黑人求职者，但是录用了一个有犯罪记录的白人求职者，就构成歧视。第二是差别影响（disparate impact），也就是说雇主的政策虽然看上去中立，但是从结果上伤害了黑人或者拉丁裔等少数族裔。EEOC指出，少数族裔群体的成员相比白人更有可能被逮捕或者被判刑。EEOC也援引了劳工部的数据，一个拉丁裔男性被监禁（incarceration）的可能性是白人男性的三倍，而一个黑人男性被监禁的可能性是白人男性的六倍。因此，查询犯罪记录，导致黑人或者拉丁裔求职者更有可能因为有犯罪记录而被拒绝，从而构成一种歧视。[①]

而让人意想不到的是，"禁止询问犯罪记录"刑事司法改革却让工作尤其是求职场域中的种族差异与歧视愈加恶化了。当招聘工作仍然主要依赖书面材料来寻找潜在的雇员时，我们确实无法否认雇主着重考察的即是应聘者的犯罪前科情况。因此，当禁止询问犯罪记录法案试图掩盖这些极其重要的求职特征时，我们无法苛求雇主不通过一些其他途径试图一窥求职者的全貌。可以想见，当一名雇主无法准确了解其潜在雇员的犯罪史时，最为省时省力的方式便是通过例如种族等社会性标签与线索探寻他是否存在犯罪前科。[②]

在大多数情况下，当求职者是一名黑人或西班牙裔时，雇主将更倾向于认为他们是有犯罪前科的人而驳回他们的工作申请。美国研究人员的发现在某种程度上可以印证这种说法：当雇主不对求职者进行是否吸食毒品的测试时，他们反而会在潜意识中推定少数族裔的求职者有很大的可能性染有毒瘾并进而由此拒绝这些黑人或西班牙裔求职者的申请。[③]

可以说，"禁止询问犯罪记录"刑事司法改革在实质意义上并未给美国少数族裔出狱罪犯的求职带来便利，唯一在这一刑事司法改革中获益的其实是美国有犯罪记录的白人种群，尽管雇主可以在面试之后检查其犯罪

---

① 柯振兴：《美国部分州禁止岗位申请阶段询问犯罪记录》，http://uslaborlawob.com/2016/06/news/574/，最后访问时间：2018 年 6 月 25 日。

② 律事通：《美国"禁止询问犯罪记录"刑事司法改革意外之果》，http://www.sohu.com/a/85043887_268525，最后访问时间：2018 年 3 月 18 日。

③ 律事通：《美国"禁止询问犯罪记录"刑事司法改革意外之果》，http://www.sohu.com/a/85043887_268525，最后访问时间：2018 年 3 月 18 日。

记录，但相较于其他少数族裔，有犯罪记录的白人获得了较之以往更多的面试机会，当然，这建立在其他少数族裔面试机会愈加少的基础上。[①]

五 结论

总结来说，"禁止询问犯罪记录"刑事司法改革确实达到了其设想的帮助出狱罪犯更容易地找到工作的目的，这一法案也能有效地平衡有犯罪记录者的平等就业权和雇主权利，但对于法案反对种族歧视的目标事与愿违。这一目标的达成损害了更多少数族裔的工作机会，在这场游戏中，唯一的赢家可能只是有犯罪前科的白人群体。[②]

[①] 律事通：《美国"禁止询问犯罪记录"刑事司法改革意外之果》，http://www.sohu.com/a/85043887_268525，最近访问时间：2018 年 3 月 18 日。

[②] 律事通：《美国"禁止询问犯罪记录"刑事司法改革意外之果》，http://www.sohu.com/a/85043887_268525，最近访问时间：2018 年 3 月 18 日。

美国反歧视法治实践中的社会学
理论与方法

——兼论反歧视诉讼中的统计证据规则

李 昊[*]

摘要： 歧视是一种个体行为还是一种社会关系？歧视是主观故意还是无意识的偏见？这是反歧视理论与实践中的核心问题。对此，社会学与法学曾经具有针锋相对的认识，并提出了截然不同的反歧视方法。社会学认为歧视在本质上是一种社会和心理结构，在美国反歧视法治实践的关键历史时期，社会分析方法促进了美国反歧视法的理论发展、制度演进与方法更新。反歧视共同诉讼、歧视效果诉讼和肯定行动法律制度相继出现，统计证据也得以运用于差别对待之诉、差别对待共同诉讼、差别效果之诉中，并最终形成了反歧视诉讼统计证据规则。

关键词： 种族歧视　民权法　共同诉讼　差别效果歧视　证据规则

前　言

1964 年《民权法案》颁布至今，美国已经建立起了较为完整的反歧视法律体系，管辖范围早已超越了种族议题，大多数的歧视争议能在联邦法律体系内得到解决。与美国惨痛的种族关系历史相比，反歧视法是美国政治和法治实践的一次胜利，也是反歧视理论研究的成果。在解决歧视问题的过程中，法治实践与理论研究形成了互动关系。反歧视法治实践为理

---

[*] 李昊，法学博士，四川大学西部边疆中心、国际关系学院副教授。

论研究提供了大量的经验材料，多学科的研究理论成果反过来促进了法治实践的发展。在美国实现种族平等的关键历史时期，社会学的歧视理论与方法对反歧视法发挥了独特作用。

一 法学和社会学在歧视理论上的分野与融合

社会学与法学对歧视的本质有不同的认识，并由此提出了截然不同的消除歧视的方法。差异主要体现在以下两个方面。首先，歧视是一种个体行为还是一种社会关系；其次，歧视是故意的恶意还是无意识的偏见。

社会学家认为，歧视在本质上是一种社会和心理结构。歧视依赖于一个社会关系的系统,[1] 而非孤立的个人之间的冲突。[2] 歧视意味着少数群体成员因其特定群体身份而遭受的系统性的不利对待。[3] 在种族关系领域，社会学家将种族歧视区分为两种不同的类型：个人的种族歧视行为与制度性的种族主义。个人种族歧视行为是发生在个人之间的明显的种族伤害，这种伤害会造成少数族裔直接的人身伤害与财产损失。制度性的种族主义是指白人社会作为整体对黑人社会所实施的种族伤害。这种歧视来自一个社会的权威力量。相对于个人歧视行为，制度性种族歧视虽然较为隐晦，且不易归责于特定的个人，却更为持久、更具破坏性。[4] 例如，南方白人社会的政治、经济、文化与心理生活在很大程度上反映了反黑人的种族偏见与歧视。在北方，虽然也存在严重和普遍的反黑人的种族歧视，居住方式和自治性的社团在一定程度上受种族歧视的影响，但北方的政治、经济生活在本质上并未建立在制度性的种族歧视之上。因此，北方与南方生活

---

[1] Aaron Antonovky, "The Social Meaning of Discrimination," *Phylon* (1960 -), Vol. 21, No. 1 (1st Qtr., 1960), p. 83.

[2] George Eaton Simpson and J. Milton Yinger, *Racial and Cultural Minorities: An Analysis of Prejudice and Discrimination* (5th Edition), Plenum Press, P. 23.

[3] Robin Stryker, "Disparate Impact and the Quota Debates: Law, Labor market Sociology, and Equal Employment Policies," *The Sociological Quarterly*, Vol. 42, No. 1 (Winter, 2001), p. 15.

[4] Stokely Carmichael and Charles Hamilton, *Black Power: The Politics of Liberation in America*, Vintage Books, 1967, p. 4.

的最大区别在于，南方主流社会在心理和生活上依赖种族歧视。[①]

社会学认为歧视的主观心理因素具有多样性，歧视行为的实施者并非必然具有故意的主观恶性。首先，有些歧视行为属于歧视性的社会结构下的无意识行为。此类歧视行为并非来源于种族仇恨，而是来自制度化的行为模式。[②] 1964 年的 Allen-Bradley 公司案中，其采用熟人口头介绍式（word-of-mouth）的雇佣制度，雇佣对象主要是现任雇员的朋友和亲属。作为以往的社会种族歧视与隔离的后果，6000 名雇员中仅有 4 名黑人。在此案中，雇主并无明显的歧视主观意图，但依然对有色人种造成了歧视后果。其次，有些歧视行为虽然源于偏见，但属于过失而非故意。多数的偏见具有很强的社会属性，是一种社会导向的态度或行为。[③] 在很多情况下，偏见仅仅意味着针对社会群体的预先判断，往往属于功利判断而非价值判断，判断结果有可能是有效的，也可能是错误的。根据经济学统计歧视的理论，如果信息昂贵且不充分，雇主倾向于根据群体特征来判断个体的能力，以此降低苷选成本。比如，认为白人的劳动生产率高于黑人，男人高于女人。最后，也有一些歧视行为具有故意的主观心理特征。此类歧视行为往往具有如下动机：通过种族歧视实现直接的政治、经济和社会利益；通过对稀缺资源的垄断控制获利；为满足偏见与仇恨的心理需求而实施的歧视行为，这类行为可以独立于物质利益。[④]

作为一种植根于社会结构中的群体性关系，歧视性的社会结构一经建立便可自我维持，即使最初造就它的生活模式和种族仇恨业已消失。通过特有的反馈机制，歧视性的社会系统会得到强化。[⑤] 由于歧视可以

[①] Aaron Antonovky, "The Social Meaning of Discrimination," *Phylon* (1960 –), Vol. 21, No. 1 (1st Qtr., 1960), pp. 82 – 83.

[②] Robert Merton, *Sociological Ambivalence and Other Essays*, Free Press, 1976; *The New Bias on Hiring Rules*, Business Week, 1981, pp. 123 – 127.

[③] George Eaton Simpson and J. Milton Yinger, *Racial and Cultural Minorities: An Analysis of Prejudice and Discrimination* (5th Edition), Plenum Press, 1985, p. 21.

[④] Aaron Antonovky, "The Social Meaning of Discrimination," *Phylon* (1960 –), Vol. 21, No. 1 (1st Qtr., 1960), p. 85.

[⑤] See George Eaton Simpson and J. Milton Yinger, *Racial and Cultural Minorities: An Analysis of Prejudice and Discrimination* (5th Edition), Plenum Press, 1985, p. 157.

系统性地摧毁受害群体的机会、知识和能力，从而将受害群体塑造成歧视系统所期望的状态。通过特定的传播机制，歧视可以在不同的社会系统中蔓延。教育领域的歧视损害了少数族裔的人力资本，进而产生广泛的职业隔离。相应地，消除歧视需要进行广泛的、系统性的社会干预。

与社会学所强调的制度性歧视不同，1964 年《民权法案》主要体现了自由主义的歧视观。在《民权法案》制定和通过的过程中，是否赢得共和党自由派和温和派议员的支持是决定成败的关键。共和党自由派坚持认为，反歧视的措施应当受到严格限制，针对个人的简单的不歧视原则和间接的积极措施就足以解决就业歧视问题。如果超越以上界限进而挑战美国自由主义的政治、经济理论，他们将阻止《民权法案》的通过。作为政治妥协的产物，1964 年《民权法案》第Ⅶ章所规定的歧视具有三个明显特点。首先，歧视主要是针对个人而实施的行为；虽然法案没有明确界定歧视的概念，但法案的支持者和反对者都承认歧视是因种族、性别等禁止事项而针对个人的不利行为。其次，歧视是故意实施的行为。有关歧视动机的规定，在法律文本和国会辩论中得到了充分的反映，并为此后的司法判例所确认。最后，将反歧视的措施限定为消极的不歧视行为，不赞成对歧视性社会结构进行积极的干预。虽然《民权法案》创制了平等就业机会委员会（EEOC），但该委员会采取的是个案调查和协商调解的机制，其本身并不具有任何执法权力。虽然《民权法案》第 706 条（g）款部分认可了积极措施，但总体而言对积极措施采取了极为谨慎的态度。①

1964 年《民权法案》是美国反歧视斗争的分水岭。该法为此后大多数歧视争议提供了法律依据。但与此同时，作为广泛的政治妥协的产物，该法所采取的自由主义的立场，并不足以应对美国社会严重的种族歧视现实。自由主义政治家很快就意识到了自己严重低估了美国就业歧视的广泛

---

① Robert J. Weiss, *We Want Jobs: A History of Affirmative Action*, Garland Publishing, 1997, p. 71.

性和复杂性。各种民权组织也开始不断质疑《民权法案》所确立的个人故意歧视原则的正当性，以及个案救济的有效性。[①] 平等就业机会委员会协商调解机制风险高、效率低，随着大量歧视案件因调解失败涌入联邦法院，一场反歧视司法领域的变革即将到来。在随后的法治实践中，联邦法院和联邦政府运用广义解释的方法，承认歧视是一种群体性关系与制度性现象，从而更新了《民权法案》中自由主义的歧视概念。反歧视共同诉讼、歧视效果诉讼和肯定行动三种重要的法律制度印证了反歧视法的更新。反歧视共同诉讼的出现，意味着联邦法院对歧视社会属性的初步认识。在 *Hall v. Werthan Bag Company* 一案中，联邦地区法院首次将联邦诉讼程序规则 Rule23（A）运用到了歧视诉讼中，认可了基于《民权法案》第七章的共同诉讼。法院在裁决中指出："种族歧视当然属于群体歧视。"从 1966 年开始，就业歧视领域内里程碑式的案件多以共同诉讼的形式出现；[②] 歧视效果理论的出现，标志着反歧视法理论与方法的全面更新。歧视效果理论完整体现了社会学的群体关系和制度结构特征，很多法律学者明确认为，歧视效果理论属于社会学的路径。在理论更新方面，歧视效果理论突破了《民权法案》第七章所规定的个体故意歧视概念。歧视效果理论重在考查以往系统性的就业实践对少数群体就业造成的不利影响，但并不要求证明这些系统性的就业实践具有故意的动机；在方法更新方面，社会学统计方法开始大量运用于反歧视诉讼，统计数据可以单独构成不利效果的初步证据，统计方法的科学性直接决定了证据的有效性和雇佣政策的合法性。[③] 联邦政府的肯定行动是一种更为积极主动地干预制度性歧视的策略，它包括多种种族与性别考量措施，其目的在于消除以往歧视历史所造成的影响。肯定行动常常涉及雇佣少数族裔的数量目标、时间计划，政

---

① Robin Stryker, "Disparate Impact and the Quota Debates: Law, Labor market Sociology, and E-qual Employment Policies," *The Sociological Quarterly*, Vol. 42, No. 1 (Winter, 2001), p. 20.

② Robert J. Weiss, *We Want Jobs: A History of Affirmative Action*, Garland Publishing, 1997, pp. 102 – 103.

③ Marce C. Garaud, "Legal Standards and Statistical Proof in Title VII Litigation: in Search of a Coherent Disparate Impact Model," *University of Pennsylvania Law Review*, Vol. 139, No. 2, p. 455.

府开始大规模干预传统的商业习惯和企业的社会责任。

二 社会学统计方法在反歧视法中的应用

1964 年《民权法案》宣告了雇主因种族、肤色、宗教、性别及原始国籍而针对个人实施的故意歧视行为非法。在此后的司法实践中，联邦最高法院以此为基础发展出了两种反歧视诉讼：差别对待之诉和差别效果之诉。其中，差别对待之诉又涉及两种类型：其一，针对个人的差别对待，其体现了国会制定《民权法案》时的自由主义立场；其二，差别对待共同诉讼，其承认了系统化的行为模式使少数族裔处于群体性不利地位。以上两种差别对待理论要求具有歧视的主观目的。差别效果理论的目的在于消除更为隐秘、更为社会化的歧视行为，其超越了 1964 年《民权法案》对歧视动机的规定，管辖范围涉及表面上中立但实际上使少数族裔处于不利地位的行为。在联邦法院发展反歧视诉讼的同时，联邦政府也在更新和扩大肯定行动。

（一） 差别对待歧视

差别对待歧视是《民权法案》最为关切的歧视类型，这充分体现了国会立法时的自由主义立场。因而，社会学统计数据在个人差别对待案件中的证据效力非常有限。正如联邦最高法院在 *Teamster v. United States* 案中宣称："差别对待案件的关键是证明歧视的动机。"雇主是否具有法律责任取决于雇佣决定的依据是不是法律的禁止事项，如雇员的种族、肤色及性别等因素。差别对待诉讼的证据规则是围绕歧视的动机而设计的。歧视的动机可以由直接证据和间接证据来证明。直接证据主要包括各种文字记录，如在备忘录或人事政策中直接载明了拒绝雇佣的理由；间接证据并不能直接证明动机，但有助于调查人员做出有关动机的推论。原告首先承担提供初步证据的责任，具体包括四个部分：①原告属于受保护群体的成员；②原告遭受了不利对待；③被告给予了其他群体的成员以优待，而他们与原告的资历相仿；④原告具有履行工作职责的能力。一旦原告提出了初步证据，证据责任就转向了被告，其需要证明雇佣决定具有非歧视的正当理由。最后，再由原告承担最终的证据责任，即证明被告的理由只是借口。①

在以上证据规则中，统计数据往往以间接证据的形式，出现在原告的抗辩阶段以及原告的最终证明阶段，其证明效力十分有限。统计证据本身既不能使雇主免于歧视的指控，也无法充分证明雇主的抗辩理由是借口。统计数据只能用以证明被告的特定的雇佣决定对原告本人的影响，而非证明被告雇佣决定对原告所属群体的整体影响。在多数情况下，原告需要综合运用统计证据、比较证据等多种手段，来完成最终的证明责任。②

（二）差别对待的共同诉讼

虽然差别对待歧视多以个人诉讼的形式出现，但也可以引发共同诉讼。在差别对待共同诉讼案件中，原告通常诉称其遭受的差别对待是雇主模式化的歧视行为的一部分，此类行为专门针对原告所属的群体。虽然共同诉讼案件同样要求证明雇主的歧视动机，但已经承认了雇主的非法动机可能会对众多的社会成员造成系统性的不利影响。相对于个人差别对待理论，共同诉讼制度更多反映了社会学歧视思想，③ 统计方法和统计数据对证据规则的影响更为明显。原告首先承担初步证据责任，并形成优势证据，用以证明模式化的差别对待是被告的标准化执行程序。用多个孤立的歧视行为来形成表面证据，既不现实，证明力也不充分。因此，共同诉讼的原告主要依靠统计证据来证明群体性的歧视。在某些案件中，如果能够证明存在粗略的统计显著性，统计数据即可单独构成初步证据。当然，在更多的案件中，原告需要用多种证据共同证明雇主的歧视故意，其中包括有关歧视对待的传闻证据。

---

① Barbara T. Lindemann and Paul Grossman, *Employment Discrimination Law* (4th Edition), BNA Books, 2007, pp. 10 – 21.

② Barbara T. Lindemann and Paul Grossman, *Employment Discrimination Law* (4th Edition), BNA Books, 2007, pp. 80 – 82.

③ Robin Stryker, "Disparate Impact and the Quota Debates: Law, Labor market Sociology, and Equal Employment Policies," *The Sociological Quarterly*, Vol. 42, No. 1 (Winter, 2001), p. 21.

雇主可以用多种方法反驳原告的初步证据。针对原告的统计证据，被告可以采用两种方式加以反驳：首先，声称存在统计上的差异性，是因为原告使用了错误的数据、错误的方法，针对错误的对象，得出了错误的统计预测；其次，被告可以要求使用自己的统计证据来替代原告的统计证据，被告方专家可以重新分析原告方提供的任何统计证据，并对原告方提出多种质疑。当原告方使用 Z 值法来证明被告未充分雇佣少数族裔时，被告方可以运用多重回归来验证原告的假设，进而说明种族之外的其他多种因素才是真正的原因。① 差别对待共同诉讼的核心在于证明被告具有系统化的非法动机，统计数据构成了原告初步证据的关键。与此同时，被告也可运用统计证据去反驳原告的初步证据。

（三）差别效果诉讼

差别效果诉讼始于 *Griggs v. Duke Power Co.* 一案。② 在此案中，原告诉称自己受到了被告不合理的人事茬选制度的伤害。联邦最高法院依据《民权法案》第 703 条（a）（2）款和第 703 条（h）款，通过扩张解释，将此类争议置于《民权法案》的管辖范围内。法院认定："某些雇佣措施、程序和考试方法在表面上是中立的，甚至在意图上也是中立的，但依然有可能违反民权法案第七章。"③ 联邦最高法院首次提出了差别效果诉讼的证据规则。此后经由 *Watson v. Fort Worth Bank* 案和 *Wards Cove Parking Co. v. Atonio* 案的修改，联邦最高法院确立了最终的证据规则：首先，在初步证据阶段，法院将根据原、被告双方提交的统计证据来判定被告的雇佣标准是否使受保护群体处于不利地位，原告负担优势证据责任；其次，雇主证明其雇佣要求属于工作的必要条件，被告负担优势证据责任，但是，工作必要条件的准确含义依然存在争议；最后，如果雇主成功完成了举证责任，则原告仍有机会进一步证明雇主的录取标准并非最优选择，

---

① Mack Player , *Employment Discrimination Law* , West Publishing, 1988.
② *Griggs v. Duke Power Co.* , 410 U. S. 424, 430 – 32, 3 FEP 175（1971）.
③ 401 U. S. at 429 – 30（emphasis added）在四年之后的 *Albemarle Paper Co. v. Moody* 一案中，422 U. S. 405, 10 FEP 1181（1975）。

即还存在伤害性更小的替代方案。

在初步证据阶段，原告必须证明被告的雇佣政策或措施对原告所在的群体具有"显著的""不正比例的"排斥。统计数据是构成初步证据的关键因素。如果原告能够通过统计数据建立起统计显著性，则满足了初步证据责任。

联邦最高法院曾在多个案件中认可统计方法的有效性和统计数据的证明力，并宣称："明显不同的选择率、完全不成比例的淘汰率及其与歧视之间的因果关系皆可通过统计数据加以证明。"原告可以使用多种统计工具来证明被告公司存在种族分布的不均衡，如选择率分析、通过率或淘汰率对比分析、职业人口对比分析、回归分析等。在得到被告公司种族分布不均衡的初步结论之后，原告还需进一步证明，这种种族分布的不均衡已经达到了显著的和不成比例的程度。最高法院并未公布统一的数量指标和权威的统计方法，以便验证不均衡的程度是否达到了违法程度。在联邦法院的审判实践中，使用较多的方法主要有以下几种。

1. 假设验证与5%标准

假设验证是一种统计学方法，其作用在于建立统计证据与争议问题的关联性。被验证的假设通常被称为"零假设或虚无假设"，在就业歧视争议中，零假设通常是"雇主的雇佣决定与种族或性别因素无关"。通过采集雇佣决定的样本，并对样本统计分析，可以最终决定这一假设是真命题或伪命题。样本规模扩大，假设验证方法的证明价值相应地提高。在差别效果歧视诉讼中，样本规模与证明价值的关系体现为，对雇主雇佣决定的观察越不充分，雇佣歧视的结论越不可靠。此外，为了保证统计推断的有效性，样本必须是对相关群体进行随机选择的结果。样本和数据选择是统计分析的基础性工作，但同时也是最为重要的步骤。事实上，统计分析的有效性直接取决于样本选择的随机性和相关性。零假设和统计样本一旦完成，就需要进一步确定统计显著性的标准，以便进行统计显著性测试。统计显著性测试是社会科学解释差异性的常用方法，主要作用在于排除偶然性。在就业歧视争议中，统计显著性测试可以证明种族不均衡是否达到了法院规定的统计显著性标准，即是否达到了显著的和不成比例的程度，这

种程度的种族不均衡在随机状态下是不可能发生的。统计显著性测试表明
了由偶然性所决定的种族不均衡的概率。以这一概率为基础，法院可以确
定统计显著性标准。很多联邦法院认为，5%（或更低）的概率标准足以
排除偶然性对种族不均衡的影响。此标准源于联邦法院 *Castaneda v. Parti-
da* 案的判例。此案中，法院运用标准偏离模型分析了统计显著性的标准，
并认定当种族不均衡的程度超出了两到三个标准偏离值时，不均衡就已超
出了偶然性的概率范围，两个标准偏离值相当于 0.05 的双向分布概率。

2. 录取率对比与五分之四规则

录取率对比是指通过比较受保护群体与其他群体的录取率，判断在录
取过程中是否存在种族不均衡。联邦法院认为，在某种客观的选择标准
下，如果被录取者在种族比例上存在明显差异，且明显不同于应聘者的种
族比例，则这种客观的录取标准构成了差别后果的歧视。法院虽然认可了
种族录取率的差别反映了差别效果的歧视，但并没有制定出统一的司法标
准，用以确定何种程度的录取率差别将构成歧视。

在司法实践中，很多法院采用了五分之四规则，来判断种族录取率的
差别是否达到了歧视的程度。五分之四规则是指，根据某一雇佣标准，如
果受保护群体的录取率低于其他群体录取率的五分之四，则可以认为此雇
佣标准具有不利的后果，原告据此可以形成初步证据。例如，如果雇主根
据某种标准，分别录用了 35% 的黑人申请者和 50% 的白人申请者，两者
的相对录用率为 35/50 或 70%，由于黑人录取率低于白人录取率的 80%，
因而可以判定存在差别后果。最高法院承认，五分之四规则由于技术上的
原因而遭到了批评，对于法院而言，这一规则仅仅是一种适用于较大录取
规模时的规则，在录取人数过少因而缺乏统计意义时常常失效，如果雇主
在 5 名黑人应聘者中录取了 3 人，在 5 名白人应聘者中录取了 4 人，此时
黑人与白人的录取率分别是 60% 和 80%，此时虽然黑人与白人的录取人
数只相差一人，但依然违反了五分之四规则。可见，五分之四规则在样本
规模小时会失效。另外，当对某一雇主的多次雇佣行为进行综合考察时，
此规则将产生很大的误差。

结　论

　　毫无疑问，从歧视到平等，人类社会经历了艰难的攀登，政治、经济、文化、法律等因素都发挥了重要作用。在美国实现从歧视到平等的转变时期，反歧视法理论与方法的更新，发挥了关键的作用。从法学研究方法角度而言，美国反歧视法经历了价值分析方法、规范分析方法、社会分析方法三个阶段。价值分析方法为反歧视提供价值共识，价值多元甚至价值对立是反歧视初期的基本特征，法律价值分析方法最终形成了反歧视法律制度中的法律原则。规范分析方法为反歧视提供了规则基础，最终形成了美国反歧视的基本法律规则体系。社会分析方法则实现了美国反歧视法的突破，社会分析方法来源于社会学与法学的交叉融合。在理论更新方面，传统反歧视法主要将种族歧视理解为孤立的个人行为，但反歧视社会分析方法注意到了歧视背后的社会建构因素与社会后果。在法律技术层面，将社会学统计方法运用于反歧视制度构建与证据规则之中，雇主的歧视的主观故意不再是种族歧视的挡箭牌，根深蒂固的间接歧视不再是法外之地，这种理论与实践方法推动了美国社会加速实现种族平等。

美国反就业歧视法律救济研究

卢杰锋[*]

摘要： 完善的救济措施是推进反就业歧视法律有效实施不可或缺的一部分。通过考察美国相关立法和司法实践，发现美国反就业歧视法律制度蕴含了从行为到金钱等一系列较为全面的救济措施。通过这些救济措施，不仅可以有效地阻止和预防雇主的就业歧视行为，也可以在较大程度上消除就业歧视给受害者带来的负面影响。我国的反就业歧视法律制度尚不完善，包括救济措施在内的一些重要的制度尚未完全建立起来。美国有益的经验对构建我国的反就业歧视制度有一定的启示意义。

关键词： 反就业歧视　行为救济　金钱救济　完全救济

"无救济则无权利"，如果提起就业歧视诉讼的原告的诉讼请求获得了法院的支持，那么，原告理所当然地应当获得相应的法律救济。作为美国最主要的反就业歧视法律渊源，《民权法案》第七章第 706 条（g）款规定："如果法院判定被告已经故意实施了或者正在故意实施非法的雇佣行为，法院可以命令被告禁止从事上述非法的雇佣行为，以及命令采取法院认为适当的积极措施，包括但不限于具有或者不具有欠付工资的复职或者予以雇用，以及任何其他法院认为适当的衡平法上的救济措施。"

结合其他联邦反歧视法律，在美国，就业歧视原告可以获得的法律救济包括行为上的救济、金钱上的救济、律师费以及与诉讼有关的合理开支等。①

---

[*] 卢杰锋，对外经贸大学法学院副教授，法学博士，研究方向为平等就业权与反就业歧视法律制度。42 U. S. C. § 2000e–5（g）（1）（2000）.

① 美国反就业歧视法律渊源非常多元，除了联邦法律外，几乎每个州都有自己的州反就业歧视法律。但州法律在很大程度上也参照了联邦反歧视法律。因此，本文的讨论限于美国联邦反就业歧视法律的相关规定。

按照美国联邦最高法院的意见，反就业歧视法律中的救济措施旨在达成两个目的：一是消除现有的歧视行为以及防止在将来发生歧视行为；二是在尽可能的情况下，完整地救济就业歧视受害者，使其受侵害的权利恢复至犹如歧视没有发生。①

一　行为上的救济

行为上的救济，是法院以法庭命令的方式要求被告为或者不为某项行为，形式上表现为禁制令，包括消极的禁制令（negative injunction）和积极的禁制令（affirmative injunction）。消极的禁制令是法院通过发布法庭命令，禁止被告从事某项行为，如不得发布歧视性广告、不得基于性别原因同工不同酬等。积极的禁制令是法院通过发布法庭命令，要求被告针对原告采取某项行为，如予以录用、恢复职务、进行提职等。

（一）消极的禁制令

法院通过对案件的审理，一旦认定被告的行为构成违法的就业歧视，那么，消除歧视行为带来的负面影响的最直接的方式是责令禁止被告现在或者将来从事该行为。《民权法案》明确赋予法院以命令方式禁止被告从事非法的雇佣行为。在实践中，法院所面临的主要问题是确定禁制令的适用范围，也即被告的哪些行为是可以禁止的，哪些则不宜禁止。法院的共识是，禁制令的范围应当基于个案并通过分析案件中涉嫌违法的具体行为的性质来确定。原则上，禁制令的范围仅限于被认定为违法的特定行为。譬如，从已有的判例来看，法院禁止被告从事的行为包括：禁止发布身高、体重要求;② 禁止将测试成绩作为提职依据;③ 禁止包含教育背景要求;④

---

① *Albemarle Paper Co. v. Moody*, 422 U. S. 405（1975）.
② e. g.,, *United States v. Virginia*, 620 F. 2d 1018（4th Cir. 1980）; Mieth v. Dothard 418 F. Supp. 1169.
③ *Vulcan Pioneers v. New Jersey Dept. of Civ. Service*, 625 F. Supp. 527（D. N. J. 1985）.
④ *Carpenter v. Stephen F. Austin State University*, 706 F. 2d 608（5th Cir. 1983）.

禁止考虑非法裙带关系;① 禁止年龄限制等。② 在上述情形下，被告的违法歧视行为相对比较明确，法院的禁制令可以直接针对被告的行为做出。在某些情况下，法院会扩大禁制令的适用范围。譬如，美国法律明确禁止雇主歧视或报复参与了反歧视活动的雇员，但在一些案件中，法院不仅禁止雇主歧视或者报复参与反歧视活动的雇员本人，还禁止雇主歧视或报复和雇员同属一个保护群体的其他成员。③ 在上述情况下，法院禁制令的使用范围显然有所扩大。在比较极端的情况下，被告的合法行为也可能落入法院颁布禁制令的禁止范围内。已有判例表明，如果被告的合法行为可以触发违法的歧视行为，那么法院也可以禁止被告从事前述合法行为。例如，在联邦上诉第六巡回法院审理的一个性骚扰案件中，初审法院颁布了禁制令，禁止被告和任何女性一起从工作场所离开。上诉法院维持了下级法院的禁制令。上诉法院认为，禁制令的范围可以包括被告的合法行为，如果该合法行为与非法行为关系紧密的话。④

　　原告提出禁制令的申请，法院经审查认为没有必要发布禁制令的，原告的申请会被法院驳回。从已有的判例来看，法院拒绝禁制令申请的情形包括：如果雇主有证据证明其被指控的歧视行为实际上在法院判决前早就已经停止了;⑤ 提起诉讼的原告，或者被指控实施歧视行为的雇主雇用的员工已经离职，且没有被重新雇用的可能;⑥ 雇主有证据证明法院没有必要颁布禁制令的其他情形，比如公司已经解散，或者雇主已经修改了涉嫌就业歧视的招录标准等。⑦ 在上述情形下，由于法院的禁制令事实上已经没有实际效用，法院拒绝颁布禁制令是合理的。但值得注意的是，不管是被告停止了歧视性行为还是主动采取了纠正性行为，审查禁制令必要性的

---

① *Thomas v. Washington County School Board*, 915 F. 2d 922 (4th Cir. 1990).

② *State Police for Automatic Retirement Association v. Difava*, *Superintendent of the Department of State Police*, 317 F. 3d 6 (1st Cir. 2003).

③ See, e. g., EEOC v. Frank's Nursery & Crafts, Inc., 177 F. 3d 448 (6th Cir. 1999); EEOC v. Ilona of Hungary, Inc., 108 F. 3d 1569 (7th Cir. 1996).

④ *EEOC v. Wilson Metal Casket Co.*, 24 F. 3d 836 (6th Cir. 1994).

⑤ *Dole v. Shenandoah Baptist Church*, 899 F. 2d 1389 (4th Cir. 1990).

⑥ *Cardenas v. Massey*, 269 F. 3d 251 (3d Cir. 2001).

⑦ *Griffith v. Colorado*, 17 F. 3d 1323 (10th Cir. 1994).

权力始终在法院。换言之，即使雇主的非法行为已经不再继续，法院仍然有权颁布禁制令，尤其是当法院为了给原告提供完整的救济以及防止非法行为再次发生。[①]

除了必要性以外，如果法院颁布禁制令会妨碍被告正当的商业运营活动，或者会损害无辜第三方的利益或对其造成沉重负担时，法院也会拒绝颁布禁制令。譬如，在联邦上诉第十一巡回法院审理的一个案件中，法院拒绝颁布禁止航空公司实施产假政策的禁制令，因为这样的禁制令会妨碍航空公司的综合空乘人员排版系统。[②] 此外，在联邦上诉第五巡回法院审理的一个案件中，法院判定作为无辜第三方的机构无须为执行涉及《民权法案》第七章下违法行为的判决支付任何费用。[③]

（二）积极的禁制令

美国联邦最高法院在 *Albemarle Paper Co. v. Moody* 案中明确提出了就业歧视案件法律救济的原则之一是"全面救济"，即要使歧视受害者恢复至犹如歧视行为没有发生的境地。因此，法院通常也会颁布积极的禁制令，要求被告采取特定行为使歧视受害者尽可能地"恢复原状"。

已有的判例显示，法院责令被告采取积极作为来救济就业歧视受害者的具体措施包括：予以录用[④]、复职[⑤]、提职[⑥]、予以转岗[⑦]、追溯资历[⑧]、授予职称[⑨]、恢复待遇[⑩]、调整薪资[⑪]、删除或修改个人档案中的负面记录[⑫]、

---

① Barbara Lindemann and Paul Grossman eds. , *Employment Discrimination Law* （4th Edition）, BNA Books, 2007, p. 2713.

② In re National Airlines, Inc. , 700 F. 2d 695 (11th Cir. 1983) .

③ *Walls v. Mississippi Department of Public Welfare*, 730 F. 2d 306 (5th Cir. 1984) .

④ *Easley v. Anheuser-Busch*, 758 F. 2d 251 (8th Cir. 1985) .

⑤ *Morgan v. Arkansas Gazette*, 897 F. 2d 945 (8th Cir. 1990) .

⑥ *Malarkey v. Texaco, Inc.* , 983 F. 2d 1204 (2d Cir. 2003) .

⑦ *Harrison v. Dole*, 643 F. Supp. 794 (D. D. C. 1986) .

⑧ *Sands v. Runyon*, 28 F. 3d 1323 (2d Cir. 1994) .

⑨ *Brown v. Trustees of Boson University*, 891 F. 2d 337 (1st Cir. 1989) .

⑩ *Banks v. Travelers Cos.* , 180 F. 3d 358 (2d Cir. 1999) .

⑪ *Rudebusch v. Hughes*, 313 F. 3d 506 (9th Cir. 2002) .

⑫ *Bruso v. United Airlines, Inc.* , 239 F. 3d 848 (7th Cir. 2001) .

举荐推荐信①等。在一个涉及就业性别歧视的案件中，法院还判令被告为原告提供合伙人身份。② 不难看出，由于就业歧视可能存在于从求职到离职的各个阶段，因此，积极的禁制令的内容也非常多样。除了具体行为外，如果被告的内部规定、政策、程序可能在招录、考核、提职、培训、反骚扰、休假、推荐等方面造成歧视行为，法院也可以责令被告对相关的内部规定、政策、程序进行修改，以防止歧视行为在将来继续发生。③ 此外，由于《美国残疾人法案》规定雇主有义务为符合条件的残疾人提供合理便利，因此，在残疾歧视案件中，判令被告为原告提供合理便利也是比较常见的救济措施。

但积极的禁制令在适用时也有限制。与消极的禁制令相似，如果积极的禁制令会损害无辜第三方的利益，法院可能拒绝颁布禁制令。假设被告基于歧视原因未录用或开除了原告，法院判定被告的行为构成非法歧视，但如果雇主已经在特定岗位安排了新的雇员，法院是否可以通过积极的禁制令要求雇主"挤掉"上述雇员而对原告予以录用或者复职？美国联邦最高法院认为，原则上法院不得判令"挤掉"新的雇员。④ 那么，在这种情况下对歧视受害者应当如何救济？可行的做法是，法院判决雇主在下一个空缺职位出现时雇佣原告，同时判决在等待期间向原告支付欠付工资或者预付工资。如果下一个空缺职位出现时，被告仍然将此职位让给其他个人，法院可以判令被告必须雇佣原告，哪怕需要将其他的雇员挤掉。⑤

在适用复职时，法院还需考虑当事人之间的关系是否适合原告复职。原、被告双方在诉讼过程中产生敌意是不可避免的，如果这种敌意的程度尚在可以控制和接受的范围内，那么，复职无疑没有任何障碍。但是，如果双方在诉讼中产生了过度的敌意，以至于不可避免地会破坏和谐的工作气氛，造成不必要的摩擦，复职作为救济措施就不再恰当。法院将不得不

---

① *EEOC v. HBE Corp.* , 135 F. 3d 543 (8th Cir. 1998) .

② *Hopkins v. Price Waterhouse*, 920 F. 2d 967 (D. C. Cir. 1990) .

③ Thomas R. Haggard, *Understanding Employment Discrimination (Second Edition)*, LexisNexis Matthew Bender, p. 213

④ *Fire Fighters Local* 1784 *v. Stotts*, 467 U. S. 561 (1984) .

⑤ *Spagnuolo v. Whirlpool Corp.* , 717 F. 2d 114 (4th Cir. 1983) .

通过其他方式，譬如判令被告支付经济补偿等，来救济原告。除了双方在诉讼中的敌意使得复职不再合适以外，从已有的判例来看，如果出现下列情形，法院也将不再判令被告恢复原告的职位：被告能够证明，出现了非歧视性的事由，该事由足以导致双方之间的雇佣关系终止的；[①] 被告公司内部发生了重大的变化，导致复职不现实的；[②] 原告并不具备履行特定岗位的工作职责的；[③] 原告顺利获得了其他的工作机会的；等等。[④] 此外，按照《民权法案》的规定，在混合动机案件中，如果被告能够证明即使没有歧视性的原因，原告仍然不会被雇佣，则法院不得再责令予以复职。[⑤]

二　金钱上的救济措施

《民权法案》规定的金钱上的救济包括欠付工资（back pay）、预付工资（front pay）、补偿性损害赔偿（compensatory damages）以及惩罚性损害赔偿（punitive damages）。在 1964 年《民权法案》刚刚通过之时，法案为就业歧视受害者主要提供复职等衡平法上的法律救济；与一般的侵权案件相比，就业歧视案件原告可以获得的金钱上的救济相对较为有限。[⑥] 1991 年美国国会对《民权法案》进行了修改，增加了原告可以获得的金钱上的救济的种类，把补偿性损害赔偿和惩罚性损害赔偿纳入救济措施之中。但修改后的《民权法案》仍对补偿性损害赔偿和惩罚性损害赔偿作了两点限制：一是上述救济措施只适用于被证明存在歧视的故意的就业歧视案件；二是法案为原告可以获得的补偿性损害赔偿和惩罚性损害赔偿的额度设立了上限。尽管如此，1991 年的《民权法案》增加了原告可以获得的金钱救济的种类，对维护原告的合法权益、鼓励原告挑战非法的就业歧

---

① *Crapp v. City of Miami Beach*, 242 F. 3d 1017（11th Cir. 2001）.

② *Kelewae v. Jim Meagher Chevrolet IncKelewae*, 952 F. 2d 1052（8th Cir. 1992）.

③ *Doane v. City of Omaha*, 115 F. 3d 624（8th Cir. 1997）.

④ *Roush v. KFC National Management Co.*, 10 F. 3d 392（6th Cir. 1993）.

⑤ 42 U. S. C. § 2000e – 5（g）（2）（B）（2000）.

⑥ See Mark Rothstein, Charles Craver, Elinor Schroeder and Elaine Shoben, *Employment Law*（3rd Edition）, West Publishing Co., pp. 342 – 343.

视具有积极的意义。

（一）欠付工资

欠付工资是指由司法机关或者准司法机关做出裁定，确认雇员有权获得应得但未实际收到的工资或福利。[1]《民权法案》第七章第 706 条（g）款规定了原告可以获得欠付工资。在很长一段时间内，欠付工资是就业歧视案件原告可以获得的主要的金钱救济。除了《民权法案》外，《就业年龄歧视法案》《薪资平等法》《康复法案》等法案也规定了欠付工资。

1. 欠付工资的构成

欠付工资不仅包括通常意义上的工资和薪金（不管是按月计酬还是按小时计酬），也包括歧视行为导致的其他福利损失。具体来看，欠付工资包括三部分。

（1）工资和薪金

工资和薪金是欠付工资的基本构成。在美国，工资和薪金有不同的计算周期，有的按月计算，有的按小时计算，但都不影响其作为基本的欠付工资的组成部分。除了基本工资外，这里的工资和薪金应当做广义解释，还包括超时工作酬薪、换班补贴、佣金、小费、生活增加费、绩效工资、升职加薪等。

（2）附加福利

附加福利是给雇员的常规工资以外的非工资福利，包括保险、股票、利润分享、病假、带薪休假等。在美国，雇员可以获得的附加福利多种多样，如果雇员因为遭受就业歧视而未能享受这些附加福利，可以请求法院判决支付。

（3）利息

联邦最高法院以及联邦上诉法院均在各自审理的相关案件中明确指出利息是欠付工资的组成部分，支付利息是实现《民权法案》"完整救济"宗旨的重要手段。欠付工资中的利息通常由两部分组成，一部分是争议产

---

[1]　薛波主编《元照英美法词典》，法律出版社，2003，第 126 页。

生之后至案件判决之前产生的利息（pre-judgment interest）；另一部分是判决之后至实际支付欠付工资之前产生的利息（post-judgment interest）。

2. 欠付工资的计算期间

欠付工资的计算期间涉及欠付工资赔偿的范围。总体上，欠付工资的赔偿范围等于"假如歧视没有发生原告在原有职位可以获得的工资"，这与联邦最高法院确立的"完整救济"原则相一致。[①] 因此，在计算欠付工资时需要确定欠付工资的起算时间以及结束时间。

（1）欠付工资的起算时间

欠付工资从被告的歧视行为造成了原告实际的经济损失之日起算。值得注意的是，有时候欠付工资的起算时间与被告的非法歧视行为时间相一致，比如被告基于歧视原因决定不予录用、不予提职或者即刻解职等；但有时候被告的非法行为与原告遭受实际损失之间存在一定的时间间隔，比如被告基于歧视原因决定开除原告但在一个月后执行的，此时欠付工资的起算时间不再是被告非法行为的发生时间，而应是原告实际遭受损失的时间。此外，欠付工资的起算时间还受《民权法案》第七章第706条（g）（1）款的限制。按照该条款的规定，欠付工资的起算时间不得超过原告在平等就业机会委员会（EEOC）提出申诉之日前两年。[②] 因此，原则上原告无权主张其在EEOC提出就业歧视申诉之日两年以外的欠付工资。例外的是，如果有证据证明被告涉嫌制度性歧视（pattern or practice of discrimination），且处于持续违反法案规定，原告可以主张的欠付工资不再受两年期限的限制。[③]

（2）欠付工资的结束时间

欠付工资的作用在于补偿原告由于被告的歧视行为而遭受的实际经济损失。因此，一旦原告不再遭受实际的经济损失，欠付工资也就不再计算。在美国，通常以法院做出判决或者陪审团做出裁决为原告"止损"的时间点，原告能获得欠付工资也在此时结束。相较于欠付工资的起算时

---

① 422 U. S. 405 (1975) at 417 – 418.

② 42 U. S. C. § 2000e – 5 (g) (1) (2000).

③ 42 U. S. C. § 2000e – 6 (e) (2000).

间，确定欠付工资的结束时间有时候会比较复杂。这是因为，除了法院判决或者陪审团裁决外，还存在一些其他的事件可以导致欠付工资计算时间的终止。这些事件包括以下五种。

①原告获得新的工作

原告虽然遭受了歧视，但随后获得了相似的或者更好的职位，那么原告在获得这样的职位时，欠付工资终止计算。从法院审理的案件来看，在上述工作变动过程中，如果原告虽然获得了新的工作，但报酬低于原有工作，原告有权获得前后工作的工资差额；[①] 如果原告没有遭受实际的经济损失或者原告新获得的工作的工资高于原有工作，法院不再支持欠付工资的诉讼请求。[②]

②原告未采取合理措施减少损失

在遭受就业歧视后，原告有义务通过积极作为，采取合理措施来减轻损失。这通常可以通过寻找相似的工作岗位来完成。如果原告未能采取合理措施减少损失，欠付工资将终止计算。法院的判例表明，证明原告未能采取合理措施减轻损失的举证责任在被告。[③] 考虑到没有两份工作是完全相同的，因此，法院只要求原告寻找与原来的工作岗位"实质性相同"的工作作为减轻损失的措施。通常情况下，原告无须接受与原来工作相比较"显著不如"的工作。但是，如果经过一段合理时间的努力，原告仍然未能找到"实质性相同"的工作，原告此时应当降低自己的要求，接受在当时情况下可以获得的最佳的工作机会。按照法院在相关判例中的解释，"实质性相同"的工作是指具有相似的提职机会、报酬、岗位职责、工作环境和地位的工作。[④] 如果满足上述要求，即便是两份属于完全不同领域的工作，仍然有可能被法院认定为"实质性相同"。

③原告拒绝接受被告提出的无条件的复职提议

如果原告拒绝被告提出的无条件的复职提议，可能导致欠付工资的终

---

① *Smith v. American Service Co. of Atlanta*, *Inc.*, 796 F. 2d 1430 (11th Cir. 1986).

② *Hammond v. Northland Counseling Center*, *Inc.*, 218 F. 3d 886 (8th Cir. 2000); *Franzoni v. Hartmarx Corp.*, 89 FEP 934 (7th Cir. 2002).

③ *Normand v. Research Institute of America*, *Inc.*, 927 F. 2d 857 (5th Cir. 1991).

④ *Weaver v. Casa Gallardo Inc.*, 922 F. 2d 1515 (11th Cir. 1991).

止。对上述提议的拒绝也可以认为是原告未能采取合理的方式来减少损失的发生。一个雇主提出的有效的复职提议应当满足两个条件：首先，提议复职的职位即便不是和先前的职位相同，也至少应当足够的相似；其次，该提议应当是无条件的，也即原告无须承诺或者接受任何额外的条件，包括但不限于放弃或者减少诉讼请求，或者向被告提供任何有价值的东西。

④事后发现的可以合法解雇原告的证据或者不予录用原告的非歧视事由

实践中存在这样的情况，雇主以歧视性的事由解雇了雇员，但在雇员提起就业歧视诉讼的过程中，雇主发现了雇员以前的不当作为。如果这些不当作为之前能够被及时发现，那么雇主完全可以基于正当、合理、非歧视性的理由解雇上述雇员。在这种情况下，雇主的行为是否仍然构成非法的就业歧视？怎样认定雇主的责任以及雇员可以获得的法律救济？这些问题曾给下级法院造成困扰，各个法院对上述问题的回答也不尽相同。最终，联邦最高法院通过判决确立了三条涉及事后获得证据的裁判规则：其一，在涉及事后获得证据的案件中，原则上不适用复职或预付工资作为救济原告的措施；其二，在计算欠付工资时，起算的时间点是原告被非法解雇之日，终止的时间点是新的证据被发现之日；其三，如果存在特殊的影响当事人合法权益的情况，最终的欠付工资的额度可以进行适当调整。①

⑤导致欠付工资终止的其他事由

除了上述事由外，还有其他一些可以导致欠付工资终止的事由。例如，被告关门或者出售其业务的，在关门或者业务被出售之日终止欠付工资。再如，如果原告和被告之间签订的是固定期限的雇佣合同，那么在雇佣合同期限届满之日欠付工资也将终止；除非原告有证据证明双方极有可能续签合同，但基于歧视的原因而未能续签。此外，如果原告死亡、退休，或者基于其他原因不再适合继续履行工作职责，也将导致欠付工资的终止。

---

① *McKennon v. Nashville Banner Publishing Co.*, 513 U. S. 352 (1995).

（二）预付工资

预付工资，又称将来工资，是指当予以录用或者复职不切实际的时候，法院给予遭受就业歧视的受害者金钱上的救济措施。按照"完全救济"原则，法院通常会责令雇主予以录用或者复职。但在一些情况下，通过法院命令的方式要求雇主予以录用或者复职并不实际。比如，在原告寻求的职位上雇主已经录用了其他的雇员；或者经过一系列的诉讼和对抗程序，原告和被告雇主之间可能已经产生了不满甚至是敌对的情绪；或者存在雇主可能报复雇员的行为等。此时，法院会判令雇主支付预付工资来救济歧视受害者。

预付工资和欠付工资在性质上有实质性的差异。欠付工资针对的是原告已经实际遭受的损失，而预付工资针对的是原告尚未实际遭受，但在将来必然会遭受的损失。不过，预付工资的计算方式与欠付工资有极大的相似性，要考虑原告的工资和薪金、福利、可预期的奖金和分红等。从这个意义来说，预付工资也可以看成欠付工资的延续。[1] 预付工资的具体数额由法院决定，法院考虑因素包括原告的技能、年龄、当时的劳动力市场状况以及争议涉及的职位等。实践中，当事人也可以通过邀请专家证人的方式来确定合理的预付工资的数额。[2] 原则上，可以被足够证据证明的而非推测性的收入均可以成为预付工资的组成部分。

（三）补偿性损害赔偿

补偿性损害赔偿以及下面的惩罚性损害赔偿在最初的 1964 年的《民权法案》中并没有规定，而是美国国会在 1991 年修改《民权法案》时作为纯粹新增的法律救济条款加入法案中的。不过，《民权法案》并未对补偿性损害赔偿的含义做出具体规定。按照美国联邦最高法院的解释，补偿性损害赔偿是为符合条件的原告提供的"包括精神痛苦、精神创伤、生活

---

[1] See Barbara Lindemann and Paul Grossman eds. , *Employment Discrimination Law* (4th Edition) , BNA Books, 2007, p. 2801.

[2] *Hartley v. Dillard's Inc.* , 310 F. 3d 1054 (8th Cir. 2002) .

不便、名誉损害等内在的非金钱性损害以及将来的具有金钱利益的损失"的补偿。① 补偿性损害赔偿的具体数额由陪审团裁定，但初审法院以及上诉法院均有权对陪审团的裁定进行审查。理论上，不管是就业歧视案件还是其他案件，法官对陪审团裁定的补偿性损害赔偿的数额能够施加的干涉非常有限。只有在陪审团裁定的数额"如此之大以至于震撼司法良心"，或者"如此夸张以至于使人怀疑可能存在偏见、成见、腐败或者其他不当动机"，或者"明显地超过任何合理的人感知原告有权获得的数额"时，法官可以推翻或者减少陪审团裁定给原告的赔偿金。② 不过，从司法实践来看，法院通常会参考相似案件中的损害赔偿数额来决定原告可以获得的最终数额。如果陪审团裁定的数额过高或过低，法院会责令重审或者启动减少或建议减少陪审团裁定赔偿金的程序。

（四）惩罚性损害赔偿

根据美国法律的规定，如果被告针对受联邦法律保护的个人实施了蓄意的或者不计后果地漠视其权利的歧视行为时，法院可以适用惩罚性损害赔偿；但当被告是政府机构时，不适用惩罚性损害赔偿。③ 从上述规定来看，惩罚性损害赔偿的适用前提是被告在行为时主观上具有"蓄意"或者"不计后果地漠视"的状态。根据联邦最高法院的解释，"蓄意"或者"不计后果地漠视"是指被告知道自己的行为存在违反联邦法律的可能性，但并不要求被告已经意识到自己的行为正在或者已经构成了非法的歧视。④ 在现实生活中，行为人通常不会承认自己知道其实施的行为可能违反联邦法律的规定。因此，实践中，法院认为出现以下情形时，可以认定行为人对自己行为的违法性存在认知：其一，对原告的投诉或申诉不予理睬的；其二，对经常性的违法行为知晓但未能采取有效干预措施的；其三，如果被告曾经举行过有关平等就业机会和反歧视方面的培训的。但也确实存在

---

① *West v. Gibson*, 527 U. S. 212 (1999).

② *Caldarera v. Eastern Airlines, Inc.*, 705 F. 2d 778 (5th Cir. 1983).

③ 42 U. S. C. § 1981a (b) (1) (2000).

④ 527 U. S. 526 (1999).

一些情况，被告在实施歧视行为时，并不知道自己的行为违反了联邦法院的规定，或者善意地以为自己的行为构成非法歧视的例外。比如，被告虽然实施了就业歧视行为，但认为自己的行为构成真实职业资格例外（Bona Fide Occupational Qualification）。如出现上述情况，法院将不再判令被告承担惩罚性损害赔偿责任。

由于惩罚性损害赔偿在本质上具有惩罚性，在赔偿的数额上通常会远超造成的实际损害，因此必须考虑美国宪法"法律正当程序"对惩罚性损害赔偿的限制。美国宪法中的"法律正当程序"是宪法赋予公民的对抗危机及剥夺其生命、自由和财产的政府行为的程序上和实体上的权利。如果惩罚性损害赔偿数额不合理地高，那么有可能因违反宪法规定的"法律正当程序"而无效。实际损害赔偿和惩罚性损害赔偿之间符合怎样的比例才能满足美国宪法"法律正当程序"的要求，联邦最高法院并未给出明确的使用标准。但在 2003 年的 *State Farm Mutual Automobile Insurance Co. v. Campbell* 案中，联邦最高法院表示，如果惩罚性损害赔偿与实际的损害之间超过一位数的比率，那么就很难经受住宪法"法律正当程序"的考验。[①] 因此，或许我们可以将联邦最高法院的意见解读为惩罚性损害赔偿通常不应当超过实际损害的十倍。

美国法律对就业歧视受害者可以获得的补偿性损害赔偿和惩罚性损害赔偿的总额作了上限规定。具体来看。

1. 被告员工数为 15—100 人的，不得超过 5 万美元。

2. 被告员工数为 101—200 人的，不得超过 10 万美元。

3. 被告员工数为 201—500 人的，不得超过 20 万美元。

4. 被告员工数在 500 人以上的，不得超过 30 万美元。[②]

值得注意的是，前述总额限制并不包括原告可以获得的欠付工资和预付工资，欠付工资和预付工资可以与补偿性损害赔偿和惩罚性损害赔偿并列计算。

---

① 538 U. S. 408（2003）.

② 42 U. S. C. § 1981a（b）（3）（2000）.

三　律师费

在美国，参与诉讼的各方当事人应当自行承当自己的律师费用，这是一个总的原则，也被称为"美国规则"（American Rule）。但美国国会通过立法对上述"美国规则"作了例外的规定：在涉及就业歧视以及其他有关民权的诉讼案件中，获得胜诉的一方当事人有权获得律师费。《民权法案》第七章第706条（k）款明确规定：依据本章规定提起的任何诉讼或者程序中，法院在其自由裁量之内，有权决定给予除平等就业机会委员会以及美利坚合众国以外的胜诉的一方合理的律师费（包括专家费），作为诉讼成本的一部分；且平等就业机会委员会以及美利坚合众国应当像私人一样承担上述费用。

（一）主张律师费的主体

从《民权法案》的条文来看，主张律师费的主体是获胜的一方当事人，可以是原告，也可以是被告。那么，是否可以认为在就业歧视案件中，被告和原告都可以主张律师费呢？联邦最高法院认为，在考虑律师费时，通常情况下获胜的一方当事人仅指获胜的原告，而不包括获胜的被告。这是因为：首先，美国国会立法者选取了原告作为推行和维护其最为关心的政策的工具；其次，判决给予获胜的原告律师费时，其所针对的对象是联邦法律的违反者；最后，如若给予获胜的被告律师费则明显缺乏给予获胜的原告律师费背后所蕴含的政策考量。[①] 但联邦最高法院并没有完全排除获胜的被告获得律师费的可能。法院认为，在基于《民权法案》第七章提起的诉讼中，如果经过审查发现原告的诉讼属于无意义的，或者是不合理的，或者是缺乏根据的，哪怕原告主观上不具有恶意，法院也可以自由裁量决定是否给予获胜的被告律师费。

[①] *Christiansburg Garment Co. v. EEOC*, 434 U. S. 412 (1978).

（二） 获得律师费的条件

简单来讲，只有胜诉的原告才能获得律师费。怎样确定原告属于"获胜"的原告？如果原告只获得了部分胜诉呢？不同的联邦上诉法院之间曾意见不一。有一些上诉法院认为，原告必须在涉及案件的"核心争议"方面得到法院的支持，并且获得了满足其诉求的"主要救济措施"，才能成为获胜的原告。[①] 另外一些法院要求相对低一点，认为原告只要在"重要争议"方面得到法院的支持，并且获得了满足其诉求的"一些救济措施"，即可成为获胜的原告。[②] 联邦最高法院认为，只要原告在涉及诉讼的任何重要争议方面取得了成功并获得了提起诉讼试图获得的一些利益，那么，可以认为原告已经越过了要求获得律师费的门槛。显然，联邦最高法院采纳了对原告要求相对较低的认定"获胜"的条件。

实践中还比较常见的一个问题是，如果在诉讼进行过程当中，被告自愿地改变了自己的行为，法院就此驳回原告的起诉，此时能不能认定原告为"获胜当事方"？美国法院将这样的原告形象地比喻为"催化剂"（catalyst）原告。此前，绝大多数的美国联邦上诉法院认为"催化剂"原告属于获胜的原告，因而可以获得合理的律师费。[③] 但联邦最高法院的大法官们在 2001 年审理的一个案件中以 5 比 4 的表决结果，裁定前述"催化剂"原告无权获得律师费。[④] 在该案中，在原告起诉后，被告自愿废除了被指控具有冒犯性的规定，法院随后以案件不再具有实际意义为由驳回原告起诉。原告向法院主张律师费，原因是案件取得了原告期待的结果，原告属于获胜的当事方。法院认为，获胜的当事方应当是通过法院裁判的方式获得救济的当事方。所谓法院裁判，既包括法院基于事实做出的具体判决，也包括经由双方当事人同意的协议裁决。本案中，被告自愿地改变自己的

---

① 例如联邦上诉第五巡回法院审理的案件 *Simien v. San Antonio*（809 F. 2d 255）案等。
② 例如联邦上诉第七巡回法院审理的案件 *Lampher v. Zagel*（755 F. 2d 99）案等。
③ 比如联邦上诉第一巡回法院审理的 *Stanton v. Southern Berkshire Regional School Dist.* 案等。
④ *Buckhannon Board & Care Home, Inc. v. West Virginia Department of Health and Human Resources*, 532 U. S. 598（2001）.

行为，上述改变即便正是原告通过提起诉讼所想要达到的，由于缺乏必要的司法认可，不能据此认定原告为获胜的当事方。联邦最高法院的判决表明，在原告提起诉讼和被告改变行为之间介入了法院的司法行为并且被告改变自己的行为是由法院的司法行为直接作用而产生的是认定原告构成获胜的当事方的关键因素。[①]

（三）律师费的计算方式

如果法院经过审查认定原告可以获得律师费，那么，接下来法院需要确定律师费的具体数额。联邦上诉第五巡回法院提出的"Johnson 标准"曾一度成为美国各级法院确定合理律师费的主要参考依据。[②] 根据"Johnson 标准"，确定合理律师费应当考察的因素包括：（1）律师参与案件所花费的时间和劳动力；（2）案件涉及的争议的新颖性和处理的难度；（3）提供法律服务、正确处理案件所需的技能；（4）律师接受案件以后不得不放弃的其他业务情况；（5）律师处理类似案件通常的收费标准；（6）律师费是固定收费还是风险代理性收费；（7）客户或者情势施加于律师身上的处理案件的时间限制；（8）案件的争议标的以及最终获得的赔偿数额；（9）律师的经验、名声以及能力；（10）案件不受欢迎的程度；（11）律师与客户之间的职业关系的性质和时间长度；（12）类似案件可以获得的律师费等。但随着时间的推移，"Johnson 标准"在实践中出现的问题越来越多，主要体现在：许多指标过于含糊，缺乏实际操作性，并且不同的指标之间存在重叠和重复评价。因此，在随后一些案件的审理中，联邦法院开始采用一种被称为"北极星规则"的律师费计算方式。相较于"Johnson 标准"，"北极星规则"将律师费的计算简化为"两个合理"，即律师在办理案件时所花费合理的总时长（小时数）乘以合理的每小时费率（小时费）。

---

① Joel Wm. Friedman, *Employment Discrimination: Examples and Explanations*, Aspen Publisher, 2010, p. 191.

② *Johnson v. Georgia Highway Express Inc.*, 488 F. 2d 714 (5th Cir. 1974).

四　诉讼开支及其他花费

除律师费以外，符合条件的原告还可以获得与诉讼有关的开支以及其他花费方面的补偿。按照法律规定，与诉讼有关的开支的补偿范围包括案件受理和执行等方面的行政性收费、文件誊本费、复印费、证人出庭产生的开支、法院指定的专家费、翻译费等。[①] 其他花费主要是原告自行垫付的与诉讼有关的开支，比如电话费、停车费、自行调查取证等方面的支出等。值得注意的是，与诉讼相关的开支以及其他花费应当有确切的记录，才能获得法院的支持。

五　结语及启示

从前面的分析不难看出，美国反就业歧视法律为符合条件的原告提供了比较完善的救济措施。这些救济措施，不仅可以有效地阻止和预防雇主的就业歧视行为，也可以在较大程度上消除就业歧视给受害者带来的负面影响。目前，我国的反就业歧视法律制度尚不完善，包括救济措施在内的一些重要的制度尚未完全建立起来。美国的相关经验在以下几个方面给我们带来了有益的启示。

第一，应当在立法的高度确立有效的反就业歧视法律救济机制。我国的《劳动法》《就业促进法》等法律虽然明确禁止在就业领域的歧视行为，但在如何有效救济歧视受害者方面缺乏必要的规定。结果是，人民法院在审理就业歧视案件时，在关键的救济问题上无法找到相应的法律依据，不能有效地救济就业歧视受害者。在美国，包括《民权法案》《就业年龄歧视法案》《美国残疾人法案》等在内的反歧视法律对歧视受害者的法律救济有十分详尽的规定。这使得法院在审理就业歧视案件时，可以依据案件的实际情况，适用合适的救济措施，阻止和预防就业歧视行为。我

---

① 28 U. S. C. § 1920 (2000).

国应尽快在法律层面完善对就业歧视受害者的救济机制。

第二，应当确立形式多样的反就业歧视法律救济机制。由于就业中的歧视行为形式多样且有一定的复杂性，因此，对歧视行为的救济也应当是多样的。从美国的经验来看，法律确立了从行为到金钱、从律师费到诉讼开支等多方面的救济措施，以期在最大程度上为歧视受害者提供完整的救济，使其权利恢复至犹如歧视没有发生的境地。在我国相关制度的设计中，也应当为歧视受害者提供形式多样的救济措施，最大限度地消除歧视行为带来的不良影响。

第三，应当在法律救济中贯彻平衡保护的原则。反就业歧视法律的主要立法目的是保护求职者和雇员不受非法的歧视行为的侵害，但反歧视法律并不完全忽略雇主的利益。从美国的经验来看，不管是国会立法还是法院司法，均贯彻平衡保护的理念。譬如，虽然法律规定符合条件的原告可以获得欠付工资，但法律也要求原告采取合理措施减少损失的发生。如果原告未能采取合理措施减少损失，从而造成损失扩大，欠付工资终止，雇主不再为扩大的损失承担责任。

第四，应当适度地提高精神损害赔偿的额度，并对恶意实施就业歧视的行为人科以惩罚性赔偿。目前，我国的反就业歧视法律并未对精神损害赔偿问题做出明确的规定。在司法实践中，法院虽然在部分案件中支持了原告的精神损害赔偿请求，但额度明显偏小。而对惩罚性赔偿，我国目前没有规定，实践中也未见相关判决。参考美国的经验，应适度地提高精神损害赔偿的额度，以便较好地救济歧视受害者因歧视行为遭受的精神痛苦。同时，应对恶意实施就业歧视的行为人科以惩罚性赔偿，以威慑、吓阻相关行为人在将来实施恶意的就业歧视行为。

美国平等就业机会委员会对就业歧视的救济

孙　萌[*]　封婷婷[**]

摘要： 平等就业机会委员会是美国消除就业歧视、促进平等就业的主要行政机构。该机构以 1964 年《民权法案》等为法律依据，通过行政立法、行政监督执法、教育培训等方式，消除就业领域基于种族、性别、年龄等的歧视行为，为推动美国的平等就业做出了巨大贡献。

关键词： 平等就业机会委员会　就业歧视　行政执法

美国平等就业机会委员会（Equal Employment Opportunity Commission, EEOC）是一个旨在处理就业歧视的、独立的行政执法机构，该委员会通过监督和执行 1964 年《民权法案》等反歧视法律，成功减少就业领域基于种族、性别、年龄和身体等的歧视问题，促进了美国的平权进程。本文将对该机构建立的法律根据、职能范围以及运行机制及其特色进行全面考察，并对其在推动平等就业方面的贡献及面临的挑战进行探讨。

一　平等就业机会委员会的概述

平等就业机会委员会成立和发展的历史代表了美国反对就业歧视的进步史。在超过半个世纪的发展历程中，委员会的组织框架不断完善，法律依据不断充实，职能实践不断丰富。

---

[*]　孙萌，中国政法大学人权研究院副教授，法学博士。
[**]　封婷婷，中国政法大学人权研究院硕士研究生。

（一）平等就业机会委员会的建立

平等就业机会委员会是在激烈的社会矛盾中成立的，旨在通过消除就业歧视来解决美国经济对劳动力市场的需求问题，并实现社会平等。该委员会的建立离不开下述三种力量的共同推动。

第一，作为弱势群体的代表，黑人在反对就业歧视的斗争中发挥着至关重要的作用，是推动平等就业机会委员会建立的主力。美国建国以后所实施的种族隔离等歧视措施，使黑人在政治、经济和社会生活中都处于底层。在就业领域，黑人所受的歧视导致他们普遍存在就业层次低、失业率高、升迁困难以及与白人的收入差距大等问题。经济上的严重不平等激起了黑人的强烈不满，而第二次世界大战后的美国社会环境则为平权运动提供了良好的契机。首先，第二次世界大战中大量的黑人进入军队与白人并肩战斗，在军队中实现了非隔离化。其次，美国黑人在反对纳粹种族主义的战争中发挥重要作用，在国内却仍然遭受种族主义的歧视，这种强烈的对比激起了美国国内反对种族主义的意识。最后，第二次世界大战中大量的白人走入战场，使得美国国内的劳动力市场供应不足，这为黑人和女性进入就业领域提供了机会。

第二，20世纪50年代，美国黑人民权运动风起云涌，争取平权、反对歧视的运动在社会各个领域展开。国内的社会组织迅速发展，并承担起维护黑人平等权利的责任，如全国有色人种协进会等组织，这些组织通过非暴力的手段表达平等享有人权的诉求，如和平集会、选举等，并赢得了国内群众的支持。这些强烈的呼声和行动逐渐形成一股巨大的力量，对政府形成巨大的压力，迫使其不得不作出积极回应。①

第三，联邦政府中也有倾向回应黑人平等权利的需求的政治考虑。首先，在总统选举中，两党都意识到获得黑人的支持对于赢得大选的必要性，因此都做出了支持种族平等的承诺。其次，从富兰克林·罗斯福到

---

① 李广：《为求"正义"与"平等"——美国平等就业机会委员会的历史透析》，硕士学位论文，华东师范大学，2012。

1968 年林登·约翰逊总统卸任的近 40 年里，除了艾森豪威尔的八年任期，白宫一直由民主党执政，相比于持保守主义的共和党，民主党为反对种族歧视、促进平等就业的政策提供了更大的支持。再次，为了在美苏对抗中维持道义上和意识形态上的优越性，维护美国的国际形象，联邦政府亟须改善国内弱势群体的处境，保障公民的平等权利。最后，为了减少种族冲突，维护社会稳定，联邦政府也需要处理突出的种族歧视问题。

正是上述一系列社会矛盾的激化和社会需求促进了政府在平权问题上的积极行动。1963 年肯尼迪总统面对民权运动的巨大压力，向国会提交了《民权法案》草案。该法案于次年 7 月通过，平等就业机会委员会作为执行机构随之建立，旨在努力创建尊重和包容的工作环境，防止和救济就业歧视，使人人享有平等的就业机会。[1]

1964 年《民权法案》第七章第 705 条是平等就业机会委员会成立的直接法律依据。依据该条，委员会由五名经总统任命、参议院同意的委员组成，其中来自同一政党的委员不超过三名，每位委员任期五年。[2] 由总统指定一位委员会主席和一位副主席，主席负责委员会的行政管理、政策执行、财务管理和委员会的发展，副主席和其他委员平等参与委员会政策的制定和批准，酌情发出对就业歧视的指控，并授权提起诉讼。除此之外，总统还任命一名总顾问，为委员会的诉讼提供指导、协调和监督，总顾问任期四年。[3] 委员会总部位于华盛顿，除此之外，还有 53 个地区办事处分布于全国各地，处理各地的就业歧视问题。

委员会负责执行反就业歧视的联邦法律，集中消除雇主在雇佣、解雇、晋升、培训及制定工资或福利等过程中，对雇员或求职者基于种族、肤色、宗教、性别、国籍、年龄、残疾或遗传信息的歧视行为，以及雇主因雇员的歧视投诉而进行报复的行为，从而为所有人提供平等的就业机会与环境。

---

[1] 参见美国平等就业机会委员会，https://www.eeoc.gov/eeoc/index.cfm，最后访问时间：2018 年 5 月 27 日。

[2] 目前该委员会仅有三名委员。

[3] 目前总法律顾问职位空缺。

（二）平等就业机会委员会的法律依据

平等就业机会委员会推进平等就业的法律依据主要包括 1963 年《同酬法》、1964 年《民权法案》第七章、1967 年《就业年龄歧视法》、1972 年《平等就业机会法》、1973 年《康复法》、1978 年《怀孕歧视法》、1990 年《美国残疾人法》、1991 年《民权法案》和 2008 年《遗传信息非歧视法》。其中，1964 年《民权法案》第七章是美国反就业歧视最重要、最核心的文件，其他法律大多是在其基础上进行补充。所有上述法律共同构成委员会消除就业歧视的主要依据，成为美国促进平等就业机会的重要法律基础。

1. 1963 年《同酬法》（The Equal Pay Act of 1963，EPA）

在 1964 年《民权法案》颁布之前，规范男女同工同酬的《同酬法》于 1963 年颁布。该法的适用范围非常狭窄，仅适用于男女雇员之间的报酬问题。该法案规定对在同一工作场所从事相同工作的男女员工支付不同报酬是违法的。该法对"相同工作"做出了说明：必须是在同一雇主的同一企业内，必须是在类似的工作环境中工作，工作所要求的技能、努力和责任也必须是同等的。[①] 该法规定了四种支付不同工资的抗辩事由：（1）按资历制度支付报酬；（2）按奖励制度支付报酬；（3）按产品数量或质量计算报酬；（4）按照除性别之外的其他因素支付报酬。[②] "该法最初由劳工部负责执行，根据 1978 年卡特总统的重组计划，后改由平等就业机会委员会负责执行。"[③]

2. 1964 年《民权法案》第七章（Title VII of the Civil Rights Act of 1964）

1964 年《民权法案》第七章是美国最重要的规制就业歧视的联邦法律，全方位禁止就业领域的歧视。虽然第七章只有 18 条，但是内容非常丰富。在实体方面，该章对非法雇佣行为的主体、行为、适用除外等都进

---

① See Equal Pay Act, 29 U. S. C. § 206 (d) (1963).
② See Equal Pay Act, 29 U. S. C. § 206 (d) (1963).
③ 雷云：《美国禁止就业歧视法律制度研究》，博士学位论文，重庆大学，2008。

行了规定。根据第 703 条，雇主由于个人的种族、肤色、宗教、性别或国籍而放弃或拒绝雇佣或解雇该人，或在报酬、条件、环境、雇佣特别待遇方面歧视该人的，属于违法雇佣行为；由于个人的种族、肤色、宗教信仰、性别或国籍而采取任何方式限制、隔离或区分其雇员或应聘者，从而可能剥夺或势必剥夺该人的就业机会或在其他方面对其雇员地位造成不利影响的，也属于非法雇佣行为。职业介绍机构因为上述原因而放弃或拒绝介绍雇佣或以其他方式歧视个人，或基于上述原因对个人区别介绍雇佣的，也属于非法雇佣行为。劳工组织因为上述原因而在工会入会、会员资格、介绍就业等方面歧视该人的，同样属于非法行为。程序方面第七章规定了执行主体、执行程序、执行权限等内容，依据第 705 条，平等就业机会委员会成立。

3. 1967 年《就业年龄歧视法》（The Age Discrimination in Employment Act of 1967，ADEA）

为了弥补 1964 年《民权法案》第七章未将年龄作为禁止歧视理由的缺憾，《就业年龄歧视法》于 1967 年颁布，并保护 40 岁及以上的人在就业领域免于因年龄遭受歧视。如果对年龄的特别要求是完成某一工作的必要条件和实际职业资格，那么基于年龄的特别对待就是允许的。

4. 1972 年《平等就业机会法》（Equal Employment Opportunity Act of 1972）

1972 年《平等就业机会法》是 1964 年《民权法案》第七章的修正案，旨在赋予平等就业机会委员会相应的执法权限。由于 1964 年《民权法案》第七章的妥协，平等就业机会委员会缺乏强有力的执法权力，委员会沦落为"无牙的老虎"，并未发挥出预想的打击就业歧视、促进平等就业的巨大作用。为了弥补这一缺陷，国会于 1972 年通过了《平等就业机会法》，在不能达成双方均可接受的调节协议时，委员会有权自行起诉任何非政府的受指控对象；亦可起诉针对模式性或惯常性行为的案件，而无须移交总检察长。经《平等就业机会法》修订后的 1964 年《民权法案》第七章将教育机构也纳入适用范围；联邦政府、州政府和地方政府均要接受第七章的约束；此外，第七章适用的雇主范围也由原先雇员超过 25 人的雇主改变为雇员超过 15 人的雇主。①

5. 1973 年《康复法》（The Rehabilitation Act of 1973）

由于 1964 年《民权法案》第七章并未将残疾规定为禁止就业歧视的理由，针对残疾人的就业歧视现象十分严重，因此，1973 年《康复法》应运而生。1973 年《康复法》是专门针对残疾就业歧视的法律，仅适用于联邦政府、政府合同承包商、接受联邦财政补贴者。根据该法的规定，上述主体不得因残疾而对适格的个人进行就业歧视。雇主应当为残疾申请人或雇员的生理或心理限制提供合理便利，除非这样做会给雇主的商业经营施加不合理的负担。未能提供合理便利的雇主，则可能面临法院禁令、收回进度资金、终止合同或者是从此失去承接政府合同资格的处罚。②

6. 1978 年《怀孕歧视法》（The Pregnancy Discrimination Act）

1978 年《怀孕歧视法》是 1964 年《民权法案》的修正案，其将基于怀孕、生育或与之相关的医疗情况而对女性进行的就业歧视的行为确认为违法雇佣行为。该法案第 1 条规定，在涉及招聘、换岗或者假期福利等工作状况的决定时，雇主对待怀孕员工应当与对待其他进行暂时残疾治疗的员工一样。

7. 1990 年《美国残疾人法》（The Americans with Disabilities Act of 1990，ADA）

1990 年《美国残疾人法》是一部广泛保护残疾人权益的联邦法律，其第一章关于禁止残疾就业歧视的规定弥补了 1973 年《康复法》未将私人雇佣领域歧视残疾人的现象纳入规范范围的缺憾。因此，《美国残疾人法》规定私人雇主和州政府、地方政府实施的对适格个人基于残疾的歧视是非法的。同 1973 年《康复法》一样，《美国残疾人法》规定雇主应当为残疾申请人或雇员的生理或心理限制提供合理便利，除非这样做会给雇主的商业经营施加不合理的负担。该法第 2 条说明了立法目的：（1）为消除针对残疾人的歧视提供一项明确和全面的全国性法令；（2）为处理残疾

---

① 参见平等就业机会委员会，https://www.eeoc.gov/eeoc/history/50th/milestones/1972.cfm，最后访问时间：2018 年 6 月 3 日。

② 雷云：《美国禁止就业歧视法律制度研究》，博士学位论文，重庆大学，2008。

歧视规定一个清楚、强有力、一致、可执行的标准；（3）确保联邦政府在代表残疾人执行这一标准的活动中充当主要角色；（4）为处理残疾人每天所面临歧视的主要领域，动用国会的权威，包括执行宪法第十四修正案和规制商业的权力。

8. 1991 年《民权法案》（The Civil Rights Act of 1991，CRA）

1991 年《民权法案》对 1964 年《民权法案》和 1990 年《美国残疾人法》进行了修订，主要是程序和救济措施方面的补充，包括允许在就业歧视诉讼中引入陪审团审判，在故意歧视的案件中受害者有权获得补偿性和惩罚性赔偿。但该法规定了补偿性赔偿金和惩罚性赔偿金的最高限额，该数额根据用人单位的规模大小从 50000 美元至 300000 美元共分四个级别。[①] 该法对平等就业机会委员会执法影响巨大，促使反歧视案件激增。

9. 2008 年《遗传信息非歧视法》（The Genetic Information Nondiscrimination Act of 2008，GINA）

《遗传信息非歧视法》规定不得因遗传信息而对申请人或雇员进行就业歧视，于 2009 年生效。遗传信息包括个人和家庭成员基因检测的信息，以及关于家庭成员任何疾病、病症或状况的信息（即个人的家庭病史），该法也由平等就业机会委员会执行。

二 平等就业机会委员会的职能

由于党派以及社会组织间的利益和主张分歧，平等就业机会委员会成立之初职能非常狭窄，主要是受理、调查和调解歧视指控，对就业歧视的规制效果未达预期。经过多年的斗争，委员会的职能和监督范围不断扩大，执法机制随之完善，执法能力随之增强。目前平等就业机会委员会主要包括行政立法和指导、行政监督和执行、教育培训三大部分，从多个途径来执行包括 1964 年《民权法案》第七章在内的反就业歧视的联邦法律。

---

① See The Civil Rights Act of 1991, 42 U. S. C. § 102 (b) (1981).

（一）行政立法和指导

行政立法和指导是平等就业机会委员会执行 1964 年《民权法案》第七章等法律的重要方式。委员会通过发布行政条例、指南、委员会决定等，细化上述联邦法律规则，为公众和委员会工作人员提供更为细致的指导。例如，为了明确处理指控及相关问题的程序，委员会颁布了《程序条例》① 等条例，为受理指控、进行调查和调解以及同意起诉或者代表起诉等环节制定了具体的工作程序。在投票通过这些条例前，委员会首先发布建议稿的通知，在正式向公众征询意见之后，委员会的委员对条例投票。委员享有平等的投票权，条例必须以多数赞成方能通过。此外，委员会制定重要的条例必须经管理和预算办公室同意，同时与其他相关部门相协调。②

委员会还会发布指南来说明官方机构的政策，解释禁止就业歧视的法律和条例如何适用于具体的工作场所和情形。例如委员会分别于 1965 年、1966 年、1970 年、1980 年发布了《性别歧视指南》《宗教歧视指南》《国籍歧视指南》《性骚扰指南》等指南，具体解释对上述歧视的认定标准。同条例一样，在通过这些指导文件之前，委员会首先通过多种方式和渠道向公众寻求意见。例如，委员会举行公开会议，听取有相关经历者的观点，包括相关问题的专家。委员会发布的指南主要包括：①实施手册，就实质性法律事项向工作人员提供咨询意见，以便帮助其在调查期间使用，并作出合理的决定；②委员会执法指导、政策指导和政策声明，就重要的法律问题说明委员会的立场；③管理指令，指导其他联邦机构执行关于联邦雇员或申请人声称遭到就业歧视的行政程序。③ 一般而言，委员会所颁布的指南对法院并没有拘束力，但各级法院一向尊重委员会的立场，因此，这些指南对就业歧视案件的诉讼结果具有重要意义，并形成了一系列

---

① Procedural Regulations, 29 C. F. R. § Part 1601 （2007）.

② 参见平等就业机会委员会，https://www.eeoc.gov/laws/regulations/index.cfm，最后访问时间：2018 年 6 月 9 日。

③ 参见平等就业机会委员会，https://www.eeoc.gov/laws/guidance/index.cfm，最后访问时间：2018 年 6 月 9 日。

处理就业歧视问题的重要准则。[①] 例如，为了更好地应对大量的性别歧视指控，委员会于 1965 年发布了《性别歧视指南》，规定因妇女结婚或生育而拒绝雇佣或升职构成性别歧视，除非在相似条件下男性受到同样的对待。联邦最高法院后来在 *Philips v. Martin Marietta Corp.* 案中支持了委员会在该指南中对法律的解读。[②]

除了条例和指南之外，委员会的决定也是行政立法和指导的一部分。虽然委员会的决定主要是针对特定指控的裁判结果，但委员会很可能将该决定中所提出的法律解释适用于其他类似案件中，因此对未来案件的审理同样具有重要的指导和预测作用。委员会的决定自 1965 年委员会成立以来始终发挥着重要作用，如同其他指南一样，委员会的决定表示官方政策，必须由多数委员赞成才能通过。起初，委员会需要对每个案件的决定书进行投票，以决定每一项向委员会提起的指控，这大大降低了处理指控的效率。随着案件的急剧增加，对不断增加的积案的关切使得委员会在 1972 年对其条例进行修订，允许地区办事处在不经委员会表决的情况下做出并签发针对特定指控的决定书。[③] 尽管近年来委员会很少对某项特定指控作出集体的决定，但它的这项权力仍然存在。

（二）行政监督和执法

行政监督是平等就业机会委员会最重要的职能。行政监督包括以下几项：受理指控、调查、调解、同意起诉或代表起诉。当一项关于就业歧视的指控向委员会提起时，委员会通过登记的环节先做初步的鉴别，受理之后，委员会对该项指控进行简单评估和调查，并在指控双方之间进行调解。若双方达成调解协议，则问题解决。若双方未能就调解协议达成一致，则委员会同意指控方起诉或代表其提起诉讼。

---

① 焦兴恺：《美国平等就业机会委员会机能之研究》，《劳工法论丛（一）》，台北：元照出版公司，2000，第 87 页。

② 参见阎天《反就业歧视法国际前沿读本》，北京大学出版社，2009，第 119 页。

③ 参见平等就业机会委员会，https://www.eeoc.gov/laws/decisions/index.cfm，最后访问时间：2018 年 6 月 9 日。

1. 受理指控

受理指控是委员会处理就业歧视案件的前提。根据 1964 年《民权法案》第七章、1967 年《就业年龄歧视法》以及 1990 年《美国残疾人法》的规定，向委员会提起指控是进行司法诉讼的前置程序。指控可以由本人提出，也可以委托其他任何个人、机构或组织，委员会成员也可自行提起指控。指控应以书面方式提起，并经过宣誓、确认或声明等方式检验。指控一般应包括指控人信息、被指控人信息、构成歧视行为的事实阐述等内容。但若上述内容不完整，并不必然导致指控不被受理。一般而言，只要委员会能从书面陈述中确认雇主的歧视行为存在，该项指控即被受理。指控中缺失的信息可以在后续程序中补充。① 委员会应当在受理指控后的 10 日内，向被指控方送交指控书的副本。若委员会认为送交指控书副本可能妨碍其履行职责，也可以在受理 10 日内送交一份指控通知，通知内容包括歧视行为的日期、地点和情形等。

应当注意的是，指控人应该说明遭受歧视的行为是否已经经过了州或地方的相关机构的审理程序。这是因为 1964 年《民权法案》第七章第706 条确立了州或地方机构对歧视行为的审查和救济为首要程序的规则。在州或地方机构开始相应程序之日起 60 日内，除非该项指控被提前终结，否则指控人不得向委员会提出指控或寻求救济（有关州或地方法律生效的第一年内，上述 60 日期限延长至 120 日）。② 若未经过州或地方的相关机构的审理程序，委员会应当按照下列程序处理此类指控：在指控文书上标明收到的日期；将文书副本发送给相应的州或地方机构；将上述情况通知提起指控的指控人或其代表人。如果相应的州或地方机构已经放弃对指控的管辖权，委员会则推定该指控是在委员会收到的日期向委员会提出的。如果相应的州或地方机构没有放弃对此指控的管辖权，则按照前述程序处理。③ 自 1991 年后，委员会与各州或地方机构达成分工协议，对委员会应负主要责任的部分，可在通知相关州或地方机构后直接受理并进行后续调

---

① See Procedural Regulations, 29 C. F. R. §1601. 12（b）.
② See Procedural Regulations, 29 C. F. R. §1601. 13（a）.
③ See Procedural Regulations, 29 C. F. R. §1601. 13（b）.

查调解等程序；但对相关州或地方机构负主要责任的部分，委员会会礼让其先行调查，而仅在事后对该州或地方机构的调查或决定予以审查。①

委员会每年受理的案件数量极其庞大。从 1997 年到 2017 年，委员会平均每年收到超过 8 万起指控，其中，2017 年委员会收到 84254 起指控，以种族、性别、残疾、年龄歧视和对歧视受害者的报复指控为主。②

2. 调查

调查是委员会处理歧视指控的重要环节。委员会受理指控后，即对指控进行初步调查，以判断对指控的进一步调查和后续程序是否应继续进行。自 1995 年以后，面对巨大的积案压力，委员会采用了"指控优先处理制度"，即受理指控后先将指控筛选分类。如果经过初步审查，指控被认为很有可能揭示了歧视现象，则归入 A 类；如果委员会认为指控表面上具有价值，但需要更多证据来证明歧视现象的存在，则归入 B 类，等待后续进行调查；而如果委员会认为指控不属于其受理范围、无法成立或根本没有证据支持，则归入 C 类，立即结案。③"指控优先处理制度"对于提高案件处理速度成效显著，从 1996 年到 1998 年，积案从 98269 件减少到 52011 件，减少了 47%。④

对于归入 A 类和 B 类的指控，委员会会指派机构内的调查员或授权其他代表负责继续调查。委员会的调查权力较为广泛，调查方式较为多样。调查阶段，委员会会要求受指控方提交一份针对指控的书面答复，并转交给指控方一份。指控方可在收到书面答复起的 20 日内提交自己的回应。⑤ 调查期间，委员会有权使用州或地方负责执行公平就业法律的机构

---

① 焦兴铠：《美国平等就业机会委员会机能之研究》，《劳工法论丛（一）》，台北：元照出版公司，2000，第 88 页。

② 参见平等就业机会委员会，Charge Statistics（Charges filed with EEOC）FY 1997 Through FY 2017，https://www.eeoc.gov/eeoc/statistics/enforcement/charges.cfm，最后访问时间：2018 年 6 月 16 日。

③ 参见阎天《反就业歧视法国际前沿读本》，北京大学出版社，2009，第 130 页。

④ 参见阎天《反就业歧视法国际前沿读本》，北京大学出版社，2009，第 130 页。

⑤ 参见平等就业机会委员会，https://www.eeoc.gov/employees/process.cfm，最后访问时间：2016 年 6 月 11 日。

或者是联邦机构的协助，也有权使用这些机构收集的信息。① 调查中委员会也有权签发传票，要求"证人出席并作证；被传者提交其拥有或控制的物证，包括但不限于书籍、录音、信件或文件；提交证明测试目的的证据，以及获得复制证据"②。但指控方和被指控方都没有要求委员会签发传票的权利。具体到一项特定的指控来说，如何进行调查取决于案件事实和委员会需要收集的信息。有些案件仅仅通过调查员阅读相关文件即可完成；而有些案件则需要调查员走访雇主，与相关证人进行会谈；调查员还可能要求声称受害的人和雇主提交资产负债表或证据，如果没有受害者则由提起指控的个人或组织提交。③ 委员会也可召开旨在发现事实的会议，以确定当事人之间的争议。委员会平均需要十个月来调查一起案件。④

委员会在完成调查之后，会向当事人出具决定书，对所指控歧视行为是否存在合理理由进行说明和裁定。该决定书是委员会的最终决定，当事各方不得申请复议。但是委员会以及签发决定书的地方办公室主任可以自行决定对决定书进行重新审议。如果作出了重新审议的决定，应当将该决定通知当事各方。⑤

相比于私营雇主，委员会在联邦机构的执法权力要更小，其只负责对经由相关联邦机构审理的歧视案件提供听证和上诉的审查程序。对于发生在联邦机构的雇佣歧视问题，首先由联邦雇员向其所在机构提出申诉，并由这些机构对申诉进行全面和适当的调查。调查结束后，申诉人可以向委员会行政法官请求听证，从而得到进一步的救济。2017 年委员会共解决了 6661 起听证，并为这些案件中的联邦雇员获得了 7270 万美元的救济。⑥

3. 调解

调解对于平等就业机会委员会解决就业歧视案件具有举足轻重的作

① See Procedural Regulations, 29 C. F. R. §1601. 15 （a）.

② Procedural Regulations, 29 C. F. R. §1601. 16 （a）.

③ See Procedural Regulations, 29 C. F. R. §1601. 15 （a）.

④ 参见平等就业机会委员会，https://www.eeoc.gov/employees/process.cfm，最后访问时间：2018 年 6 月 15 日。

⑤ See Procedural Regulations, 29 C. F. R. §1601. 19.

⑥ 参见平等就业机会委员会，Performance and Accountability Report FY 2017, https://www.eeoc.gov/eeoc/plan/2017par.cfm，最后访问时间：2018 年 6 月 15 日。

用。国会在制定 1964 年《民权法案》时即鼓励委员会运用调解解决争议。1991 年《民权法案》第 118 条规定，在适当和法律授权的范围内，鼓励使用包括和解谈判、调解、促和、调停、事实发现、微型审判和仲裁在内的替代纠纷解决办法，以解决根据本法或本法修订的联邦法律发生的争议。其中，调解在替代纠纷解决办法中最为重要。1999 年，委员会开始全面实施其以调解为基础的替代纠纷解决办法计划。委员会还发起了一项鼓励雇主在地区、区域和全国层级上加入"普遍调解协议"的倡议，进一步推动和促进调解在就业歧视案件中的运用。

指控的双方当事人可在委员会执法的各个环节提出调解的要求。事实上，在受理指控后做出正式调查前，委员会即会为双方当事人提供调解。委员会逐案评估调解的适用性，被委员会认为无意义的案件不适用调解。多数情况下，需要进一步调查以确定案情的指控适用调解。委员会的调解既可由其内部调解员进行，也可由授权的调解员主持，地区办公室也会允许适格的志愿者作为调解员。所有调解员必须完成有关调解和委员会所执行法律的培训。调解员持中立立场，不对指控的事实对错发表意见，而是运用专业知识和经验帮助指控双方找出潜在的争端，推动双方的沟通，从而达成双方都满意的解决方案。① 调解一旦成功，委员会将与争议各方签署调解协议，调解协议副本会发送给声称的受害人和被指控方。②

与诉讼相比，运用调解解决就业歧视指控具有鲜明的优点。对于委员会来说，首先，调解属于一种非正式的解决方法，这使得调解所需的时间相对较短，有利于尽快结案，减少平等就业机会委员会的未决积案。其次，由于调解能够较快结案，且所需资源较少，委员会能够集中自身资源去解决那些影响重大的指控，这对预算不足的委员会发挥其最大作用至关重要。对指控双方当事人来说，首先，调解所需费用较少，程序简单，成本低，效率高，便捷快速，保密性强。其次，调解为双方当事人提供了一个有效的沟通渠道，通过交流争辩，有利于负面情绪的宣泄和相互理解，

---

① 参见平等就业机会委员会，https://www.eeoc.gov/eeoc/mediation/history.cfm，最后访问时间：2018 年 6 月 15 日。

② See Procedural Regulations, 29 C.F.R. §1601.24 (a).

从而促进案件的解决。最后，调解是一个相对缓和的解决方式，双方当事人并不像诉讼中那样势如水火，这对希望保留原有工作的雇员来说尤为重要，保证他们结案后能够在一个比较积极的环境中继续工作。

正是因为上述优势，调解成为委员会解决就业歧视指控最主要的方法。从 1999 年到 2017 年，委员会对超过 212500 件案件进行了调解，并取得了高达 72% 的成功率。[1] 2017 年委员会共对 9476 件指控进行了调解，其中 7218 件调解成功，成功率达到 76.2%；平均结案时间 105 天，远低于法定的 180 天；调解协议取得的赔偿或补偿金额达 1.6 亿美元。[2] 当事人对调解的满意率也非常高，2017 年的调查数据显示，96.5% 的调解参与者表示未来会再次适用委员会的调解机制。[3]

4. 同意起诉或代表起诉

当运用调解、劝服等非正式手段不能解决争议时，委员会就会运用其诉讼权。委员会的诉讼事务由总顾问办公室负责，受总顾问领导。除了管理、协调、指导诉讼事务外，总顾问还负责管理和指导其下包括委员会地区办事处法律组在内的小组。地区办事处法律组负责其所在办事处的诉讼事务，同时为办事处负责调查的工作人员提供法律意见和其他帮助。地区办事处法律组受总顾问办公室庭审律师的领导，这些庭审律师驻扎在委员会各级办公室里。[4] 另外还有上诉组负责上诉事务。

如前所述，委员会在审理或者调解每一个案件后，会针对有关指控签发是否存在合理理由及其解决建议的决定书。若委员会签发了有合理理由的决定书，但未能通过调解等方法在当事人间达成一致，则委员会可向指控方签发诉权告知函，同意其在 90 日内进行起诉，或决定代表指控方自

---

① 参见平等就业机会委员会，EEOC Mediation Statistics FY 1999 through FY 2017，https://www. eeoc. gov/eeoc/mediation/mediation_ stats. cfm，最后访问时间：2018 年 6 月 17 日。

② 参见平等就业机会委员会，EEOC Mediation Statistics FY 1999 through FY 2017，https://www. eeoc. gov/eeoc/mediation/mediation_ stats. cfm，最后访问时间：2018 年 6 月 17 日。

③ 参见平等就业机会委员会，See Performance and Accountability Report FY 2017，https://www. eeoc. gov/eeoc/plan/2017par. cfm，最后访问时间：2018 年 6 月 17 日。

④ 参见平等就业机会委员会，https://www. eeoc. gov/eeoc/litigation/index. cfm，最后访问时间：2018 年 6 月 16 日。

行向法院起诉。① 若委员会出具了无合理理由的决定书，仍应向指控方签发诉权告知函，告知其有权起诉。② 此外，在下列情况下，委员会也可以签发诉权告知函：（1）从向委员会提出告诉之日起超过 180 天，且经受害者书面要求；（2）虽然从提出告诉之日起尚不满 180 天，但委员会或下属办公室以书面形式证明其不可能在 180 天内完成对告诉的处理，并经受害者书面要求；（3）已经作出有合理理由的决定，但未能获得被诉人的自愿遵守，且委员会已决定不自行提起诉讼；（4）委员会已经与被诉人达成和解协议，但受害者不是和解协议的一方当事人；（5）委员会驳回告诉的。③

当被指控方是政府、政府机构或下级政治分支机构，如果委员会驳回告诉，由委员会签发诉权告知函；如果委员会作出了有合理理由的决定，且没有达成和解，而司法部部长又决定不提起诉讼的，则由司法部部长签发诉权告知函。④

委员会有权代表受害人向法院提起诉讼。根据 1972 年《平等就业机会法》，委员会有权对非政府雇主提起诉讼（在《就业年龄歧视法》和《同酬法》之下也有权提起针对州和地方政府雇主的诉讼），起诉政府、政府部门和政府机构的权力则归总检察长和司法部。

虽然有代表受害人起诉的权力，而实际上委员会每年提起和解决的诉讼数量很少，人员不足和经费紧缺是重要原因，但是这项权力仍然意义重大。2017 年委员会提起了 184 起诉讼，包括 124 起代表个人的诉讼，30 起非系统性集团诉讼和 30 起系统性诉讼；解决了 109 起诉讼，在 90.8% 的地区法院判决中取得了有利结果，4500 多名受害人通过诉讼获得了 4200 万美元的金钱赔偿。⑤ 代表起诉的权力在系统性歧视案件中尤为重要，凸显了委员会维护公共利益的作用。系统性歧视也是目前委员会的首

---

① See Procedural Regulations, 29 C. F. R. §1601. 28（b）.
② See Procedural Regulations, 29 C. F. R. §1601. 19（a）.
③ See Procedural Regulations, 29 C. F. R. §1601. 28.
④ See Procedural Regulations, 29 C. F. R. §1601. 28（d）.
⑤ 参见平等就业机会委员会，Performance and Accountability Report FY 2017, https://www. eeoc. gov/eeoc/plan/2017par. cfm，最后访问时间：2018 年 6 月 16 日。

要关注事项。系统性歧视案件往往极其复杂，涉及人员众多，成本高昂。而委员会因具有专业资质和资源，由其代表受害人起诉能够极大地减轻受害人的负担，而其专业性同时又增加了案件胜诉的可能性，并加大了案件对社会的影响。例如，在 *EEOC v. Mitsubishi Motor Manufacturing of America* 案中，委员会的诉状声明被告公司对女员工进行了系统性的性骚扰和报复，最终被告公司同意向涉及的 300 至 400 名女性员工支付 3400 万美元，同时采取措施预防将来可能发生的骚扰，并指定一名监督员在三年内确保该公司落实所要求的全部改进。[①] 2017 年委员会通过诉讼解决了 22 起案件，其中四起涉及的受害人在 100 名以上，更有两起涉及超过 1000 名受害人。[②] *EEOC v. Northwest Territorial Mint, LLC* 案中，委员会认为被告华盛顿贵金属交易商一再对其女性雇员发表骚扰言论，包括评论她们的乳房大小和体型。该案最终取得了合意判决，5 名受害者获得了 72.5 万美元的赔偿，被告需修订其性骚扰政策并向委员会报告遵守情况。[③]

（三）教育培训

为了进一步防范雇主的歧视行为，规范他们的雇佣行为，并提升雇主和雇员的法律意识和人权意识，平等就业机会委员会一直致力于提供技术协助、扩展和教育培训项目，帮助相关企业、联邦机构和个人了解其各自的法律权利和责任。这也是委员会消除就业歧视、促进平等就业的重要途径。

平等就业机会委员会的教育培训和扩展项目分为免费和收费两种，主要提供关于委员会的一般信息、任务、实施就业歧视的法律和指控程序的培训、交流和分享。就免费培训项目来说，委员会的代表可组织并参加雇员和雇主团体、专业协会、学生、非营利实体、社区组织和其他一般大众

---

① 参见平等就业机会委员会，https://www.eeoc.gov/eeoc/history/50th/milestones/1998.cfm，最后访问时间：2018 年 6 月 16 日。

② 参见平等就业机会委员会，Performance and Accountability Report FY 2017，https://www.eeoc.gov/eeoc/plan/2017par.cfm，最后访问时间：2018 年 6 月 16 日。

③ 参见平等就业机会委员会，Performance and Accountability Report FY 2017，最后访问时间：2018 年 6 月 16 日。

的会议。例如，委员会地区办公室指派小企业联合会无偿向小企业回答有关就业歧视的问题并提供协助。委员会地区办公室的扩展项目协调员负责组织这些免费的教育培训项目。再如，委员会设立了"青工在线"项目，旨在促进美国的青年雇员的平等就业机会。① "青工在线"项目在全国范围内为青年雇员提供他们在工作场所的权利和责任的教育，并帮助雇主为青年雇员创造积极的工作环境。具体而言，该项目主要由三部分组成："青工在线"网站解释了年轻雇员可能遇到的不同类型的就业歧视，并提出了他们可以用来预防的策略，以及必要时如何应对歧视；免费的扩展活动则针对中学、青年组织和雇佣年轻雇员的小企业，由委员会的工作人员负责培训；委员会还会与各宣传组织、企业、人力资源团队和行业协会合作，在他们的网站上添加"青工在线"的链接，或在通讯刊物上发表"青工在线"的文章。②

委员会的收费项目主要由该机构的培训学院负责。通过培训学院，委员会在全国范围内提供培训和技术协助，并提供有偿的培训和技术协助材料。与免费培训项目相比，收费培训项目更为深入，属于为雇主量身定做的项目。培训学院的专家可以根据雇主的具体需求，结合其特点设计符合雇主需求的培训课程，授课可以在雇主的工作场所进行，③ 以协助雇主及其管理人员和雇员了解相关的反歧视法律以及如何防止和纠正工作场所的歧视。

对于类似的教育活动，委员会通常会给予极大的支持和重视。以 2017 年为例，委员会赞助和参与了 4000 多项免费的教育、培训和扩展活动，惠及 31.7 万人次；培训学院在超过 430 次活动中培训了 1.7 万人。④

---

① 参见平等就业机会委员会，https://www.eeoc.gov/eeoc/outreach/index.cfm，最后访问时间：2018 年 6 月 16 日。

② 参见平等就业机会委员会，https://www.eeoc.gov/eeoc/initiatives/youth/index.cfm，最后访问时间：2018 年 6 月 17 日。

③ 参见平等就业机会委员会，https://eeotraining.eeoc.gov/profile/web/index.cfm? PKWebId = 0x2547b105，最后访问时间：2018 年 6 月 17 日。

④ 参见平等就业机会委员会，Performance and Accountability Report FY 2017，https://www.eeoc.gov/eeoc/plan/2017par.cfm，最后访问时间：2018 年 6 月 15 日。

(四) 其他职能

除了行政立法和指导、行政监督和执法、教育培训之外，平等就业机会委员会还具有其他职能，协助和支持反歧视工作。

首先，委员会可以"法庭之友"的身份参与由当事人自行提起的诉讼，并提交法律意见书。总顾问办公室下的上诉组承担了此职能的大部分工作。[①] 一般而言，委员会一般会针对联邦上诉法院的案件提交法律意见书，因为上诉法院的案件更有可能出现比较新型或重要的法律问题；但若地区法院或州法院的案件也提出了极其重要的问题，委员会的专家也会提交法律意见书。[②] 委员会不会在联邦雇主为被告的案件中出具法律意见书。

其次，委员会为联邦政府的平等就业机会计划提供领导和指引。自1978年开始，平等就业机会委员会成为联邦就业积极行动计划的权威性咨询机构。委员会负责审查和批准全国和地区平等就业机会计划，对相关计划及其进展报告进行监督并评估，[③] 并通过一系列的管理条例来贯彻实施这些计划。[④] 委员会还向联邦部门提供关于平等就业机会申诉裁决的技术援助，向联邦部门分发就业歧视相关的资料等。

除此之外，委员会还负责收集雇佣信息，并发表研究报告；发表案件汇编等，帮助公众理解类似案件的处理；与其他机构进行合作，签署谅解备忘录，以处理两个或两个以上机构职责交叉时的问题等。

三 关于平等就业机会委员会实践的评析

自1965年成立以来，平等就业机会委员会在消除就业歧视、推进公

---

① 参见平等就业机会委员会，https://www.eeoc.gov/eeoc/litigation/index.cfm，最后访问时间：2018年6月15日。

② 参见平等就业机会委员会，https://www.eeoc.gov/eeoc/litigation/amicus.cfm，最后访问时间：2018年6月15日。

③ 雷云：《美国禁止就业歧视法律制度研究》，博士学位论文，重庆大学，2008。

④ See George Stephanopoulos and Christopher Edley, Jr., "Affirmative Action Review Report to the President 8.1.," 转引自郭延军《发展中的美国女性就业权平等保护》，博士学位论文，华东政法大学，2010。

平就业上发挥了巨大作用。同时，委员会在消除就业歧视方面也面临挑战。

（一）平等就业机会委员会的贡献

1. 委员会利用行政权力推动了平等就业

委员会对 1964 年《民权法案》第七章等法律的监督及实施，体现了行政权力在保障平等就业权方面的重要作用。国家既是人权的保障者，同时又是人权的侵犯者，而政府在行政过程中则具有更大的侵犯人权的潜在威胁。委员会对于歧视行为进行审查和救济，限制了政府在雇佣中的歧视行为，同时也有效地减少了雇主对雇员的歧视行为，切实推动了对平等就业权的保障。通过行政机构来推动国内的平等保障，不仅体现了国家在消除歧视行为问题上的努力和决心，同时也体现了国家在行政执法领域的突破性实践。作为一个行政机构，委员会主要通过立法、行政司法以及执行来确保《民权法案》等法律在国内的适用，但是作为三权分立的国家，无论是行政立法还是行政司法都是涉嫌越权的行为，然而随着职能及其工作负荷的不断增加，专业化资源的不断积累，委员会却成为融多项职能于一身，在行使和管理社会公共权力方面不可忽视的重要力量，同时还为司法部门分担了解决社会矛盾的负担。

回首历史，委员会的实践也在美国平等就业权的保障方面实现了革命性的进展，它以强大的行政执行力突破了司法系统在消除就业歧视方面的滞后性，加速了国家在这一领域实现平等保障的历史进程，充分显示了政府在社会治理，尤其是消除歧视方面的能动性和实效性。作为行政机构，委员会不仅建立了全面的、系统性的组织机构和执行机制来监督《民权法案》等法律的实施和落实，还不断完善相关工作机制，以应对不断增加的监督任务，并提升监督效率。对此，委员会先后研发了快速指控处理系统、优先指控处理系统等机制，改革了律师参与诉讼机制和调查机制，并引入了调解机制等来提高对就业歧视行为的行政执行力和救济。在过去几十年的时间里，委员会励精图治，从没有任何强制执行力，到通过起诉来提供行政救济，再到融立法、执法和司法为一体的全面监督就业歧视行为的机构，委员会自身的发展及其对社会就业平等的推动让任何一个国家人权机构或者非政府组织都难以望其项背，而其工作机制的不断更新和完善的灵活性和能动性也是其他立法和司法机构所无法企及的。作为行政机构，委员会在处理歧视申诉中具有较强的执行力和较高的工作效率。一方面，它设立了相对简单、方便的申诉和救济程序；另一方面，它具备强大的组织框架和行政执行力，从而为委员会在反歧视领域发挥政府监督功能提供了强大的支持。其中，不断将新的消除歧视的法律纳入这个机制的监督范围就是一个鲜明的写照，凸显了委员会在消除社会不平等方面的重要价值和卓越成就。

具体而言，委员会的建立和实践推动美国国内反歧视的立法和实践。第一，1964 年《民权法案》的通过以及委员会对该法的实施，促进了各州反歧视立法的进程。以性别歧视为例，在《民权法案》通过和实施以前，仅有夏威夷和威斯康星两个州立法禁止就业中的性别歧视，但在 1964 年《民权法案》通过后，又有 11 个州和地区加入了这个行列，他们是亚利桑那州（1965）、哥伦比亚特区（1965）、爱达荷州（1967）、马里兰州（1965）、马萨诸塞州（1965）、密苏里州（1965）、内布拉斯加州（1965）、内华达州（1965）、纽约州（1965）、犹他州（1965）、怀俄明州（1965）。而到 20 世纪 80 年代，除了亚拉巴马州、阿肯色州、佐治亚州、密西西比州、弗吉尼亚州几个州外，绝大多数州制定了公平就业方面的法律，明确禁止就业领域的性别歧视。当然，在没有制定这样的法律的州，《民权法案》及委员会在该州发挥禁止就业歧视的全部功能。第二，平等就业机会委员会的工作为消除歧视行为、提供法律救济做出了较大贡献。同样以性别歧视为例，委员会成立第一年所受理的案件中，性别歧视指控占了 33.5%。[①] 为了应对大量的性别歧视指控，委员会开始积极运用调查、调解等多种手段解决案件。1973 年，委员会启动了针对国内若干最大雇主，如通用电气、通用汽车、福特等的调查。五年后，委员会与通用

---

① 参见平等就业机会委员会，1965 – 1971：A "Toothless Tiger" Helps Shape the Law and Educate the Public，https://www.eeoc.gov/eeoc/history/35th/1965 – 71/index.html，最后访问时间：2018 年 6 月 16 日。

电气达成调解协议，后者承诺向少数族裔和女性员工支付 2940 万美元，并制定雇佣和晋升的配套目标。① 2017 年，委员会受理性别歧视的指控 25605 件，结案 29781 件，通过非诉讼方式为受害者获得了 1.35 亿美元的赔偿。② 可见，委员会成为女性维护平等就业权的非常有用的工具。与此同时，委员会在消除种族歧视、推动种族平等方面的巨大贡献也是毋庸置疑的。自 1997 年至 2017 年，委员会每年受理约 3 万件种族/肤色歧视的指控。以 2017 年为例，委员会受理 28528 起指控，结案 34229 起，通过非诉讼方式为受害人获得了 7590 万美元的赔偿。③

2. 委员会通过立法、培训和行政执法"三位一体"的措施对消除就业歧视行为实现了全面的推动

委员会在实施《民权法案》，推动平等就业的过程中，不仅承担了行政司法和行政执法的角色，还发挥着行政立法和人权教育培训等作用，对消除歧视构成了"三位一体"的倡导、推动和保障。众所周知，委员会最初的工作定位是实施《民权法案》，监督和处罚雇主在就业中的歧视行为，并为受害的雇员提供行政救济。但是实践中，处理歧视申诉的超负荷工作压力让该机构深刻地认识到单纯的事后救济不足以遏制歧视行为，对《民权法案》的实施还应该尽可能结合雇主雇佣行为的事前指导和行为规范，对歧视行为实现防患于未然的控制，从而有效遏制歧视行为及减少反歧视申诉的案件数量。因此，随着委员会工作的推进，该机构结合实践经验，通过发布各种雇佣行为指南以及典型案例的方式来指导雇主，从而减少雇主的歧视行为。委员会发布的这些指南和经典案例同时得到了法院的认可。其中，最高法院指出，委员会有关性骚扰的诠释，为经验和广泛的判

---

① 参见平等就业机会委员会，The 1970s: The "Toothless Tiger" Gets Its Teeth-A New Era of Enforcement，https://www.eeoc.gov/eeoc/history/35th/1970s/focusing.htm，最后访问时间：2018 年 6 月 16 日。

② 参见平等就业机会委员会，Sex-Based Charges (Charges filed with EEOC) FY 1997 – FY 2017，https://www.eeoc.gov/eeoc/statistics/enforcement/sex.cfm，最后访问时间：2018 年 6 月 16 日。

③ 参见平等就业机会委员会，Race-Based Charges (Charges filed with eeoc) FY 1997 – FY 2017，https://www.eeoc.gov/eeoc/statistics/enforcement/race.cfm，最后访问时间：2018 年 6 月 16 日。

断提供了载体，是法庭和起诉者可以引为指南的文件。[1]

此外，委员会还不断开展人权教育培训，通过充实雇主的法律常识和提升雇主的人权意识，来帮助其自主避免或减少歧视的行为。对此，委员会不仅通过专门的项目来增进对就业平等的支持和辅助实施，还设有专门的部门定期、免费为雇员和雇主进行反歧视法方面的权利和义务教育，从而提升企业文化和相关的人权意识，并进行反歧视的能力建设，从而为消除歧视行为实现了全方位的教育、规范和监督。

3. 委员会的执法工作对于推进平等、消除歧视的社会公益发挥着举足轻重的作用，并有效地节约了司法成本

委员会对于《民权法案》等法律的实施，旨在帮助人人实施平等的就业权利，但是该机构的工作并不囿于保障权利人的私人利益。委员会在审理歧视申诉的过程中，一旦对雇主的歧视行为决定自行起诉，那么该机构就成为诉讼的一方，不再受到私人要求的限制，而是寻求一种公共利益。[2]因此，委员会提起的反歧视之诉，与其说是一种权利救济，还不如说是一种公益之诉。在这个过程中，受到类似侵害的个人都可以加入诉讼，从而构成一种"集体诉讼"，但是实际上这种以委员会为主导的公益诉讼又可以摆脱集体诉讼在程序规则上的限制，从而实现为最大多数的受害人赢得公正的目标。[3]2000年以后，由于受到经费限制的问题，委员会结合逐步积累的经验，开始聚焦具有较大影响力、最具代表性、社会效益最大的案件并起诉，以期有关诉讼带来广泛和深刻的社会影响，力求通过典型案例给存在或者有潜在歧视行为的雇主带来普遍的威慑力和示范作用。

在这些由委员会提起的案例中，普遍存在严重的、系统性的歧视问题，受到歧视的个人和群体由于雇主实力强大、胜诉率过低以及司法成本

---

[1] *MeritorSav. Bank v. Vinson*，477，U. S. 57，65，1986.

[2] *EEOC v. Waffle House*，534，U. S. ，250，2002.

[3] 在 *General Telephone Company v. EEOC* 一案中，最高法院认为，委员会有权主张集团救济，而不必尊重《联邦民事程序规则》第23条的要求，并强调委员会不仅是歧视受害者的代理，其行为虽然遵照个人的指示，并服务于个人利益，但是它同时也在维护禁止雇佣歧视的公益。

巨大等问题而缺乏诉讼意愿，从而无法得到有效的人权救济。在这样的案例中，委员会以其强大的政府背景、雄厚的专业实力和不计成本的、单纯的公益性为受歧视者和整个社会带来了公平和正义。

委员会对于《民权法案》等法律的监督和实施不仅使遭受就业歧视的个人得到了法律救济，还极大地节约了司法成本。在美国，诉讼成本对于个人和国家来说都是非常沉重的，这一成本不仅是个人的时间和金钱支出，也是国家和社会资源的巨大付出。委员会这一行政救济方式的存在，不仅通过自身的鉴别系统驳回了一些明显没有合理基础的案例，还通过调解的方式，自行解决了一系列歧视纠纷，在为私人避免了诉讼烦扰的同时，也为国家节省了巨大的司法成本。委员会处理歧视申诉的一系列机制，不仅程序简单，而且效率较高，满意率也值得肯定。如前所示，接受过委员会调解的当事人中，有高达95%的人愿意再次接受调解。此外，有数据显示，经由委员会受理的案件中，95%不被认定为存在歧视行为，这也从侧面展示了委员会在缓解社会矛盾、纾解个人情绪、节省司法资源方面的确发挥着无可替代的作用。该机制对歧视行为的调查和调解等处理措施，明显遏制了滥用诉权的行为，减少相关的司法成本。

（二）委员会在消除就业歧视方面面临的挑战

1. 委员会因缺乏充分的执法权力和调查能力，行政执法的力度不够

委员会在建立之初就因没有执行力而备受诟病，尽管几经改革，委员会逐步经历了有权向总检察长起诉到作为"总检察长"独立起诉等职能的变化，但是其始终不具有其他行政部门所拥有的最终的行政裁决权。也就是说，尽管委员会具有调查、调解能力以及通过司法诉讼寻求公益的能力，但是该机构的行政"决议"并不具有最终的约束力，更无法控制司法诉讼的结果。鉴于近年来委员会更关注公益诉讼的工作，该机构对于个人的反歧视救济基本上流于形式。但是倘若赋予委员会真正的行政裁决能力，其目前的组织框架和资源以及工作机制就必须进一步加强，从而保障其作出的行政裁决具有公正性，但是这一设想恐怕会给整个机构带来全面的挑战和冲击，而且也缺乏必要的政治意愿。因此，委员会对于《民权法

案》的实施，基本上沦为一种非正式的行政性调解，其真正的、主导性的行政执行力微乎其微。

2. 作为行政部门，委员会受到政府施政战略的影响和财政预算的制约

委员会作为行政部门，既有一定的工作优势，也有一些无法回避的限制。委员会一直受到政府施政战略和政策的潜在影响。众所周知，美国的民主党和共和党代表着不同阶层的利益。虽然不能明确证明不同政党对于委员会持有截然不同的态度和影响，但是对委员会的工作支持方面还是存在明显差距，委员会的工作不可避免地受到行政首脑及其政党执政理念的影响。① 最直接的表现就是在过去几十年中，政府对委员会的支持在组织结构、人力资源以及财政投入上均有较大的波动，甚至还进行过大规模的裁员。例如 1979 年委员会有 3792 个岗位，8 年后却下降到 2941 个岗位。② 又如，委员会的预算在 2010 年达到顶峰后连续三年减少，自 2014 年至今基本保持不变，未有增加。③ 目前委员会仅有三位委员，两位空缺，总顾问也处于空缺状态，2017 年工作人员的职位仍有 200 多个空缺。④ 回望委员会的历史发展，其职能范围曾经经历了几次突破性的扩展，例如 1967 年《就业年龄歧视法》、1972 年《平等就业机会法》、1973 年《康复法》、1978 年《怀孕歧视法》、1990 年《美国残疾人法》被逐步纳入委员会的监督框架，1991 年《民权法案》允许原告申请陪审团审判，以及在雇主故意实施歧视时，有关要求补偿性和惩罚性的赔偿等，这一系列变革为委员会带来了成倍增长的申诉，但是对该机构的人力和财力资源的配备没有得到相应的增长，从而导致委员会一度由于这种不合理状况而被推向崩溃的边缘。尽管委员会不断通过工作机制的调整来筛选案件或者提升工作效率，但是仍然无法应对数以万计的反歧视指控。目前，委员会最重要的调

---

① 例如，在里根执政期间，由于其领导的政府对就业歧视的忽视，对委员会的执法工作不够重视，并导致妇女、少数族裔的就业情况受到负面影响。

② "End of 1980s leaves EEOC to face the challenges"，https://www.eeoc.gov/eeoc/history/35th/1980s/end.html，最后访问时间：2018 年 7 月 16 日。

③ 参见平等就业机会委员会，EEOC Budget and Staffing History 1980 to Present，https://www.eeoc.gov/eeoc/plan/budgetandstaffing.cfm，最后访问时间：2018 年 6 月 16 日。

④ 参见平等就业机会委员会，EEOC Budget and Staffing History 1980 to Present，https://www.eeoc.gov/eeoc/plan/budgetandstaffing.cfm，最后访问时间：2018 年 6 月 16 日。

解程序实际上就是在巨大的工作压力下应运而生，并得到不断发展的。客观地讲，委员会在建立伊始就受到了有限资源的极大限制，尽管历经申诉案例连年递增的情况，却一直备受各项资源严重不足的约束，从而严重限制委员会消除歧视行为的工作。

综观委员会的发展，尽管该机构为推动美国的平等就业做出了巨大贡献，但是它的发展方向和历史进程太多地受到政府意志和财政拨款的影响和约束。委员会的每一次职能调整，都在疲于应付不断增加的工作负荷。从个人救济转变为公益诉讼，从行政执法转变为行政调解，其中，政府的权威逐渐走向了后台，而委员会的职能从某种程度上却转变为案件的过滤器，并与其为个人提供反歧视行政救济的最初理想越走越远。对于多数希望通过诉讼解决歧视纠纷的雇员来说，委员会作为前置程序，未免有浪费诉讼成本之嫌。

3. 委员会在有效过滤反歧视诉讼的同时，也潜在地威胁着对公正的追求和实现

如前数据证明，经委员会受理的案件中，只有 5% 被认定为具有歧视的行为，但是最后向法院提起的诉讼中只有小三分之一的雇主被认为存在歧视行为。① 这就产生了一个疑问，委员会的行政程序是否能够给受到歧视的雇员一个真正的公正救济？虽然不能对这个问题妄下结论，但是，根据委员会目前的工作，仍有几个潜在影响公正性的问题需要关注。

第一，由于没有足够的人力和财力资源，委员会目前的调查程序显然并不足够和充分，在缺乏严格的证据和质证规则的情况下，委员会关于歧视问题的结论是否能够做到完全的合理和公正，是始终需要认真思索和不断改进的问题。尽管委员会的结论并不影响雇员继续寻求司法保障，但是他们的初步论断还是影响了雇员，甚至是雇主进一步寻求司法解决的选择。而对于经济情况不佳的雇员来说，委员会的结论基本让其放弃了获得司法救济的希望。

---

① EmploymentBias in Federal Courts almost Tripled in Previous Decades, *Daily Labor Report*, No. 12, 2000.

第二，委员会的工作已经将重心放置在公益诉讼方面，其在处理个人申诉中的作用日渐微弱。在调解的程序当中，政府的权威完全被中立的角色所取代和削弱。在雇员和雇主实力悬殊的情况下，政府如何保证雇员在调解过程中能够与雇主处于平等的地位，并取得合理公平的调解结果，也是委员会需要持续完善的工作。

综上所述，委员会对就业歧视问题的监督和执行机制是一种制度上的创举，表现了美国政府的行政力量在推动平等就业、提升社会公平方面做出的贡献和成就。委员会通过行政立法、教育培训以及行政执法的措施，不仅提高了社会对就业歧视的认识，规范了雇主的雇佣行为，而且通过行政程序为受到歧视的雇员提供了法律救济。委员会的实践不仅有效消除了基于种族、性别、年龄的歧视，推动了平等就业，而且有效纾解了社会矛盾，并削减了个人和社会的司法成本，为实现人权与平等做出了重要贡献。在过去几十年中，委员会历经了重要的发展，但是一直存在经费限制的困难，并导致了该机制的工作重心已经从处理个人之诉转变为处理公益之诉，来实现平等就业的公益目标。如何结合现有的经验，在歧视申诉逐步增多的基础上，进一步发挥对社会就业公平的推动作用和政府职能，是委员会需要不断思考和改进的问题，也是值得其他国家学习和借鉴的经验。

美国反歧视案件举证责任分配与证明
问题的考察及启示

朱桐辉*

摘要：美国联邦最高法院通过一系列判例确立的，在反"差别待遇"和反"差别影响"歧视案件中，均要遵守的举证责任原则——"三步举证法"的第一、二步，只是意在促使被告在诉讼伊始就披露其在"雇佣自由"原则下本有权不告知原告的拒绝聘用或解雇的理由。更重要的是，它的本质仍是"原告主张、原告举证"，并让原告承担了最难的第三步的举证责任及最后的说服责任：原告证明被告其实是在歧视驱动下实施了差别待遇或造成了差别影响，是非常困难的。原告不得不借助统计数据等间接方法去证明这些主张，效果很不佳或者不得不投入大量人力和财力才能成功。而且，原告还可能遭遇对反歧视案件有偏见的法官。同时，受传统事实发现机制的限制，及雇主对诉讼方式解决争端的提前规避，原告想要赢得有力救济，更是难上加难。因此，我国的反就业歧视案件，在用人单位已告知劳动者上述理由的前提下，没必要全面引入"三步举证法"。我国的该证明，可考虑举证责任倒置与正置相结合、减少原告的待证事项及多种证明标准的设定和调解，以更灵活、适当地破解不同类型反歧视案件的证明困难，更好地保护那些遭遇性别、残障、传染病等歧视的劳动者的权益。同时，为避免用人单位规避和架空上述证明机制，其设定也不能对被告过于严苛。

关键词："三步举证法" 事实发现机制 真实职业资格 业务必需 合理便利 过度负担

---

* 朱桐辉，南开大学法学院副教授，南开大学人权研究中心兼职研究员，法学博士，研究方向为证据法学、刑事诉讼法学、司法制度。

2018 年寒假，在美国纽约大学亚美法研究所资助下，我们到该所进行了近一个月的反就业歧视法学习和考察。其间，不仅与该所的研究员及教授、专门聘请来的纽约大学与罗格斯大学的教授、联邦法官在所内进行了热烈的学术研讨，还在他们的带领下考察了位于纽约的各级、各方面与反歧视相关的机构——纽约市人权委员会、纽约州的平等就业机会委员会（EEOC，专司反歧视救济）、美国法律援助协会、两家分别为雇员及雇主服务的律师事务所、一家跨国公司专司反性骚扰培训的内部机构、美国公民自由联盟（ACLU）、纽约州南区联邦地区法院等。

其间，还恰逢美国联邦最高法院大法官金斯伯格到纽约大学演讲，该所专门申请甚至让出自己的名额让我们去聆听。而且，恰好纽约大学劳动与雇佣法中心也在此期间举办了一场大型的收费的反性骚扰学术研讨会，该所也为我们争取了参与机会，研讨会氛围轻松但争论激烈，给我们留下深刻印象。

到联邦法院参观时，我们观察了他们反歧视案件的陪审员挑选过程；旁听了另外一起正在进行的女性及宗教双重歧视案件的庭审；庭审间隙法官还专门到座席与我们交流；还安排我们与该院负责调解的人士进行座谈，午餐时间与两位联邦法官（其中一位是华裔）进行专业交流。同时，还有几位考察团成员旁听了 EEOC 的调解过程。可谓安排完美、收获良多。

笔者因为专业是诉讼法学与证据法学，就特别关注了其反就业歧视案件的举证责任分配与证明问题。同时，更是经过这次考察发现，美国这类案件的举证责任分配很有特殊性，也是难点问题：纽约大学亚美法研究所提供给我们的阅读材料中，多篇文章及多位教授的 PPT 均对此有专门讨论；而且，在所内举行的多次讨论会上，在联邦法院内与两位法官的交流中，均涉及了这类案件的举证责任及证明是否应当予以调整的问题。

因此，本文将在阅读上述材料的基础上，结合对上述机构的参观体会，以及与纽约大学亚美法研究所反歧视法专家、考察团成员的交流体会，对美国反就业歧视的证明问题予以探讨，并分享一些学术启示，以供批评。

另外，中国政法大学宪政研究所和人权研究中心举办的 2018 年"第九届反歧视研究暨人权教育年会"确定的主题是反性骚扰歧视、反残障歧视，当时笔者不仅分享了自己对美国反歧视案件证明的基本框架的考察所得，也分享了对这两种具体歧视的证明问题的初步整理。因此，这里将继续探讨、辨析反歧视案件的证明脉络与框架，并继续关注这两类具体案件的证明问题。

一　颇具特色的美国反歧视诉讼"三步举证法"

美国联邦最高法院在 1973 年 *McDonnell Douglas Corp. v. Green* 中确立的直接歧视型案件的举证责任分配方案具有奠基性，影响深远。甚至之后的间接歧视型案件及不少具体种类歧视案件（例如，年龄歧视）的举证责任分配，也予以了调整式引入。这就是著名的"三步举证法"。第一步，据 1964 年《民权法案》第七章提起的诉讼，原告雇员需证明：自己属于法律保护的群体；自己符合被告雇主的工作要求，却被拒绝了；之后，被告继续寻找或者聘用了原告所属群体外的其他人。第二步，被告需说明：拒绝是基于合法、非歧视的理由。第三步，原告需接着证明：被告行为的"驱动因素"是自己的种族或者性别。

下面以纽约大学法学院反歧视法专家 Cynthia Estlund 教授分享给我们的她制作的 PPT，以及亚美法研究所反歧视法专家何宜伦（Aaron Hale-gua）研究员提供的其撰写的论文为基础，结合亚美法研究所提供的其他阅读材料，对美国反歧视案件的举证责任分配及证明框架汇总、梳理如下。

（一）"差别待遇"（直接歧视）的举证责任分配及证明

差别待遇（disparate treatment）是指，一个人因属于特定的法律保护群体（性别、年龄、种族、国籍等因素）而遭遇了较差的待遇。

第一步，原告雇员需有初步证据（prima facie，表面证据）证明：①自己属于受法律保护的群体，例如，是女性；②自己有聘用的基本资质，例如，有本科学历；③自己被拒绝或者自己被解雇；④被告雇主继续招聘或雇用了原告所属群体外的其他人，例如，男性员工。

这一步往往比较容易，原告能很顺利地完成该步的举证责任。因为这一步的证明标准——"表面证据"是很低的。在考察期间，笔者曾就此专门请教了该所反歧视法研究专家、哈佛大学法学博士何宜伦研究员，问"表面证据"和"可能的理由"（probable cause）相比，哪个更高。[1] 他说这一证明标准是低于"可能的理由"的。这就说明它确实不是很高的证明要求：要知道，曾有一大型实证研究对166位联邦法官进行访谈，让法官们对"可能的理由"进行量化，最后分析出的结论是45.78%的可能性。[2] 当然，"可能的理由"是一个弹性、流动的裁量概念，这一研究不能全信，但总体上普遍认为是低于50%可能性的。因此，"表面证据"的证明标准并不高。

第二步，被告必须"说明"其拒绝的理由是合法、非歧视性的。[3] 例如，原告比起被聘用人工作经验不足、原告行为不当等。

这一步对被告也比较容易。因为是"说明""展示"而不是证明其理由，所以被告理论上能找到很多所谓的理由。

在这一步里，有一个非常重要的点，在反就业歧视案件讨论中被反复提及：1964年《民权法案》第七章给了被告们一个很重要的抗辩理由——"真实职业资格"（Bona Fide Occupational Qualification）[4]，符合此理由，即使有差别待遇，也不构成歧视。[5]

但也有研究指出，实践中，被告很少提出这种抗辩理由，因为如此的话，被告需承担非常重的举证责任，必须证明其排除在外群体的全体或绝大多数不能安全、有效地完成该特定工作，具体包括：①性别等标准与履

---

[1] 美国宪法修正案第四条关于警察搜查、扣押及抓捕时的证明标准——警察需要采取上述措施时，需要有"可能性理由"并获得法官详细、明确的司法令状。

[2] 王兆鹏：《美国刑事诉讼法》，北京大学出版社，2014，第49页。

[3] 注意，是"说明"而不是"证明"（articulate；not prove，not demonstrate）。这一点非常重要，我们考察团对此的原因分析，后文详述。

[4] 即，出现差别待遇是因为该特定工作的真实职业资格要求。第七章的原文是："如果宗教、性别或国籍是通常情况下开展特定业务必须具备的真实职业资格，那么雇主根据宗教、性别或国籍来雇用就不是违法行为。"

[5] 需注意的是，不允许将"种族"作为真实职业资格的抗辩理由，即使其与工作本身相关。

职能力间具有高度相关性；②如果这一职业资格被取消，会对雇主产生破坏性影响；③不存在其他合理的替代措施。

实践中，能成功的例子有：仅允许女性候选人申请展示女性服装的模特职位或饰演女性角色；允许护理中心仅雇佣女性护理员照顾女性病人，因为帮助病人沐浴、更衣、如厕等会涉及个人隐私。但这也是需要具体分析的，同样是监狱招聘警察时进行了性别上的职业资格限制，在一个案例中因为该监狱多次发生男狱警虐待女囚犯事件而被判绝不是歧视，但另一案例因为未曾发生警察虐待未成年被关押人事件，因此被告要求配备与囚犯同一性别的警察，被判决是对女性构成了歧视（其男性羁押室数量要多于女性羁押室）。①

第三步，原告必须接着证明：雇主拒绝自己时，自己的性别或种族等是一个"驱动因素"。

实践中，这一步非常难证明，原告很少能获得这方面的直接证据，往往需要借助一些间接证明法：①反驳被告的理由，证明其只是"借口"（被录取的男性更没有工作经验，另外一位男员工迟到次数更多但未被解雇）；②相同情况不同对待（都是销售不达标但另一位男员工未遭不良评定）；③统计数据（公司 30 个主管只有 8 名女性）；④被告的管理人员曾有偏见性、歧视性言论等。②

需注意的是，1964 年《民权法案》第七章 2000 年的一项修正案补充规定了"混合动机"（mixed-motive）问题：原告只需证明被告的"驱动因素"中有法律禁止的歧视因素，即使还有其他"驱动因素"，也可以赢得诉讼。换言之，并不需要证明歧视是唯一的"驱动因素"。③ 但此类非唯一驱动的法律禁止行为，只能得到法院的宣告性的歧视认定，法院不会

---

① USALI, "Memo on U. S. Topics in Employment-Related Anti-Discrimination Law（2014），" *Background Reading on U. S. Discrimination Law*, Anti-Discrimination Law Training Program, U. S. -Asia Law Institute, 2018, pp. 48 – 49.

② Cynthia Estlund, "Title VII Introduction," *Background Reading on U. S. Discrimination Law*, Anti-Discrimination Law Training Program, U. S. -Asia Law Institute, 2018, p. 139.

③ 王芳：《美国就业歧视问题研究》，《关于美国反歧视法的背景材料》，反歧视法培训项目，美国亚美法研究所，2018，第 36 页。

判定原告获得任何赔偿或命令雇主录用该原告。[①]

同时，非唯一驱动即可构成歧视，仅限于据 1964 年《民权法案》第七章提起的诉讼：已有判例判定，根据其他单行法（例如，禁止年龄歧视的法律、禁止对提起歧视控诉员工进行报复的法律）提起的诉讼，原告必须还要证明要不是因为其年龄，或者要不是因为其提起了歧视控诉，就不会遭受不利待遇。[②] 换言之，原告需要证明：这些因素是雇主做出诉争行为的决定性因素。[③] 何宜伦研究员的论文也指出，在年龄歧视和反报复的案件中，原告需要证明到此程度。[④]

所以，总体而言，第三步对原告往往非常困难。因为不得不依靠如前所言的间接论证，其证明标准又是要达到"优势证据"。还有材料更是指出，原告还很有可能遇到对反歧视案件怀有敌意的法官，由于法条对歧视案件的证据类别及证明问题的规定还不明确（也无法非常明确），这些法官可能会创制各种新规则为难原告，并将原告的诉讼请求以证据不足为由驳回，使得原告胜诉难上加难。[⑤]

---

① 但据何宜伦研究员的论文，原告还是能获得一些伤害补偿，并由被告承担律师费和诉讼费。Aaron Halegua, "Background Memo on Employment Discrimination Law in the United States (2018)," *Background Reading on U. S. Discrimination Law*, Anti-Discrimination Law Training Program, U. S. -Asia Law Institute, 2018, p. 4.

② USALI, "Memo on U. S. Topics in Employment-Related Anti-Discrimination Law (2014)," *Background Reading on U. S. Discrimination Law*, Anti-Discrimination Law Training Program, U. S. -Asia Law Institute, 2018, pp. 41 – 45.

③ 王芳：《美国就业歧视问题研究》，《关于美国反歧视法的背景材料》，反歧视法培训项目，美国亚美法研究所，2018，第 54 页。

④ Aaron Halegua, "Background Memo on Employment Discrimination Law in the United States (2018)," *Background Reading on U. S. Discrimination Law*, Anti-Discrimination Law Training Program, U. S. -Asia Law Institute, 2018, p. 4.

⑤ USALI, "Memo on U. S. Topics in Employment-Related Anti-Discrimination Law (2014)," *Background Reading on U. S. Discrimination Law*, Anti-Discrimination Law Training Program, U. S. -Asia Law Institute, 2018, p. 52. 另外，纽约大学 Cynthia 教授对丽塔·华旭诉纽约市房管局一案（一个最后被联邦上诉法院通过证据的整体评价而认可的用间接证据证明了存在差别影响型歧视的典型案例）中联邦上诉法院和联邦地区法院法官对该案原被告双方一系列证据及理由的评价，进行了整理和对比。这一对比能让我们明显感受到，其一审法官很可能就是这样一种法官。参见 Cynthia Estlund, "An Update on the Walsh Case: Case Study on Proving Intentional Discrimination through Circumstantial Evidence," *Background Reading on U. S. Discrimination Law*, Anti-Discrimination Law Training Program, U. S. -Asia Law Institute, 2018, pp. 143 – 145。

（二）"差别影响"（间接歧视）的举证责任分配及证明

差别影响（disparate impact）是指雇主的行为表面中立但对特定群体造成了不利影响，而且商业必需（business necessity）无法充分证明其行为是合理的。

联邦最高法院在 1975 年的 *Albemarle Paper Co. v. Moody* 案中也确立了差别影响案件的"三步举证法"。

第一步，原告需证明：表面中立的考试、职业资质标准或筛选机制（例如女性、大学本科、身高高于 1.8 米）对自己所属的群体，造成了显著的差别影响。至于被告有无歧视的故意，不需要证明。这不同于前述的差别待遇型歧视，前者的法律争点还包括了雇主是否有歧视的故意。①

这里的第一步，对原告就已经比较难了。② 因为原告需要证明的不是雇主的标准或行为对自己有不利影响，而是需要证明其对自己所属的群体有不利影响。实践中，原告往往不得不借助统计数据分析、专家报告等。③

---

① USALI, "Memo on U. S. Topics in Employment-Related Anti-Discrimination Law（2014），" *Background Reading on U. S. Discrimination Law*, Anti-Discrimination Law Training Program, U. S. -Asia Law Institute, 2018, p. 40.

② 另外，在针对雇主报复行为提起的诉讼中，原告的第一步证明也较为困难。原告需要证明：①其进行的是合法行为；②遭受到了雇主的不利待遇；③合法行为与不利待遇间有因果联系。其中第三点就比较难证明。原告往往采取的证明方法是：首先证明其合法行为被告知道，然后再证明两者时间接近；也可以通过参与合法行为的原告与未参与的员工有不同待遇来证明。参见王芳《美国就业歧视问题研究》，《关于美国反歧视法的背景材料》，反歧视法培训项目，美国亚美法研究所，2018，第 66 页。

③ 为证明有差别影响，原告通常会使用适格求职者市场（qualified applicant pool）分析法。该市场是指雇主很可能从中选择雇员的劳动力市场，例如，雇主主要从本市招聘雇员，那么就是指本市的劳动力市场。这一分析，就是用雇主的标准来检测在该市场中达标的各群体的比例，如果受法律保护群体达标得非常少，就可推论出其将法律保护群体排除在外，有差别影响式歧视。1977 年 *Dothard v. Rawlinson* 案，州政府招聘狱警时，要求应聘者身高 1.6 米、体重 109 斤以上。原告是一名女性应聘者，达不到最低体重被拒。原告以此是性别歧视为由起诉。该案法官分析全国数据发现：最低 109 斤会把 22.29% 的女性排除在外，但仅有 2.35% 的男性被排除；最低 1.6 米，33.29% 的女性不符标准，但只有 1.28% 的男性不符；两个一起用，会有 41.13% 的女性和不到 3% 的男性被排除。据此，法官认为该标准对女性群体造成了差别影响。原告还可用与之类似的"人口统计比较法"（demographic comparisons）——用雇主的员工与当地劳动力市场进行比较，例如，当地劳动力市场黑人占 45%，而雇主的仅有 5%。当然，仅此还不够，原告还须证明：是雇主的招聘标准造成的。因为差异还可能来自文化差异、地理不同等合法因素。原（转下页注）

第二步，被告需"展示"①：其要求或者标准与工作内容相关，而且是"商业必需"，因此有其合理性。②例如：如果作为被告的消防部门能证明，一个合格的消防员需要能举起重 50 磅的物体，那么这个标准就不构成非法歧视。但如果一个律所用此标准，就很可能被认定为歧视，因为其很可能无法证明这和一名合格律师有实质性联系。但总体上，这一步对被告往往也比较容易完成。

第三步，原告需证明：存在替代性的要求或标准可以满足雇主合法的"商业需求"，并可降低歧视性影响。但这一步对原告非常困难，鲜有成功。③

而且，需要特别注意的是，在美国的反歧视诉讼中，举证责任（burden of production）虽然可以如上所示进行转移，但英美法中更重要的另外一个责任——说服责任（burden of persuasion）始终在原告方。④

---

① （接上页注③）告还可以用"实际流动数据分析法"（actual flow data，对平均测试通过率与法律保护群体的通过率进行比较）证明雇主的标准对后者们产生了不利影响，例如，雇主招聘时的平均通过率是 50%，但白人通过率是 75%，华裔通过率是 25%，差异足够显著，可推论该测试对华裔有不利影响。同时，平等就业机会委员会给出的确定"差异显著"的参考标准是：如果特殊群体通过率是平均通过率的五分之四，就是差异显著。参见王芳《美国就业歧视问题研究》，《关于美国反歧视法的背景材料》，反歧视法培训项目，美国亚美法研究所，2018，第 38 页。这三种方法的区别主要是检测的对象和侧重点不同，分别是：雇主的标准、员工比率、雇主的通过率。

① 注意，是"展示"而不是"证明"（show；not prove，not demonstrate）。何宜伦研究员的论文义对雇主的这一步举证也用的是"show"这个单词，参见 Aaron Halegua，"Background Memo on Employment Discrimination Law in the United States（2018），" *Background Reading on U. S. Discrimination Law*，Anti-Discrimination Law Training Program，U. S. -Asia Law Institute，2018，p. 3。如前所述，这一点非常重要，我们考察团对此的原因分析，后文有详述。

② 开始法院要求被告证明到这一要求或标准与"工作内容相关"即可，后来增加了非常重要的抗辩要求或者说豁免——被告还需证明到这一要求或者标准还是"业务必需"。经多次反复，"业务必需"规定在了 1991 年《民权法案》中，成为美国差别影响型歧视案件中雇主非常重要的抗辩理由及举证要求。但实际上，因为差别待遇和差别影响区分并不明显，所以这种抗辩与前述的"真实职业资格"抗辩的区分也不明显。法官如果认定雇主行为从表面上就对不同群体产生了不同影响，就适用"真实职业资格"；反之，则适用"业务必需"。参见王芳《美国就业歧视问题研究》，《关于美国反歧视法的背景材料》，反歧视法培训项目，美国亚美研究法所，2018，第 40 页。

③ Cynthia Estlund，"Title VII Introduction," *Background Reading on U. S. Discrimination Law*，Anti-Discrimination Law Training Program，U. S. -Asia Law Institute，2018，p. 87.

④ Aaron Halegua，"Background Memo on Employment Discrimination Law in the United States（2018），" *Background Reading on U. S. Discrimination Law*，Anti-Discrimination Law Training Program，U. S. -Asia Law Institute，2018，p. 4.

二 性骚扰的证明

1964 年《民权法案》第七章对雇主的性别歧视进行禁止性规定时，并未将"性骚扰"列为性别歧视的一种，但联邦最高法院在 *Meritor Savings Bank, FSB v. Vinson*（1986）一案中认为，工作环境中的性骚扰是性别歧视的一种形式，因此雇员可依据第七章主张救济。

（一）"性交换型"性骚扰的证明

在此类型中，如果员工不同意性要求，可能无法升职或被解雇。据第十一巡回法院 1982 年 *Henson v. City of Dundee* 案的判决，原告为证明自己受到了这种性骚扰，需证明：①自己属于受法律保护的群体，并非只指女性员工，各性别均可主张自己遭遇了性骚扰；②遭遇了不受自己欢迎的性要求；③这种骚扰是基于性别产生的，因为这里的性骚扰是性别歧视下的法律禁止行为，只有当某一性别处于不利的雇佣状况而另外的没有时，才符合性别歧视的条件；④拒绝满足对方的性要求将对其职业产生不利影响；⑤雇主存在过错。[①]

需要特别注意的是，据美国法律，在这种类型的性骚扰中，雇主要对其管理人员在招聘、升职、解雇或惩罚等行为中发生的性骚扰行为承担替代责任。我们这次考察时，恰逢美国反性骚扰的 "Me Too" 运动如火如荼，我们观察到，在本文开头提及的各个场合研讨中，他们关注的重点是雇主（用人单位）通过培训、警示管理层、提醒雇员等方式预防、治理性骚扰的举措和责任，对性骚扰实施者的责任讨论得非常少。这和我们的侵权法的一般原则很不同。[②]

[①] 王芳：《美国就业歧视问题研究》，《关于美国反歧视法的背景材料》，反歧视法培训项目，美国亚美法研究所，2018，第 50 页。

[②] 已有研究指出了美国和日本反性骚扰立法对雇主责任的特别规定，参见唐芳《履行社会责任，构建防治职场性骚扰机制——关于中国纺织服装行业防治性骚扰的调研报告》，《反歧视评论》第 5 辑，法律出版社，2018，第 104—106 页。但实地考察时，美国对雇主防治性骚扰责任的高度强调，还是出乎意外。

（二）"敌意工作环境型"性骚扰的证明

这种来自雇主、同事，甚至非雇员的性骚扰未必会给受害者带来经济损失，却"严重和普遍地"影响了原告的工作环境。包括：不受欢迎的身体接触、带有性意味的言论与恶作剧，以及在工作场所张贴令人反感的与性有关的材料。同时，这种性骚扰并不一定是涉及性含义的行为，可以包括任何因受害者性别而产生的贬损行为。

联邦最高法院在如前所述的 1986 年的 *Meritor Savings Bank*, *FSB v. Vinson* 案中也确认，制造"敌意工作环境"也是性骚扰的一种形式。在该案中，法院指出，为证明这种"敌意环境型"性骚扰的存在，原告需证明：①属于法律保护的群体；②受到了不受欢迎的性骚扰；③这种骚扰是基于原告的性别产生的；④骚扰行为对原告的工作产生了严重的影响，以至于产生了侮辱性的工作环境；⑤雇主虽有不得性骚扰的规定，但未能阻止其发生。

在这种类型的反性骚扰诉讼中，原告举出严重的单次性侵就能完成举证。但很多情况下，原告需证明自己多次遭受骚扰，才能完成其举证责任，即需要综合全部情况证明性骚扰严重、普遍到了改变了原告的工作环境。①

另外，联邦最高法院的法官在 1998 年 *Oncale v. Sundowner Offshore Servs. Inc* 案中一致认为，同性性骚扰是性别歧视的一种形式，受害者可依据 1964 年《民权法案》第七章提起诉讼。他们指出，原告要证明同性性骚扰的成立，需要证明：①其起诉的性骚扰是基于性别歧视的骚扰；②是严重和普遍的，以至于客观上产生了敌意工作环境。

---

① USALI, "Memo on U. S. Topics in Employment-Related Anti-Discrimination Law（2014），" *Background Reading on U. S. Discrimination Law*, Anti-Discrimination Law Training Program, U. S. -Asia Law Institute, 2018, p. 50. 因此，性骚扰的证明其实是很难的，国内有调查报告建议，对此类案件应当确立特殊的证明规则（用人单位和受害人提供的证据证明力相当时，应作出有利于受害人的裁断）。这一建议虽然与民事诉讼的举证责任、说服责任要求及证明标准不符，但考虑到这类案件的特殊性，还是值得考虑的。参见北京源众性别发展中心《打破沉默、拒绝妥协——中国防治性骚扰法律与司法审判案例研究报告》，《反歧视评论》第 5 辑，法律出版社，2018，第 63 页。

三 残障歧视的证明

阅读亚美法研究所提供的论文和材料，笔者发现，在美国就业领域，残障歧视是有特殊含义和法定范围的：特指一定范围的雇主，不得对能胜任工作的残障人在招聘、雇佣、升职、解雇、赔偿、培训及其他雇佣条件、权利方面有歧视。而其举证责任和证明可归纳为以下三大方面。

（一）原告需证明自己是能"胜任主要工作"的"残障人士"

1. "残障人士"

据美国 1973 年《康复法案》和 1990 年《美国残障人法案》，"残障"是指：①身体或精神上的损伤实质性地限制了个人某个或多方面的生活；②有这种损伤的记录；③身体或精神上的损伤被认为是残障。这三个条件，满足其一即可。

2. 能完成主要工作内容

据 1990 年《美国残障人法案》，这些残障人士还要能完成主要工作内容："对于正在从事或希望从事的工作，能够满足该工作所要求的技能、经验、教育水平和其他职业要求，有或没有合理的工作便利，均能完成该工作的主要内容。"

如果残障人士虽然能完成工作的实质内容，但可能对自己或第三人带来"实质性伤害的威胁"，就不符合此要求。

3. 合理的工作便利

如果残障员工没有工作便利就无法完成主要任务，就需要考虑辅助其完成的便利是否"合理"。

1990 年《美国残障人法案》对"合理的工作便利"（reasonable accommodations）的规定是："①对工作申请程序进行的调整和修改，以使有能力的申请人能申请该职位并有被考虑的机会；②对工作环境进行的调整和修改或者对工作方式进行的调整，以便有能力的残障员工能完成主要工作内容；③其他调整和修改，使残障员工同样可以享受其他员工能享受到的工作福利和权利。"

它包括但不限于：①使正在使用的设备也能为残障员工使用；②对工作进行结构改造，调整工作时间或允许部分工作时间，对空缺职位再分配，采购新设备或对现有设备进行调整，对考核、培训材料或政策进行适当调整，提供合适的阅读器或翻译器，其他类似的工作便利；③为此，雇主有必要采取非正式的互动，以了解残障员工需要何种合适的工作便利。

但需注意，因为雇主只有对残障造成的已知限制提供合理便利的义务，因此，雇员如果没有合理的便利就无法完成工作的核心内容，必须将残障状况及限制通知雇主，才有权要求得到此便利。

（二）原告需证明自己遭遇了歧视

1990 年《美国残障人法案》还列明了所管辖的雇主不得对有工作能力的残障员工的具体歧视行为。

所以，原告还需要证明自己遭遇了下列歧视的一种或者多种：①对其采取了限制、隔离或区分的方式，影响了其就业机会或地位；②雇主的协议、安排或对外关系使其面临本法所禁止的歧视待遇；③采用的管理标准或方式有残障歧视的效果；④雇主明知其他有能力的人与自己有关系而排除或拒绝给关系人以平等的工作机会或福利；⑤对其不提供合理便利，使其已知的身体或精神上的限制妨碍其职责履行，或者拒绝向其提供就业机会是因为雇主需要为其提供相应的合理便利；⑥采用职业标准、就业测试或其他标准排除某个或某类残障人；①⑦雇主对知觉器官、体力或语言机能受损的自己所采用的职业测试标准，未能准确测试出其工作技能、资质或其他相关能力，却只反映了自己的机能受损。

（三）分配给被告的抗辩理由没有"真实职业资格"，主要有"不能完成实质性工作任务"及"过分负担"

为更有力地保护残障雇员，该法案并未向被告提供"真实职业资格"

---

① 雇主可以用这些标准与完成诉争工作有关，也是商业必需来抗辩。

的抗辩理由，免得雇主去主张诉争的工作岗位需无残障人士完成，是"真实职业资格"的要求。

该法给被告的抗辩理由主要有两个：①原告不能完成诉争工作的实质性工作任务；②虽然原告有工作便利就能完成该任务，但会给被告造成"过分负担"。① 例如，要求被告创设新的工作岗位或将其调换到工作性质完全不同的岗位上，就是"过分负担"。

1990 年《美国人残障法案》还规定了判断"过分负担"时的权衡因素，以助证明问题的解决：①考虑在可能税收减免及外部资助的情况下，需要的工作便利的性质和净价；②提供工作便利的全部财政来源，该设备需要的员工数量及在开支、资源方面的影响；③雇主的全部财政来源，雇主的总体规模，包括员工数量、设施的数量种类及位置；④雇主的营运类型，包括劳动力组成、结构和功能；⑤工作便利对单位营运的影响。

虽然该法列出了上述权衡因素，但"合理工作便利"与"过分负担"间的界限并不清晰，依然需要法官据上述标准在案件中具体裁量。例如，即使同样的工作便利，对不同规模的雇主，就会有不同的结论。②

四 其举证证明与实体法、事实发现及争端解决机制的关系及启示

（一）与实体法原则的关系

在此次考察学习中，"三步举证法"中第二步的一个特殊问题，引起了笔者的注意：为何当原告完成了第一步举证责任（有"表面证据"证明了：原告属于少数群体，被差别化地对待，非保护群体未有此对待），举证责任转移给被告后，被告在第二步中只需"说明"或"展示"而不

---

① 王芳：《美国就业歧视问题研究》，《关于美国反歧视法的背景材料》，反歧视法培训项目，美国亚美法研究所，2018，第 61 页。
② 王芳：《美国就业歧视问题研究》，《关于美国反歧视法的背景材料》，反歧视法培训项目，美国亚美法研究所，2018，第 62 页。

是"证明"（articulate、show；not prove，not demonstrate）其理由？为何不要求被告举出证据"证明"其是基于合法、非歧视事由做出上述决定呢？现在的、明显很低的要求，会极大地降低雇主的证明难度，使其有可能编造出其实是"借口"的理由。这无疑会拖延诉讼时间、增加救济成本。

而且，一旦雇主"说明"或"展示"了事由，就可以将举证责任轻易地转回原告，最终让原告去承担最难的第三步举证责任。所以，我们能发现，在美国反歧视诉讼中，表面看起来很特殊、被告也需举证的"三步举证法"，实际上还是"谁主张、谁举证"，并未适用举证责任倒置以减轻原告的证明负担、提高对原告的保护度。

在考察结束前的总结研讨时，笔者也提出了这一问题。当时我们考察团的何霞、刘小楠、孙萌老师分享了她们讨论后的一个分析，笔者觉得很有道理。这就是：在美国劳动法中，很长时间遵循的基本原则是"雇佣自由"，因此雇主在实践中可以无理由地拒绝聘用、解雇雇员。如此一来，不仅原告而且法官、陪审团等争端解决者，也无从事先知道原告遭受不利待遇的原因或者说理由。这样，其反歧视案件的证明，就不得不增加一个促使雇主披露其理由的步骤或机制——付诸起诉的原告一旦完成了第一步举证责任，被告就必须"说明"或者"展示"其理由，以为原告及争端解决者的下一步诉讼行动奠定基础，让他们能去驳斥、判断被告的理由是合法的、非歧视的，还是表面上的"借口"、事实上的歧视。

由此可见，美国的这种举证责任分步设计，与其实体法也就是劳动法的原则和规定，有莫大的关系。这也印证了为何我们经常会说，在诉讼法和证据法中，举证责任其实在很大程度上是由实体法先行分配的。

不可否认的是，虽然此问题的原因也许被我们找到了，有一丝喜悦，但也让我们不得不承认一个残酷的事实：美国反就业歧视中表面看起来有利于原告启动救济程序的举证责任分配机制——"三步举证法"，其实依然是举证责任正置，并不是更有利于劳动者的举证责任倒置，劳动者从总体上依然要承担自己遭遇了歧视的很重，也很难完成的举证责任。而且，如前所述，在美国的这类案件中，举证责任虽然有一些转移，但说服责任始终在原告一方。

因此，在设计我国的反就业歧视举证责任分配机制时，需要基于我国的法律和事实情况进行合理借鉴，而不是囫囵吞枣地引进美国的"三步举证法"。第一，取消前端步骤，因为我国的劳动法原则和规定是要求用人单位在解雇时说明理由的，所以，可能没有必要设计一个促使用人单位披露理由的前端步骤。如果实践中确有未说明理由的情况发生，再启动这样的前端步骤不迟。第二，为更充分地保护我国劳动者的权利，可以考虑一定情形下的举证责任倒置：只要原告完成了初步举证责任（有表面证据证明自己遭遇了直接或间接歧视），被告就应当"证明"自己的行为是合法的、非歧视的，如果被告不能完成这一举证，就要承担败诉风险。

（二）与事实发现机制的关系

在诉讼法和证据查明领域还有一个问题是，法官的职权调查对证据及事实发现的作用。在纽约州南区联邦地区法院，亚美法研究所安排我们考察团与法院负责调解的人士进行了交流。其间，他们讲到了案件事实了解与调解之间的关系，因此，笔者专门询问了他们是否有调查证据的权力。另外，在亚美法研究所内研讨时，笔者也询问了美国法官在反歧视案件中是否及是否应当有职权调查的问题，得到的答案基本是否定的。

在与何宜伦研究员专门探讨此问题时，笔者提出如果法官或陪审团依据已有线索发现有一些证据可能在雇主或雇员那里，能否进行职权调查时，他的答案依然是否定的。他说，此时，法官或陪审团可以发出证据提交令（subpoena duces tecum），责令雇主等提交相关证据，同时，这一提交令虽然是让雇主或者雇员自己将证据带到法庭，但效力是很强的。笔者接着问，如果这样，雇主或者雇员提交前，有没有可能对证据材料进行修改。何研究员的回答是，一般他们是不敢这么做的，因为一旦被发现，可能面临刑事指控。因此，总体上，美国法院对职权调查是很保守的。同时，即使发出证据提交令，也不是严格意义上的职权调查。

英美法抑制甚至反对法官及陪审团职权调查的理论基础在于，这可能使其自身丧失中立立场，带来一定的预断和偏见，最终妨碍对事实的准确发现及对其的准确法律评价。

但我们也能发现，法官和陪审团并不能进行职权调查，在反歧视诉讼中，给原、被告双方尤其是原告的证据发现、搜集和举证带来了巨大的困难。法官不得不通过举证责任分配的调整——创设、凭借上述"三步举证法"的前两步，促使雇主披露其理由及部分事实，同时，也将最困难的第三步的举证责任留给原告。① 这其实对雇员非常不利，也不利于法官和陪审团全面、准确地发现事实。

因此，在考察结束前的汇总报告时，笔者就提出美国反就业歧视的诉讼机制和事实发现机制是否考虑过进行一定的改革，赋予法官及陪审团一定的职权调查权。对此，美方专家基本不认可。

但笔者想这一权力对中国的反歧视诉讼建构还是有意义的。我国法官和法院本就享有职权调查权，因此，在分配我国的反就业歧视案件的举证责任时，还应当注意到这一权力所具有的、不可低估的补位作用：当案件依赖于原、被告双方的事实调查及证据发现遇到障碍和困难时，可以考虑启动纠纷解决者的职权调查权，以发现更多的事实，获得更公正的裁判。其实，笔者想，这一问题正如即使在美国、英国这样的崇尚自由竞争、自食其力的国家，也有医疗保险和社会救济一样。

另外，这也启发我们，不仅仅需要提高法官和法院的证据与事实发现能力，更需要关注劳动者的事实发现能力与诉讼能力的提高：降低劳动者的诉讼费，给其一定的法律援助，对原告享有的要求被告开示证据的权利予以强化，由败诉的用人单位承担劳动者的诉讼费和一定的律师费，等等。②

检察机关的公益诉讼就可以适当地扩展到反就业歧视诉讼中去。如此一来，不仅可以提高我国性别、残障、传染病等歧视案件中原告的举证能

① 如前所述，在直接歧视的"差别待遇"型案件中，第三步是，原告需要举证证明被告的理由实际上是"借口"，真正的理由是歧视性的。在间接歧视的"差别影响"型案件中，第三步是，原告需举证证明被告的标准是基于歧视的、意在排除原告的标准，本有更合理的替代标准。这些，对原告来说，都是非常难证明的。

② 还有研究指出，还需认识到，多主体参与反就业歧视诉讼、集团诉讼在这方面也有显著功效，参见唐颖侠、范金梅《美国反就业性别歧视救济机制及其对中国的启示》，《反歧视评论》第2辑，法律出版社，2015，第128页。

力和事实发现能力，以更有效地维护自身权益，而且有助于我国检察机关的法律监督职责的更好发挥，以及职权的适当扩张，更好地保护人民群众的权益。

（三）与争端解决机制的关系

"三步举证法"是美国法院在一定范围内的反歧视案件中遵循的举证责任分配原则，在其平权委员会救济、仲裁程序中只是参考这样的机制。因此，不同的争端解决机制对存在歧视的证明要求是不同的。

据研究者观察及我们的了解，这就导致在美国的反歧视救济实践中出现了另一个更为严重的问题：雇主可能会利用这一不同，绕开其实已经对其举证比较有利的诉讼机制，选择对其更简单的争端解决机制。雇主和雇员签订合同时，往往会要求雇员放弃以后依据 1964 年《民权法案》第七章提起反歧视诉讼的权利，而必须选择仲裁。这对雇员是非常不利的。

要知道，在美国，雇员如果选择诉讼程序并顺利进入，是有权询问被告及代理人，要求雇主进行大量的证据开示，要求证人出庭的。这样，雇员就可以获得大量只有雇主掌握的信息和材料，以完成自己的举证责任。法院也因此能发现更多的事实，给原告提供更及时、充分、有效的救济。同时，一旦进入诉讼程序，雇员可以行使获得陪审团审判的权利。但在美国的仲裁程序中，没有这样的机制。[1] 这就使得雇员在这些程序中完成类似诉讼程序中的第一、三步的举证和证明，非常困难。而仲裁机构也无法确保其仲裁是建立在全面准确的事实发现基础上的。

这也启发我们，在构建我国的相关证明机制时，需要考虑我国现有的诉讼机制与争端解决体系的实际情况，以之为背景进行合理的举证责任分配和科学的证明标准确定，如果对原、被告双方的举证责任及相应的证明标准设计得不均衡，就会导致其被部分架空和虚置。

---

[1] USALI, "Memo on U. S. Topics in Employment-Related Anti-Discrimination Law（2014），" *Background Reading on U. S. Discrimination Law*, Anti-Discrimination Law Training Program, U. S. -Asia Law Institute, 2018, p. 52.

五　合理借鉴：分情况分配举证责任、调整证明标准

（一）是否应当让原告分阶段、分情况举证？

第一个问题，是否需要把"三步举证法"的第一步挪至中国的立案阶段，要求原告在提起反就业歧视诉讼时，完成这一标准较低的举证责任，方能立案？

在与同行的考察团成员——对外经济贸易大学法学院副教授、美国天普大学反歧视法博士卢杰锋讨论时，他说"三步举证法"虽不如我们预想的那样能彻底解决原告证明难问题，存在这样那样的不足，但客观上对原告完成举证还是利大于弊的，尤其在此举证机制下，原告完成第一步后就能迫使被告说明理由，亮出一部分"底牌"，可以部分借鉴。但在亚美法研究所与何宜伦研究员讨论时，他则强调了"三步举证法"总体上给原告科以了很重的举证责任的一面，同时认为中国也没有必要引进，搞得那么复杂。当时，笔者想到中国的司法审理均有立案庭负责的立案程序，所以回应到，第一步举证要求还是有价值的，可放在立案阶段，作为对原告此时的举证要求。

但现在来分析，如果在立案阶段就要求劳动者承担这些举证责任，例如要求劳动者有初步证据证明下列事项：①自己属于受法律保护的群体，例如女性、乙肝病毒携带者等；②去应聘并且符合用人单位的资质要求；③被拒绝；④用人单位聘用了原告所属群体外的其他人，例如男性、非乙肝病毒携带者。这就会带来法院在立案前的实质审查。尤其第②、③、④项证明要求，都不是简单的形式审查能完成判断的，因此有违立案前只进行形式审查的要求，即使实践中可能确有法院的立案庭快到年底时会对某类案件进行过高的审查，形成实质审查的情形发生。因此，上述这些即使标准不是很高的举证责任及证明要求，也不应当在立案前就科给原告，让其准备材料予以证明。

第二个问题，是否需要区分情况，在一定条件下，让我国的劳动者先完成第一步举证责任？

如前所述，美国雇主拒绝雇佣、解雇劳动者是不需要说明理由的，法院也不享有职权调查权，因此，法院会要求原告完成第一步举证责任，以迫使被告披露其理由。但在我国，用人单位是需要在相应行为做出后就告知劳动者理由的。因此，我国的反就业歧视诉讼，并不必然需要一个前置的、分配给原告的以迫使被告披露其理由的初步举证责任。

但这也不绝对。因为实践中并不是所有的用人单位均会遵守要求，在法律要求的时间和场合说明理由。因此，当遇到这种情况时，还是有必要通过举证责任的分配，让被告积极说明情况和举证，以推动诉讼进行，查明案情。

（二）是否需要举证责任倒置，是否需要减少原告的证明事项以降低其证明难度并提高被告的证明标准？

无论美国还是中国的反歧视案件审理，均存在原告总体举证责任过高、举证难、胜诉难的问题。在我国的性别歧视、乙肝病歧视等案件中，原告的举证更是困难。因此，一个值得探讨的问题是，是否需要在我国的司法适用及将来的反就业歧视法中进行举证责任的倒置，以及是否需要降低原告对主张事项的证明标准，提高被告对抗辩理由的证明标准？

首先，举证责任倒置的确会显著降低原告的证明难度，提高原告的胜诉率，但这往往用于原告面对强势主体，无法获得基本证据的情况，而且一旦实施这种倒置，可能会显著增加这类案件的滥诉，浪费司法资源，也不利于国家、企业和社会的发展。① 因此，即使有举证责任的倒置，也应将其视为特殊情况，由立法明确限制在一定范围内。

其次，相对而言，在不进行举证责任倒置的基本框架下，的确可以采取一些减少原告证明事项以降低其证明难度、提高被告证明标准的举措。但主要的问题是，原告的证明事项减少到什么范围，证明标准降低到何种

---

① 在纽约州南区联邦地区法院审理的那个性别与宗教双重歧视的案件，我们旁听时，原告就已换了好几位律师，已进行了长达了几年的诉讼，引发了巨大的诉讼耗费。

程度，以及被告对抗辩理由的证明标准提高到何种程度，才是合适的？

英美法民事案件的证明标准是"优势证据"，我国民事案件的证明标准是"高度盖然性"。但实际上，英美法并不是只要有些许优势就能胜诉，我国也不是对"高度盖然性"的"高度"强调到了很高的程度。还有不少研究者认为，我国的"高度盖然性"标准其实就是英美法中的"优势证据"标准。这样的话，"高度盖然性"的标准也不见得是很高的标准。

因此，为更加有效地保护被歧视的劳动者，提高反就业歧视案件的胜诉率，笔者认为，需要增加一个证明标准的档位，以更加灵活地调整反就业歧视案件的证明标准。这个标准应当是一个比我国现行的民事诉讼标准——"高度盖然性"更高的标准，但也要明显低于刑事诉讼对被告人定罪量刑的"排除合理怀疑"的证明标准。"清楚而具说服力"就是一个高于"优势证据""高度盖然性"但低于"排除合理怀疑"的证明标准，值得运用到部分反就业歧视案件中去，以要求被告在某些举证步骤中证明到此程度。当然，反就业歧视案件中最主要的举证责任与说服责任的证明标准，应当是"高度盖然性"。

总之，在笔者看来，综合上述的举证责任正置与倒置相结合，原、被告证明事项的合理分配，以及上述的多种证明标准的科学设定和合理调解，就能灵活地实现对不同类型反歧视案件证明困难的破解，更好地保护我国那些遭遇性别、残障、传染病等歧视的劳动者的权益。

（三）举证责任分配及证明标准确定的两个基本方案

在部分借鉴美国反歧视诉讼"三步举证法"的基础上，结合上述的我国反就业歧视案件举证责任分配及证明，需区分情况，在用人单位已告知理由的情况下，合并第一、三步举证责任；在特殊的法定情形下，进行举证责任的倒置或者适当缩减原告的证明事项、降低原告证明标准、提高被告证明标准，建议如下。

1. 建议方案一

（1）事实上的举证责任倒置

当被告未告知原告理由时，原告需要承担第一步的初步举证责任，举证到有"表面成立"的证据即可；原告完成后，被告需承担第二步的举证责任，证明（而不是说明）其决定或决策是基于合法的、非歧视的理由，并证明到"高度盖然性"的程度；被告完成后，举证责任再次转回原告，并由其承担最后的说服责任，证明到"高度盖然性"的程度。

当被告告知了原告理由时，原告需承担第一、三步合并后事项的举证责任及最后的说服责任，并证明到"高度盖然性"的程度。同时，第二步的被告的证明标准也是"高度盖然性"。

这表面看起来与美国的"三步举证法"类似，但因为大大提高了第二步的被告的证明标准，已成为事实上的举证责任倒置。

（2）举证责任依然正置，但减少原告的证明事项，提高被告的证明标准

上述的举证责任倒置应该成为例外，而这里的举证责任正置应该成为常态。但需要减少第一步原告的证明事项，即使在直接歧视的案件中，也不需要原告证明被告有歧视的故意。同时，将第二步的被告的证明标准提高为"清楚而具有说服力"。

2. 建议方案二

考虑到不少论者主张我国民事案件的证明标准应当确立为"优势证据"，同时，从语义分析上看，"优势证据"的标准要低于"高度盖然性"。因此，这里列出第二个建议方案，将其引入，以更加合理地调整我国该类案件的举证责任分配及证明。

与方案一的不同点在于，在事实上的举证责任倒置的情况下，为求得总体上的均衡，避免诉讼机制和举证责任分配制度被用人单位提前规避和架空，可以降低第二步的被告的证明标准，只需到"优势证据"即可，不到此程度就败诉。如果被告证明到了此程度，举证责任再次转回原告，并由其承担最后的说服责任，证明到"高度盖然性"的程度。

需要说明的是，上述举证责任的倒置与证明标准的调整，需明确写入法律后再实施，否则需要遵守民事诉讼的一般举证原则及证明标准要求。同时，借鉴美国法对抗辩理由进行明确规定，以及不同种类歧视案件法定抗辩理由不同的经验，我们还需具体列明不同种类歧视案件（例如，性

别、性骚扰、残障、传染病、地域、户籍、民族等歧视）中原告的证明对象、被告的可以提起并需以举证证明的抗辩理由。刘小楠教授主持的《中华人民共和国反就业歧视专家建议稿及论证》的救济组织与救济体系部分的继续完善由笔者负责。笔者将在那里对此予以详细列明和论证。①

同时，考虑到我国法院是有职权调查权的，因此，在事实不明时，法官还可以适当行使该权力，以保障我们的裁判建立在客观事实基础之上。当然，这样的职权行使极可能相当严重地影响上述举证责任分配机制的作用发挥，因此，需要列明启动条件和调查范围，以谨慎行使。但对此不得不说，我们的事实查明，是只依靠当事人间的举证责任分配及证据发现，还是也可以借助法官的职权调查，与我们对法官职权调查权的定位和功能的认识有关，也与我们追求的是客观真实还是法律真实有关，相当复杂，已成为我国诉讼制度转型中不得不面对的基础性、疑难性问题，还有赖于实务界和理论的长期探索与积极努力。

另外，我国的反就业歧视救济体系也是诉讼、仲裁、调解多元并存，因此，再细致的举证责任分配及证明机制，也无法避免因仲裁、调解的流动多变而被部分规避或消解，尤其当我们对用人单位科以过重的举证责任和过高的证明标准时。但不可忽视的是，在诉讼渠道中演进和搭建的事实发现和证明机制，是最严谨、最科学的，是永远的底色，不可轻易抹去。

---

① 这些具体歧视种类的举证责任分配和证明标准确立的细节，笔者也将在充分了解我国相关现状的基础上，结合美国的相关规定和理论，在其中予以详细探讨。

美国就业歧视当事人的诉讼权保障

黄溢智[*]

摘要： 美国有完善的针对就业歧视的司法救济，当事人可依法提起诉讼。集团诉讼和平等就业机会委员会代为起诉突破了诉讼主体资格的限制。法院提供的诉讼协助和有限范围的律师代理提高了当事人的诉讼能力，而法院的调解项目加速了当事人诉求的实现。律师费单向转付制度鼓励了当事人提起诉讼，增加了法律援助的资金来源。民间各类针对就业歧视案件的法律服务，包括商业律所、公益律所、法律援助机构以及权利倡议机构，为就业歧视当事人提供了多样的法律支持，从而使得其诉讼权得以实现。

关键词： 诉讼权　司法救济　就业歧视　法律援助　公益法律

对于遭受就业歧视的当事人来说，能够提起诉讼进入司法救济程序是其重要权利，此即为本文要讨论的诉讼权[①]。在美国，从联邦到各州均有法律禁止就业歧视，而联邦法院和州法院体系均可以处理就业歧视案件。美国的司法制度如何保障就业歧视当事人的诉讼权，而当事人又能得到怎样的协助以获得司法救济？本文将尝试从两个面向探讨美国就业歧视当事人诉讼权保障的情况。其一是司法制度如何保障当事人的诉讼权，其二是民间社会如何支持当事人进入司法程序。考虑到美国各州各城市间的立法

---

[*] 黄溢智，清华大学法学学士，香港大学人权法硕士，北京市瑞凯律师事务所律师。

[①] "所谓诉讼权，是指公民认为自己的合法权益受到侵犯时，享有的提起诉讼要求国家司法机关予以保护和救济的权利，即司法保护请求权。"左卫民、朱桐辉：《公民诉讼权：宪法与司法保障研究》，《法学》2001年第4期。

和司法差异，谈及具体实践时，本文将主要以纽约市为例展开①。

一 司法制度如何保障当事人的诉讼权

第一个面向与 20 世纪 70 年代以来遍及许多国家的"接近正义"运动②有关。该运动倡导通过国家制度建设的方式保障公民的诉讼权。具体来说可以从如下几个方面来考察司法制度对诉讼权的保障：起诉条件与公益诉讼制度、法院的设置及诉讼程序、国家法律援助与律师费制度、替代性纠纷解决机制等。③

（一）起诉条件与公益诉讼制度

遭受歧视的当事人提起诉讼的前提是：有相关法律保障平等权利或禁止歧视。美国的联邦法和各州法律都有禁止一定种类歧视的规定，也有不同的关于救济程序的规定。如果当事人根据属于联邦法的《民权法案》第七章（Title Ⅶ）提起就业歧视民事诉讼，一般需要先经过平等就业机会委员会（Equal Employment Opportunity Commission，以下简称 EEOC）的处理程序。④ 我们可以把经由 EEOC 处理理解成遭受就业歧视的当事人进入联邦法院的前置程序。拿到 EEOC 的诉权告知书（Notice of Right to Sue）后，当事人须在 90 天内提起诉讼。如果当事人根据各州的法律提起民事诉讼，以纽约州为例，可以直接向法院提起。当事人也可以选择向本州或本市负责处理歧视问题的政府机构投诉。此类机构，在纽约市，即为纽约市人权委员会。需要注意的是，民事诉讼和行政投诉两种程序只能择一。⑤

---

① 作者曾于 2018 年 1 月至 2 月受纽约大学亚美法研究所邀请在纽约市参访学习，考察就业歧视相关法律和实践情况。
② 〔意〕莫诺·卡佩莱蒂：《福利国家与接近正义》，刘俊祥译，法律出版社，2000。
③ 左卫民、朱桐辉：《公民诉讼权：宪法与司法保障研究》，《法学》2001 年第 4 期。
④ 也有不需要经过 EEOC 前置程序的例外，详见：https://www.eeoc.gov/employees/lawsuit.cfm，最后访问时间：2018 年 9 月 30 日。
⑤ https://www.workplacefairness.org/file_NY，最后访问时间：2018 年 9 月 30 日。

与国内起诉条件相类似，美国的起诉条件包括：有民事行为能力的适格原告，有明确的被告，以及在诉讼时效内向有管辖权的法院提交诉讼相关文件。一般来说，法院要求提交民事首页清单（Civil Cover Sheet）、民事传票（Summons）和诉状（Complaint）。[①] 当事人可向起诉的法院查询以确定具体要求。联邦法院的网站给出了诉讼相关的各种模板。[②] 起诉状的要求也并不复杂，要求写明当事人双方的信息、基本事实和诉求，不需要在此阶段就讲述全部案情和提交相关证据。以纽约州南区联邦地区法院（以下简称"南区法院"）为例，已注册律师可使用法院电子立案系统在任何时间提交文件，其他人则需在工作时间。[③] 法院只做纯粹的形式审查，律师或当事人按要求提交诉讼文件并缴费[④]即能在法院立案，并无我国民事诉讼的七天审查期。此后原告需自行向被告送达起诉传票，被告则在收到传票后予以答辩应诉。

在正式审理前，被告可提出撤销案件的动议，即以原告不符合起诉条件为由要求撤回起诉。一般来说，撤销申请会基于以下理由：法院对该事项或该被告无管辖权；送达程序有瑕疵；诉求没有法律依据等。[⑤] 经过这个阶段，案件未被撤销才能进入实质审理。由此可见，立案虽然非常简单，但如果确实不符合起诉条件则可能会被撤销，反而会浪费时间和律师费，因此在实践中，当事人需认真考虑是否符合起诉条件。对于就业歧视案件来说，由于联邦和各州以及各城市的法律都有不同规定，当事人需根据案件具体情况选择对己方有利的法律依据和要起诉的法院。

一般来说，设置起诉条件的重要目的是防止滥诉[⑥]，其中一个主要手

---

① How to File a Lawsuit, https://www.wikihow.com/File-a-Lawsuit, 最后访问时间：2018 年 9 月 30 日。

② http://www.uscourts.gov/services-forms, 最后访问时间：2018 年 9 月 30 日。

③ http://www.nysd.uscourts.gov/24hr_filing, 最后访问时间：2018 年 9 月 30 日。

④ 以南区法院网站公示为例，提起一般诉讼的费用为 400 美元，其中 350 美元是立案费，50 美元是行政费用。诉讼费并不因案件类型和案件所涉及的赔偿金额而有所区别，http://www.nysd.uscourts.gov/fees, 最后访问时间：2018 年 9 月 30 日。

⑤ Resolving Your Case Before Trial: Court Motions, https://injury.findlaw.com/accident-injury-law/resolving-your-case-before-trial-court-motions.html, 最后访问时间：2018 年 9 月 30 日。

⑥ 左卫民、朱桐辉：《公民诉讼权：宪法与司法保障研究》，《法学》2001 年第 4 期。

段是对原告的资格进行限制。比如,要求原告与被诉行为之间有利害关系,要求原告有实际的损害。只是,在许多歧视案件中,歧视行为往往不只针对某一个人,而是影响一群人的权利,甚而损害公共利益,考虑到遭受歧视的当事人很难都站出来起诉,如一味遵循传统的原告适格理论,则很可能伤害公共利益,因此,美国的就业歧视诉讼对原告资格有以下两点突破。

一个是 EEOC 也可以作为原告提起针对雇主的就业歧视诉讼。EEOC 只有在经过调查确信歧视存在之后,并且无法通过调停解决争议时,才可以提起诉讼。EEOC 会综合考虑证据的强度、案件涉及议题的重要性以及诉讼是否可能产生对抗职场歧视的重大影响力等因素,以决定就极小一部分的投诉予以起诉。[①] 这类案件的当事人不用担心律师和费用的问题,EEOC 的专业判断也会提高胜诉概率,只是资源有限,此类诉讼的数量极少。[②]

另一个突破是支持集团诉讼(class action),即允许某个群体内的一名自然人或者多名自然人在代表自己提起诉讼的同时,也可代表其他有类似境遇的受害者。可以提起集团诉讼的条件是:存在某个有共同的法律或事实问题的群体,该群体人数众多,所有人都加入诉讼不现实,而诉讼代表提出的诉求是群体的典型诉求并且会公平充分地保护整个群体的利益。[③] 集团诉讼并不专门针对反歧视,但因为歧视行为是基于某一群体的特征对某人的区别对待,拥有这一特征的群体可能被相似对待而成为潜在的原告,而歧视行为的影响也很可能具有广泛性,所以 20 世纪七八十年代的美国多个法院判决中认为根据第七章提起的就业歧视诉讼尤其适合用集团诉讼的方式。更重要的是,如果潜在原告面对的问题真的是群体性的,只有集团诉讼可以提供有效的群体性救济的可能性,包括要求立即停止对某

---

① https://www.eeoc.gov/employees/lawsuit.cfm,最后访问时间:2018 年 9 月 30 日。

② https://www.eeoc.gov/eeoc/statistics/enforcement/litigation.cfm,最后访问时间:2018 年 9 月 30 日。

③ Rule 23 Class Action, Federal Rules of Civil Procedure, https://www.law.cornell.edu/rules/frcp/rule_23,最后访问时间:2018 年 9 月 30 日。

一群体歧视的指令性救济。① 集团诉讼由于涉及公共利益，也被称为公益诉讼。②

（二）法院的设置与诉讼程序

如前所述，美国有联邦和州不同的法院体系，原告作出选择后即可到相应的法院起诉，比如各联邦区域法院。法院为没有律师的当事人提供便利协助。以南区法院为例，其网站上有自为代诉的栏目（Pro Se）③，而法院也设有专门的受案部门（Pro Se IntakeUnit），提供所有与自为代诉相关的支援。它的主要功能包括接受自为代诉者从开始起诉到提交上诉状之间的所有文书，以及为自为代诉者提供程序上的协助，但不会提供任何法律建议。④ 该部门对特定的四类案件提供诉状模板，其中就包括就业歧视。其他类型案件需自行撰写诉状。⑤

法院提供的便利措施有利于当事人提起诉讼，但诉讼程序是否有利于歧视受害者个人对抗强大的机构，也是较弱势的歧视受害者提起诉讼前会考虑的。这里说对受害者有利，是考虑到受害者与加害机构之间地位的不对等，特别是举证能力的不对称，为平衡两者关系而作出的一些专门设计，从而使双方接近在诉讼地位上的实质平等。比如，为平衡双方举证能力，美国就业歧视诉讼中对被告的证明责任作出了不同于一般民事诉讼的要求。原告证明基本事实后，证明责任会转移给被告。除此之外，当事人提起诉讼必然也会考虑到诉讼可能带来的赔偿。美国反歧视法律规定了对歧视受害者经济损失的全面救济，包括欠发薪资、预发薪资、补偿性赔偿、惩罚性赔偿和律师费。另外，反歧视诉讼中可以选择由陪审团审理为原告获得正义增加了可能性，但也平添了诉讼的复杂性。

---

① Daniel M. Hutchinson, Pleading an Employment Discrimination Class Action, Course Materials, ABA Section of Labor and Employment Law 2nd Annual CLE Conference, September 10 – 13, 2008, http://apps. americanbar. org/labor/lel-annualcle/08/materials/data/papers/102. pdf, 最后访问时间：2018 年 9 月 30 日。

② 左卫民、朱桐辉：《公民诉讼权：宪法与司法保障研究》，《法学》2001 年第 4 期。

③ http://www. nysd. uscourts. gov/prose，最后访问时间：2018 年 9 月 30 日。

④ http://www. nysd. uscourts. gov/prose? office，最后访问时间：2018 年 9 月 30 日。

⑤ http://www. nysd. uscourts. gov/prose? no_ attorney，最后访问时间：2018 年 9 月 30 日。

诉讼耗时长也是就业歧视的当事人不得不考虑的。美国民事诉讼中并没有审限的规定，诉讼各阶段的审理时间需要根据具体的情况而定。在南区法院，法院对于法官审理案件的时间会予以记录，超过一定时间没有结案的案件会放到一个清单中，利用同侪间的压力督促法官尽快办理，但这并非强制要求。诉讼的对方也会利用各种程序性的规定来对抗。法院要充分保障双方在诉讼中的各项权利，很多时候不能一味追求效率。这意味着当事人可能要经历漫长的诉讼过程。我们曾于 2018 年 1 月 29 日在南区法院旁听过一场就业歧视诉讼的庭审，这个诉讼涉及性别、国籍、宗教信仰等多个因素的歧视。[①] 该案自 2007 年立案以来，中间经历了复杂的程序，包括原告多次修改起诉状和更换律师，一直审理到现在。[②] 当然，这个审理了十余年的案件是个特例，但诉讼耗时冗长是公认的。

（三）国家法律援助与律师费制度

在漫长又复杂的诉讼过程中，原告若能得到律师的专业帮助，就能够更加有效地主张权利，增加成功解决争议的机会。对于就业歧视诉讼的原告而言，起诉的被告一般是公司或其他机构，其拥有的资源是个人所不能比拟的，两者的诉讼能力并不对称。获得律师的支持，对于原告能够平等地抗衡公司至关重要。与此同时，法院也乐见当事人有律师代表，如此则更便于沟通，更顺利地推进诉讼程序。[③] 可以说，能否获得律师支持也关乎当事人诉讼权的实现。然而，聘请律师需要支付律师费。对那些因为歧视被解雇或难以得到更好的工作机会的受害者来说，收入本就受到影响，不菲的律师费往往是较难负担的。为了不让律师费成为就业歧视当事人实现诉讼权的阻碍，美国的司法制度设计从两方面予以保障，一是国家间接提供法律援助，二是规定了单向律师费转付并允许风险代理。

不同于刑事案件，联邦资金并不会参与对民事案件当事人获得律师帮

---

① Janon Fisher, Bias Suit Slaps City Nobel Prof, New York Post, June 3, 2007, https://nypost. com/2007/06/03/bias-suit-slaps-city-nobel-prof，最后访问时间：2018 年 9 月 30 日。

② https://www.courtlistener.com/docket/4331541/emamian-v-rockefeller-university，最后访问时间：2018 年 9 月 30 日。

③ http://www.nysd.uscourts.gov/prose? attorney，最后访问时间：2018 年 9 月 30 日。

助的保障，只有在不同州对特定类型的民事案件提供法律援助。① 美国民事法律援助主要由大量独立的服务机构提供，这些机构的资金来源非常多样。② 民事法律援助体系的最大一部分由包含 813 个办公室的 133 个独立项目组成，它们由法律服务机构（Legal Services Corporation）资助和监管。③ 法律服务机构成立于 1974 年，是由国会设立的非营利的提供公共资助的独立机构，其主要资金来源于众议院和参议院的拨款委员会④，是美国针对民事法律援助的最大的单一资助方⑤。民事法律援助更多的资金来自各个州和律师信托账户利息项目（IOLTA），也有一些来自地方政府、联邦政府资源以及私人基金和律师协会。⑥ 由此可见，国家针对民事法律援助有拨款和支持，具体的法律服务则由不同的民间项目提供。

另一个值得一提的是美国关于律师费的规定，跟我国民事诉讼有许多不同之处。首先美国允许劳动案件中的风险代理，而我国地方立法却明确禁止"律师采用风险代理方式代理劳动者的劳动争议案件"⑦。风险代理跟美国民事诉讼中各方承担各自律师费用的一般规则有关。对当事人来说，只有获得赔偿才需按比例支付律师费，未获赔偿则无须支付。对律师来讲，此种方式至少可以使得有些案件是"有利可图"的。在无法获得法律援助时，风险代理可以让无力负担律师费的劳动者更容易找到律师，从而让他们更有机会进入司法救济程序。当然，对于索赔金额过小的案件，

---

① http://civilrighttocounsel.org/about，最后访问时间：2018 年 9 月 30 日。
② 根据 2017 年报告，民事法律援助总的资金大约是 15.82 亿美金，比 2015 年增长 7.5%，Alan Houseman, Civil Legal Aid in the United States-An Update for 2017, http://legalaidresearch.org/wp-content/uploads/CIVIL-LEGAL-AID-IN-THE-UNITED-STATES – 2017 – 5. pdf，最后访问时间：2018 年 9 月 30 日。
③ Alan Houseman, Civil Legal Aid in the United States-An Update for 2017, http://legalaidresearch.org/wp-content/uploads/CIVIL-LEGAL-AID-IN-THE-UNITED-STATES – 2017 – 5. pdf，最后访问时间：2018 年 9 月 30 日。
④ https://www.lsc.gov/about-lsc/who-we-are/congressional-oversight，最后访问时间：2018 年 9 月 30 日。
⑤ https://www.lsc.gov/about-lsc/who-we-are，最后访问时间：2018 年 9 月 30 日。
⑥ Alan Houseman, Civil Legal Aid in the United States-An Update for 2017, http://legalaidresearch.org/wp-content/uploads/CIVIL-LEGAL-AID-IN-THE-UNITED-STATES – 2017 – 5. pdf，最后访问时间：2018 年 9 月 30 日。
⑦ 比如《深圳经济特区和谐劳动关系促进条例》第 57 条。

即使胜诉率高，律师也不愿意代理。与此同时，从不多的赔偿金额中支付不菲的律师费降低了金钱救济的效用，使得一部分受害者对通过聘请律师进入司法程序的做法也同样意兴阑珊。这一方面当然可以防止滥诉，但另一方面可能就此阻碍处于弱势地位的当事人提起具有正当理由甚至关乎公共利益的诉讼。

单向的律师费转付或许可以解决这一问题。根据联邦和各州法案①，涉及就业歧视以及其他多项与民权有关的诉讼中，优势原告②可以要求被告支付律师费作为补偿，而如果原告败诉则无须支付被告的律师费，除非其存在滥诉或恶意拖延诉讼的情形。此即谓"单向律师费转付"机制。因为不会像风险代理那样减少原告的赔偿所得，也不会像双向的转付让原告担心无法负担雇主的律师费，而且可能转化为对实施歧视行为雇主的惩罚，进而威慑潜在的违法行为。这一规定无疑有利于就业歧视的当事人寻求司法救济，并鼓励劳动者和律师提起反歧视诉讼，促进公共政策的落实。需要提及的是，不仅私人律师的费用可以要求转付，非营利组织，包括工会、工人中心、法律援助机构、权利倡导机构等，都可以要求律师费转付。③ 对于原告律师来说，请求律师费转付是重要的诉讼策略，可以提高谈判筹码，进而达成更快的和解以及得到更多的赔偿。对于法律援助的律师来说，这在一定程度上增加了法律援助的资金来源，扩大了法律援助的覆盖面。④

（四）替代性纠纷解决机制

替代性纠纷解决机制是相对于司法诉讼程序而言的，主要指非以法院判决方式定分止争为目标所作的制度性安排。它与诉讼程序并不对立，而是贯穿在诉前、诉中和诉后各阶段，影响到当事人获得赔偿的金额以及为

---

① 比如：Civil Rights Attorney's Fees Award Act, 42 U. S. C. § 1988，更多法律可见 Scott A. Rosenberg, "Selected Federal Attorney's Fees Statutes," Adapted from NLADA and NSCLC, *Claiming and Collecting Attorney's Fees: An Introduction* (Vol. 3) (March 15, 2010)。

② 完全胜诉或部分胜诉。

③ Cynthia Estlund：《就业歧视案件中的律师费转付》，南京大学法学院－纽约大学亚美法研究所反歧视法研讨会会议资料，2017，第206—218页。

④ Scott A. Rosenberg, "Attorney's Fees Substantive Law and Practice," Presentation Outline, 2010 Partnership Conference, June 14 – 16, 2010.

此付出的成本。相比于漫长而复杂的诉讼程序而言，替代性纠纷解决机制有利于分担诉讼压力，降低诉讼的时间成本，弥补诉讼程序的不足。[①] 它"虽然不直接寓于诉讼权的内涵之中"[②]，却在很多法院的程序中，影响当事人的诉讼权和诉求的达成，因此也是我们需要考察的。

前已提及，就业歧视当事人在提起诉讼之前要经过 EEOC 处理程序，而调解即是 EEOC 一种主要的争议处理方式。鉴于当事人的诉求或许可在调解中得到满足，从而不必进入漫长的诉讼程序，我们因此也可以把 EE-OC 看作一种替代性纠纷解决机制。除此之外，还有内部和私人纠纷解决机制可以选择，以及仲裁。

即便起诉到法院之后，法院也有相应的替代性纠纷解决机制。南区法院有专门的调解项目[③]，该调解项目的使命是在诉讼的最初阶段提供优质的纠纷解决服务。参与其中的调解员多具有多元的背景和丰富的经验，比如参与就业歧视案件的调解员不仅要具备专业的调解知识，还要了解就业法方面的法律知识。适合承担就业歧视案件的调解员被放在挑选系统中，需要时随机选择。[④] 南区法院的系统中有大约 315 名调解员。[⑤]

南区法院的调解项目遵循地方民事规则[⑥]和调解项目程序规定[⑦]。除了一些特别种类的案件，几乎所有民事案件都是可以转介到调解项目的。[⑧] 案件分配的法官会决定该案是否调解，而不论双方是否达成一致意见。双方也可以在任何时候向法官表达想要调解的意愿。法院针对某一类型的案件有特别的规定，比如对于有律师的就业歧视案件自动进入调解程序的规

---

① 左卫民、朱桐辉：《公民诉讼权：宪法与司法保障研究》，《法学》2001 年第 4 期。

② 左卫民、朱桐辉：《公民诉讼权：宪法与司法保障研究》，《法学》2001 年第 4 期。

③ http://www.nysd.uscourts.gov/mediation，最后访问时间：2018 年 9 月 30 日。

④ 2018 年 1 月 29 日南区法院调解项目交流记录。

⑤ Rebecca Price, Mediation Program Annual Report January 1, 2016 – December 31, 2016 (As of December 5, 2017) .

⑥ http://www.nysd.uscourts.gov/docs/mediation/Local% 20Civil% 20Rule% 2083. FINAL. pdf，最后访问时间：2018 年 9 月 30 日。

⑦ http://www.nysd.uscourts.gov/docs/mediation/Mediation% 20Program% 20Procedures. 12. 9. 13. pdf，最后访问时间：2018 年 9 月 30 日。

⑧ http://www.nysd.uscourts.gov/mediation，最后访问时间：2018 年 9 月 30 日。

定①，即如果原告有律师代表，那么该案在正式的庭审程序前会自动进入调解程序。虽然可能在 EEOC 已经调解过了，进入诉讼后，要给双方考虑新情形的机会。当然并非强制双方一定要接受调解。②

对于没有律师的自为代诉的就业歧视案件，则由法官根据具体情况来决定。如果要转入调解程序，法院会为原告指定一名有限范围的律师或法律专业人士在调解阶段代表他。这里的有限范围意味着这名律师或法律专业人士只是在调解阶段为自为代诉者提供法律协助，之后则不会继续代理。原告有 14 天的时间考虑是拒绝调解还是接受指定的法律代表，被告也可以通过请求法官撤回决定来拒绝进入调解程序。③ 原告选择调解的一个原因是调解能够为原告带来除了要求的损害赔偿以外的好处，比如推荐信、工作场所的便利措施等。而被告选择调解的动机多与单向的律师费转付制度有关。诉讼刚开始时，原告尚未支付太多律师费，随着诉讼的推进，律师费会不断增加，被告可能需要支付的费用就随之增加。如果没有律师费转付，被告调解的意愿会降低。④

从两个方面衡量调解项目是否成功：一是调解的案件数量和调解率；二是建立专门项目评估调解员，包括同侪评估和当事人双方的反馈。⑤ 2016 年的年度报告显示，共有 1072 件案件被转入调解项目，其中 1051 件已经结案。这些案件中有 339 件是自动转入的就业案件，结案的案件中双方达成和解的比例大约是 44%，这类案件的平均处理时间是 98 天。自为代诉的就业案件大概 100 件，平均处理时间是 160 天，结案的案件中双方达成和解的比例超过 75%。⑥ 而 2014 年和 2015 年的调解率都在 69% 左

---

① Counseled Employment Discrimination Cases Assigned to Mediation by Automatic Referral, Second Amended Standing Administrative Order Ml0 – 468, United States District Court Southern District of New York, October 1, 2015.

② 2018 年 1 月 29 日南区法院调解项目交流记录。

③ Rebecca Price, "From the Southern District of New York, A Success Story: Limited-Scope Pro Se Program Provides Access and Justice," *Dispute Resolution Magazine* (Spring 2016).

④ 2018 年 1 月 29 日南区法院调解项目交流记录。

⑤ 2018 年 1 月 29 日南区法院调解项目交流记录。

⑥ Rebecca Price, Mediation Program Annual Report January 1, 2016 – December 31, 2016 (As of December 5, 2017).

右。① 从调解项目处理案件的效率和结案率中，不难发现调解项目相比于诉讼程序的优势：能在相对较短的时间解决纠纷，双方可以直接参与和控制，以及具有私密性和更高的接受度。"这些可能性可以给予诉讼双方首次来法院所寻求的东西，这能帮助他们感受到他们确实享有诉讼权。"②

二 民间社会如何支持当事人进入司法程序

通过上文，我们可以对美国的司法制度是如何具体保障就业歧视当事人的诉讼权有大体的了解，也就更能理解获得专业律师代理服务对于当事人进入诉讼程序以及最终获得赔偿非常关键。可以说，原告方如果没有得到相应的支持以增强其诉讼能力，又谈何对其诉讼权的实质性保障？所以，本部分将从国家制度层面转入民间社会层面，以探明有哪些民间机构可以为就业歧视当事人提供法律支持以及这些民间机构的具体运作机制。

（一）私人律师事务所

美国有发达的律师行业，也有大量的律师名录索引网站。法院网站上亦会为当事人寻找商业律师提供一些指引。比如，南区法院的网站上即有类似栏目③，列出了三大提供律师转介服务的律师协会——纽约州律师协会④、纽约市律师协会⑤、纽约区律师协会⑥，以及其他可以寻找律师的网站⑦。

美国律师服务业竞争激烈，律师擅长的领域分类非常精细，有许多专精劳动法（Labor Law）和就业法（Employment Law）的律师。EEOC 因经

---

① Rebecca Price, "From the Southern District of New York, A Success Story: Limited-Scope Pro Se Program Provides Access and Justice," *Dispute Resolution Magazine* (Spring 2016).
② Rebecca Price, "From the Southern District of New York, A Success Story: Limited-Scope Pro Se Program Provides Access and Justice," *Dispute Resolution Magazine* (Spring 2016).
③ http://www.nysd.uscourts.gov/prose?attorney，最后访问时间：2018 年 9 月 30 日。
④ http://www.nysba.org/，最后访问时间：2018 年 9 月 30 日。
⑤ https://www.nycbar.org/，最后访问时间：2018 年 9 月 30 日。
⑥ http://www.nycla.org/，最后访问时间：2018 年 9 月 30 日。
⑦ 比如，https://www.lawhelpny.org/和 https://www.martindale.com/，最后访问时间：2018 年 9 月 30 日。

常和律师打交道，即在其网站上列出了可以代表劳动者起诉的律师名单平台及其链接①。美国律师协会亦可根据各州和各法律议题提供律师转介服务。② 全国就业律师协会是在就业法相关案件中代表雇员的律师组织，其使命是促进雇员权利及服务、倡导职场平等与公平。该协会不提供律师转介服务，而是通过这个平台让更多雇员可以找到合适的律师。网站上可以按所涉案件类型搜索律师，其中包括各种受歧视的选项。③ 另一个叫"职场公平"的网站与前者类似，提供全国范围内主要代表劳动者的律师名录。④

除了专门为劳动者维权的律师，还有专门为劳动者维权的律所。纽约的 Vladeck, Raskin& Clark, P. C. 律师事务所就是一家致力于保护劳动者各项权利，包括免于歧视权利的律所。⑤ 这家律所 1949 年成立之初，是代表工会的事务所，随着越来越多的反歧视法律出台，律所开始转而代理劳动者，现在被公认为是一家卓越的全国性的就业律师事务所。⑥ 该所代理过大量涉及性别、种族、年龄、性倾向、残疾和宗教的就业歧视案件⑦，其中很多案件取得了不错的结果。⑧ 律所会接到很多当事人的咨询，很多人会因自感不公意欲起诉，但并不是每一个案件都有这样的机会。律师会看是否有合理的诉求，尤其看该诉求是否有法律依据。对于可以提起诉讼的案子，律师也不仅用诉讼方式解决。考虑到雇主亦想避免诉讼，在正式起诉前，律师会通过发律师信来创造和解的机会。在诉讼中，也会帮助当事人协商调解，促成纠纷的快速解决。律所许多律师采用风险代理的模式。一般是按获赔比例的 30%，最高可以到 40%。对于赔偿金额大的案件，风险代理的方式有其价值。也有律师计时收费，或混合模式，即先按

---

① https://www. eeoc. gov/employees/lawsuit. cfm，最后访问时间：2018 年 9 月 30 日。

② http://apps. americanbar. org/legalservices/lris/directory/，最后访问时间：2018 年 9 月 30 日。

③ http://exchange. nela. org/network/findalawyer，最后访问时间：2018 年 9 月 30 日。

④ http://www. workplacefairness. org/find-attorney，最后访问时间：2018 年 9 月 30 日。

⑤ https://www. vladeck. com/，最后访问时间：2018 年 9 月 30 日。

⑥ https://www. vladeck. com/About/，最后访问时间：2018 年 9 月 30 日。

⑦ https://www. vladeck. com/Employment-Law/，最后访问时间：2018 年 9 月 30 日。

⑧ https://www. vladeck. com/Notable-Cases. shtml，最后访问时间：2018 年 9 月 30 日。

较低标准计时收费，待获赔后再按比例支付律师费。① 客户可自行选择。②

美国还有许多公益法律事务所。和一些公益机构类似，公益法律事务所经常有其特定的社会、政治或经济方面的愿景使命，代表劳动者就非法歧视提起诉讼是其中一个重要领域。③ 需要明确的是，公益法律事务所也是营利的私人律所，而不是可以取得公共或私人资助的公益机构，与其他私人律所最大的不同在于：它们的主要使命是帮助得不到律师代表的当事人或案件，而不是获得经济上的收入。使命上的不同使得它们在计费和客户选择上有所不同。他们更注重客户对律所服务的需求，以及客户诉求背后的理据，而不首先考虑客户的支付能力。在律师费的支付方式上，公益律所更为灵活，甚至会免费代理，④ 这就为支付能力较弱的就业歧视当事人提供了更多的选择。

（二）民间法律援助机构

律师和客户是相互选择的。尽管有大量的商业律所可供选择，但还是可能出现一些劳动者找不到可负担律师的情况，而他们的案件可能也不符合公益法律事务所的选案标准。此时，当事人可以尝试寻找法律援助。

在南区法院，如果已立案当事人找不到可以负担的律师，则可以提交一个正式的申请书⑤，请求法官把他列入申请免费律师⑥代理的名单中。

---

① https://www.icbcclaiminfo.com/node/98，最后访问时间：2018 年 9 月 30 日。

② 2018 年 1 月 24 日下午 VRC 律所交流记录。

③ 哈佛大学法学院私人公益律所手册对公益律所进行了介绍并且列出了各州公益律所的名录，其中明确列明提供就业歧视法律服务业务的公益法律事务所有 50 多家，Private Public Interest and Plaintiffs' Firm Guide，Bernard KoteenOffice of Public Interest Advising at Harvard Law School（OPIA）& Center for Public Interest Law at Columbia Law School（CPIL）（2007 and 2008 Editions）。

④ Public Interest Law Firms, Yale Law School, https://law.yale.edu/student-life/career-development/students/career-guides-advice/public-interest-law-firms，最后访问时间：2018 年 9 月 30 日；Private Public Interest and Plaintiffs' Firm Guid，Bernard Koteen Office of Public Interest Advising at Harvard Law School（OPIA）& Center for Public Interest Law at Columbia Law School（CPIL）（2007 and 2008 Editions），pp. 14 - 65.

⑤ http://www.nysd.uscourts.gov/file/forms/application-to-proceed-without-prepaying-fees-or-costs-ifp-application，最后访问时间：2018 年 9 月 30 日。

⑥ 可以免费代理自为代诉者的律师被称为公益律师（Pro bono attorney）。

法官会根据以往判例中设置的因素和当事人提交的材料①决定是否批准当事人关于公益律师的申请。但法官批准，并不一定能保证有律师会志愿代理。如果没有公益律师，当事人仍需自行诉讼。② 而就业案件的自为代诉者在调解阶段一般会得到有限范围的免费法律代表，这个法律援助项目是南区法院的调解项目、自为代诉办公室（the Office of Pro Se Litigation），以及提供公益法律服务的律师和法律诊所的学生一起合作的。David White③ 教授开设的参与南区法院调解的诊所课程为自为代诉者参与调解提供了一批稳定的、训练良好的法律代表。④

南区法院内还设有法律协助诊所，为涉及民权、就业歧视、劳动法、社会福利、取消抵押品赎回权和税务案件的自为代诉者提供法律协助。但这个法律诊所不是法院运营的，而是由"纽约法律协助组织"（The New York Legal Assistance Group）提供服务。⑤ 纽约法律协助组织是一家非营利的机构，它以提供综合性免费法律服务，发起影响性诉讼、政策倡议和社区教育的方式满足市民迫切的法律需求。⑥ 法律诊所是它们其中的一个项目，也是应南区法院试图扩大对大量自为代诉者的法律协助的初衷而设。该项目考虑到：对没有律师代表的诉讼当事人来说，诉讼程序经常是复杂耗时且令人压力巨大的；而相比于有律师代理的一方，无律师代理诉讼当事人的劣势明显。该项目希望通过为这些人提供法律协助以增强无律师代理当事人的诉讼能力，从而使诉讼更加公平，保障当事人的诉讼权。法律诊所为诉讼当事人提供全方位的服务，包括提供实质性和程序性的法律咨询，审查法院命令和其他流程和事项，并协助准备证词和其他各种听

---

① 南区法院在其网站上提醒当事人保留寻找律师的各种记录，以便对法官批准免费律师的申请有所帮助。

② http://www.nysd.uscourts.gov/prose?attorney，最后访问时间：2018年9月30日。

③ https://law.shu.edu/faculty/full-time/david-white.cfm，最后访问时间：2018年9月30日。

④ Rebecca Price, "From the Southern District of New York, A Success Story: Limited-Scope Pro Se Program Provides Access and Justice," *Dispute Resolution Magazine*（Spring 2016）.

⑤ http://www.nysd.uscourts.gov/prose?clinic，最后访问时间：2018年9月30日。

⑥ https://www.nylag.org/about-us，最后访问时间：2018年9月30日。

证会和法庭出庭。① 该组织还有另一个专门的就业法项目，为低收入劳动者提供关于就业方面的建议、咨询和法律代理，这其中包括各类就业歧视案件。② 与私人律所合作是其最重要的工作方式。2016—2017 年度纽约法律协助组织有超过 2200 名公益律师和志愿者，提供超过 100000 小时的公益法律服务。③

我们此行参访了美国最大的也是历史最悠久④的非营利法律服务机构——法律援助会（Legal Aid Society）。法律援助会成立于 1876 年，在法庭和社区开展工作，通过个案改变法律，致力于确保纽约人不因贫穷而失去平等获得司法保障的权利。⑤ 通过民事代理、刑事辩护以及未成年人权利保护三个业务部门，每年为身处弱势的纽约人提供广泛的超过 30 万个法律事务上（其中 1/6 是民事事务）的代理专业服务。⑥ 民事代理业务部门运营着一个社区网络和五个基于区法院的办公室，并有 18 个特别项目，其中包含就业法中心。就业法中心给低收入或失业的劳动者提供法律服务。⑦ 这个中心是比较小的一个项目，只有 6 名律师。就业法中心处理的案件大多是四类：第一类是欠发工资案件，包括个人和集体诉讼；第二类是失业保险案件；第三类是贩卖人口被非法用工案件；第四类是职场歧视案件，也包括基于犯罪记录的歧视。因举报歧视而被报复的案件也在机构处理的范围之内。

虽然单向律师费转付和风险代理制度有助于劳动者找到律师，但低收入的劳动者可能获得的赔偿金额非常少，加之歧视案件很难胜诉，因为雇主掌握大部分的信息，这也是一些商业律师不愿意代理的原因。⑧ 所以，对于低收入的劳动者来说，法律援助会提供的支持非常重要。不过法律援

---

① https://www.nylag.org/news/2016/11/pro-se-clinic-opens-in-manhattan-federal-court，最后访问时间：2018 年 9 月 30 日。
② https://www.nylag.org/units/employment-law，最后访问时间：2018 年 9 月 30 日。
③ https://www.nylag.org/about-us，最后访问时间：2018 年 9 月 30 日。
④ https://www.legalaidnyc.org/jobs/，最后访问时间：2018 年 9 月 30 日。
⑤ https://www.legalaidnyc.org/who-we-are-1/，最后访问时间：2018 年 9 月 30 日。
⑥ https://www.legalaidnyc.org/，最后访问时间：2018 年 9 月 30 日。
⑦ https://www.legalaidnyc.org/civil，最后访问时间：2018 年 9 月 30 日。
⑧ 2018 年 1 月 24 日上午法律援助会交流记录。

助会的专职律师数量还是不够，律师负责的案件数量往往是超负荷的，人们有时会质疑免费律师服务的质量。但机构的律师对于规模性的违法问题有更强的沟通能力，在一些民权案件中机构律师是更好的选择。[1] 法律援助会并非仅仅依靠机构的全职律师来提供法律援助，它也依靠商业律师提供的公益法律服务（Probono）[2]。

（三）全国性的权利倡导机构

除了私人律所和民间的法律援助外，美国还有一个全国性的非营利机构——美国公民自由联盟（The American Civil Liberties Union，以下简称"ACLU"）可以为符合其条件的就业歧视的当事人提供法律支持。ACLU的法律支持包括直接的法律服务和策略性诉讼。[3] ACLU 成为全美乃至海外知名机构的原因在于它自 1920 年成立以来支持了大量有全国影响力的民权案件，被誉为美国自由的守护者。ACLU 面向法庭、立法机构和社区开展工作，致力于实现权利法案对所有人的承诺，并将其保障范围扩大到新领域。[4] ACLU 总部设在纽约市，通过全国性的网络开展工作，在 50 个州都有自治的办事处和员工，可以说是全美最大的公益律师事务所。一些全国性的项目涉及具体的公民自由议题，包括：艾滋病，死刑，同性恋权利，移民权利，囚犯权利，生育自由，投票权，妇女权利和工作场所权利。[5]

诉讼是 ACLU 最重要的工作。ACLU 在全国各地协助提起诉讼，常会一直打到美国联邦最高法院。除了美国司法部之外，ACLU 出现在美国联邦最高法院的次数超过其他任何组织。约有 100 名 ACLU 员工律师与约 2000 名志愿律师合作，每年处理近 6000 起案件。即使有全国性的网络，ACLU 也不可能处理每一个寻求帮助的案件，而通常选择具有最大影响力

---

① 2018 年 1 月 24 日上午法律援助会交流记录。
② 它有 51 家最杰出和有声望的律所作为合作伙伴。这些合作伙伴贡献时间、法律专业并在财务上予以支持，从而以确保机构可以帮助更多弱势的纽约人。https://www.legalaidnyc.org/our-partner/，最后访问时间：2018 年 9 月 30 日。
③ 2018 年 1 月 25 日 ACLU 交流记录。
④ https://www.aclu.org/guardians-freedom，最后访问时间：2018 年 9 月 30 日。
⑤ 2018 年 1 月 25 日 ACLU 交流记录。

的、有潜力开辟新领域和建立新的先例的案件，以延展公民权利和扩大自由的疆域。① 有时候 ACLU 为了挑战法律而寻找当事人，有时候从寻求帮助的当事人中选择合适的原告。② 权利受损者若想寻求 ACLU 的帮助，可以联系其所在区域的办事处或写信给总部。③ 以纽约为例，当事人如果想寻求 ACLU 纽约办事处（以下简称"NYCLU"）的协助，需要填写法律协助申请表格④，并邮寄或传真到办事处。NYCLU 会在收到申请之后的 30 天内回复。⑤

NYCLU 以公益法律事务所的身份开展法庭工作，在州和联邦法院提起宪法性的实验性诉讼。虽然诉讼本身并不代表维护和加强公民自由的完整策略，但他们所纠正的特定错误，保护的个人和群体，以及他们建立的宪法学说，使得 NYCLU 所支持的诉讼尤为重要。诉讼是对积极的公共教育和倡导计划的补充。⑥ 由于 NYCLU 是一个资源有限的私营和非营利组织，只能受理大量求助案件中的一小部分。NYCLU 主要选择处理在纽约州发生的，影响一定人群宪法权利的，即公民自由和公民权利，且涉及对政府法律、政策或实践的挑战的案件。同时由于美国宪法和纽约宪法旨在保护公民反对非法的政府行为，所以 NYCLU 很少接受涉及私营公司的纠纷。⑦ NYCLU 网站也列出了一般不会受理的案件，个人的就业纠纷、与私人公司之间的纠纷，以及只有金钱损害的纠纷是一般不受理的。⑧ 这就把大量的就业歧视案件排除在外了。也就是说，只有具有一定影响力且被告不是私人公司的就业歧视案件才是 NYCLU 可能支持的案件，比如私人教会学校解雇怀孕妇女的案件⑨。从案件选择的标准来看，ACLU 对一般就

① https://www.aclu.org/guardians-freedom，最后访问时间：2018 年 9 月 30 日。
② 2018 年 1 月 25 日 ACLU 交流记录。
③ https://www.aclu.org/guardians-freedom，最后访问时间：2018 年 9 月 30 日。
④ https://www.nyclu.org/sites/default/files/legal_assistance_form.pdf，最后访问时间：2018 年 9 月 30 日。
⑤ https://www.nyclu.org/en/about/legal-assistance，最后访问时间：2018 年 9 月 30 日。
⑥ https://www.nyclu.org/en/our-work/courts，最后访问时间：2018 年 9 月 30 日。
⑦ https://www.nyclu.org/en/about/legal-assistance，最后访问时间：2018 年 9 月 30 日。
⑧ https://www.nyclu.org/en/about/legal-assistance，最后访问时间：2018 年 9 月 30 日。
⑨ https://www.nyclu.org/en/cases/re-mccusker-v-st-rose-lima-parish-school-roman-catholic-dio-cese-brooklyn，最后访问时间：2018 年 9 月 30 日。

业歧视当事人寻求司法救济的帮助似乎不显著。但 ACLU 基于其全国权利倡导网络，对更有影响力且挑战政府或其他非私人部门政策的案件进行支持，加之宣传和政策游说策略的配合，更容易实现从个案到制度性的改变，对反歧视意义重大。

三 美国对诉讼权的保障及其对中国的启示

通过前面两部分的梳理和分析，我们发现就业歧视当事人的诉讼权保障离不开制度层面的保障和民间社会的支持。诸多影响当事人诉讼权的因素互相连接，我们需要综合考察，才能找到其中的关键因素，从而为国内的实践提供借鉴。考虑到美国反歧视法律和诉讼程序的规定与国内情况不同，本部分将结合国内就业歧视诉讼的实际司法状况，对有资借鉴之处予以总结，并提出一些针对国内就业歧视当事人诉讼权保障的初步建议。

（一）将就业歧视纳入民事案由，扩大公益诉讼范围

美国《民权法案》第七章及多部反歧视法案对各类就业歧视的禁止不仅为当事人提起就业歧视诉讼提供了法律依据，也向社会公众宣示了法律保障平等权利的理念。同时更有 EEOC 这样的专门执法机构以及 ACLU 这样权利倡导的民间机构宣传捍卫之。这些都非常有助于歧视受害者的权利觉醒进而选择通过司法途径维护平等理念。除此之外，更在于司法实践中法院和律师对该类案件的积极态度。在美国，不论是法院还是律师事务所都把就业歧视视为一类独立案件，法院关于就业歧视的案件有许多特别的规定，律所有专门针对就业歧视的业务。为了更大范围地打击歧视行为，法律还对就业歧视的诉讼主体资格进行了放宽，包括允许 EE-OC 作为原告提起诉讼和集团诉讼，这无疑是对大量潜在诉讼当事人的鼓励和支持。

中国的《劳动法》和《就业促进法》也禁止各类就业歧视，《就业促

进法》还明确了遭受歧视的劳动者有直接向法院提起诉讼的权利①，这使得遭受歧视的劳动者不必经过劳动仲裁的前置程序。只是这些规定不够具体，也没有一部专门的反就业歧视法。就业歧视案件还没成为一般法院所认可的重要案件，最明显的体现是《民事案件案由规定》中找不到就业歧视的案由。这也是 2008 年《就业促进法》生效之后许多法院依然拒绝受理就业歧视案件，以及 2012 年 7 月提起的第一起性别就业歧视诉讼直到次年 9 月才被受理的重要原因。虽然确定案由并非受理民事诉讼的必要条件，但如果能够将"就业歧视"作为案由列入《民事案件案由规定》，进而出台对该类案件的司法实务指引，则必能鼓舞诉诸司法维护权利的劳动者。

如前所述，美国的集体诉讼和公益机构的代表性诉讼对涉案者众或关乎公共利益案件的成诉至为重要，考虑到我国《民事诉讼法》亦有公益诉讼的制度安排②，如果能将此扩展到就业歧视诉讼，则既能威慑潜在的违法者，也能保障更多弱势群体的权益。

（二）增加司法便利措施，搭建法律援助平台

美国法院有电子立案系统，已注册律师可随时通过网络提交诉讼材料。法院并无太严格审查，按件收费，与当事人请求的赔偿金额无关，缴费即可立案。对于没有律师的自为代诉者，法院也有专门的部门负责协助。当事人不仅可以从法院获取就业歧视诉讼的起诉状模板，还可就程序问题咨询受案部门的意见。法院与外部的法律援助机构合作，在法院内设立法律诊所，为自为代诉者提供法律意见。法院也为无法找到可负担律师的当事人提供获取公益律师代表的机会。虽然公益律师并不一定能找到，但对于就业歧视案件的自为代诉者来说，只要法官将案件转入调解程序，则会在调解阶段得到律师或法律专业人士的代表。法院为就业歧视当事人提供的便利和有限范围的律师代表提升了当事人参与诉讼的能力，而法院

---

① 《就业促进法》第 62 条规定"违反本法规定，实施就业歧视的，劳动者可以向人民法院提起诉讼"。

② 《民事诉讼法》第 55 条对污染环境、侵害众多消费者合法权益等损害社会公共利益的行为，法律规定的机关和有关组织可以向人民法院提起诉讼。

专业且高效的调解项目也加速了当事人诉求的实现。

我国一些法院已有电子立案平台，也有志愿律师或法律援助机构驻点提供法律咨询或援助，而法院在诉前、诉中的调解久已有之且颇具经验。如此则我们可以利用现有资源，在更大范围内增加司法便民措施，增强法院调解的专业性，利用法院平台链接更多的法律援助资源。对于就业歧视当事人来说，如果法院在已有的便民措施中把就业歧视单独作为一类案件来对待，关照他们的需求来提供有针对性的支持，也能鼓励他们寻求司法救济。具体来说，可以为就业歧视当事人提供相应的诉讼指引，包括提供起诉状模板，对就业歧视诉讼参照劳动争议案件的收费标准按件收费，降低诉讼费成本，对法官和调解员提供就业歧视方面的培训，使其更好地理解并有效处理该类争议。

（三）推行单向律师费转付制度，鼓励公益法律服务

在美国，从法院到民间的法律援助机构，专业的法律支持对保障当事人诉讼权的重要性是共识。律师的代表可以增强就业歧视当事人的诉讼能力，以对抗较强势的雇主，从而使诉讼趋向公平。律师费的风险代理和单向转付制度有效地解决了许多当事人无法负担律师费的问题，也成为对歧视受害者的一项有力支持。作为原告，胜诉或部分胜诉时可以要求雇主赔偿律师费，而败诉则无须支付对方的律师费。这一政策鼓励了劳动者和律师提起诉讼，而对于提供法律援助的公益机构来说也是有利的，赔偿的律师费又可以用来给更多人提供法律援助。美国大量的私人律所以及各种类型的法律援助机构能够把就业歧视案件作为重要业务，跟单向律师费转付等各项支持性的制度密切联系起来。

中国也有类似单向律师费转付的规定[①]，与就业相关的是《深圳经济特区和谐劳动关系促进条例》第 58 条："劳动争议仲裁和诉讼案件，劳动

---

① 比如：《反不正当竞争法》第 17 条规定"经营者违反本法规定，给他人造成损害的，应当依法承担民事责任。经营者的合法权益受到不正当竞争行为损害的，可以向人民法院提起诉讼。因不正当竞争行为受到损害的经营者的赔偿数额，按照其因被侵权所受到的实际损失确定；实际损失难以计算的，按照侵权人因侵权所获得的利益确定。……赔偿数额还应当包括经营者为制止侵权行为所支付的合理开支。……"

者胜诉的，劳动者支付的律师代理费用可以由用人单位承担……"不过它规定了最高标准不超过 5000 元，并且还通过立法解释认为 5000 元是指包括仲裁、一审和二审所有阶段可以请求的律师费用的上限。[①] 如此就让对劳动者的支持打了折扣，而这个规定尚不能适用到就业歧视的民事侵权案件。考虑到就业歧视诉讼的当事人也是失去收入来源或待遇受损的劳动者，在就业歧视案件中实施单向的律师费转付制度是对劳动者权益的保护，也能增加司法救济的方式，鼓励更多劳动者和律师提起落实平等法律的诉讼。另外，如果国家鼓励律师更多地提供公益法律服务，也通过政策和资金鼓励更多的公益法律服务机构，那么相对弱势的就业歧视当事人便能获得更多的法律支持，便更有能力诉诸司法维护自身权利。

---

① http://www.sz.gov.cn/zfgb/2016/gb949/201602/t20160224_3477865.htm，最后访问日期：2018 年 9 月 30 日。

学术专论

用人单位防治职场性骚扰的
合同义务及违约责任

——基于德国法律规定及司法经验的考察

赵　进[*]

摘要： 促使雇主采取预防和制止性骚扰措施的法律制度有两种模式：侵权责任模式和违约责任模式。与侵权责任模式相比，违约责任模式不仅可以为雇员提起损害赔偿之诉提供法律依据，而且可将雇员的解除合同权纳入违约的法律后果中。本文以《合同法》第60条规定的附随义务为出发点，以我国现有的法律制度、判例和学说为基础，通过借鉴德国《一般平等待遇法》的相关规定，界定我国用人单位防治性骚扰义务的具体内涵和违反该义务的法律后果。

关键词： 职场性骚扰　雇主防治义务　违约责任　德国《一般平等待遇法》

一　问题的提出

经过社会各界的努力，"禁止性骚扰"首次编入最新起草的《民法典》草案的人格权编。按草案规定，违背他人意愿，以言语、行动或者利用从属关系等方式对他人实施性骚扰的，受害人可以依法请求行为人承担民事责任。用人单位应当在工作场所采取合理的预防、投诉、处置等措施，预防和制止性骚扰行为。

---

[*] 赵进，德国柏林洪堡大学法学院博士候选人。

与此相应，2018 年 12 月 12 日，最高人民法院发布《关于增加民事案件案由的通知》，将"性骚扰责任纠纷"列入"侵权责任纠纷"的新增案由。按该通知，若要追究用人单位的法律责任，应主张用人单位未采取适当措施之行为构成侵权。然而，不论是《民法典》草案，还是 2012 年国务院颁布的《女职工劳动保护特别规定》①，均未明确规定用人单位未采取预防和制止措施的法律责任。若要追究用人单位的侵权责任，只能适用民法中的一般规定。而在现有民法制度框架下，涉及雇主责任的只有《侵权责任法》第 34 条和《最高人民法院关于审理人身损害赔偿案件适用法律若干问题的解释》第 8 条和第 9 条。根据上述条款，行为人在"执行工作任务"或"执行职务、从事雇佣活动"过程中致人损害的，由用人单位（雇主）承担侵权责任。但该条规定并不适用于职场性骚扰。理由在于，其他雇员或第三人（如商业合作伙伴）实施的性骚扰行为很难解释为执行工作任务或与工作任务相关。② 其实早在《女职工劳动保护特别规定》颁布前，便有学者建议，应该构建性骚扰情形下的雇主侵权责任形态。③ 用人单位法定代表人或管理层人员实施性骚扰的，用人单位承担直接责任。一般雇员或其他人实施性骚扰的，用人单位则承担连带责任。该法颁布前后，又有一些学者提议借鉴美国的法律制度和司法判决，为用人单位的侵权责任和免责条件提供进一步的细化标准。④ 然而，如前所述，除非我国法律明确规定用人单位未采取防治措施的侵权责任，否则法院难以以现行制定法为依据，判定雇主承担侵权责任。但是，如若防治性骚扰是用人单位应承担的合同义务，则用人单位未采取相应的措施便构成违

---

① 该法第 11 条规定，在劳动场所，用人单位应当预防和制止对女职工的性骚扰。在专家建议稿中，曾含有以下内容："用人单位未履行此项义务，应与加害人一同承担连带责任。"但该句在《女职工劳动保护特别规定》送审稿中被删去。参见刘明辉《防治职场性骚扰义务的落实障碍研究》，《反歧视评论》第 5 辑。

② 周应江：《论雇主责任在职场性骚扰行为上的适用》，《妇女研究论丛》2010 年第 5 期；夏利民、郭辉：《职场性骚扰雇主替代责任说质疑》，《河北法学》2012 年第 3 期。

③ 杨立新、张国宏：《论构建以私权利保护为中心的性骚扰法律规制体系》，《福建师范大学学报》（哲学社会科学版）2005 年第 1 期。

④ 卢杰峰：《美国职场性骚扰雇主责任的判例法分析》，《妇女研究论丛》2016 年第 2 期；蒋梅：《性骚扰立法的比较研究》，《环球法律评论》2006 年第 4 期；胡田野：《美国性骚扰法律制度及其借鉴意义》，《河北法学》2004 年第 6 期。

约。受害劳动者则可依《合同法》第 107 条向用人单位主张损害赔偿责任。

另外，在司法实践中，性骚扰引发的被迫辞职并不鲜见，在此情形下，雇员能否依《劳动合同法》第 38 条主张经济补偿金便成为亟待解决的问题。例如，在强壮（北京）生物科技有限公司（以下简称强壮公司）与赵某某劳动纠纷一案中，赵某某曾主张该公司负责人对其实施性骚扰，致使其被迫辞职。由于用人单位的漠视已构成《劳动合同法》第 38 条第 1 款规定的"未按照劳动合同约定提供劳动保护或者劳动条件"，故该公司应支付其相应的经济补偿金。北京市第二中级人民法院在其二审判决书中以证据不足为由驳回了赵某某的该项诉讼请求。[①] 倘若该案性骚扰的事实得以证实，北京市第二中级人民法院则必须判定，强壮公司的行为是否构成《劳动合同法》第 38 条规定的"未按照劳动合同约定提供劳动保护或者劳动条件"，也即，其行为是否构成违约。

由此可见，在违约责任的框架下，受害雇员不仅可以提出物质损害和精神损害赔偿，还可依《劳动合同法》第 38 条主张经济补偿金。那么，防治性骚扰义务为何可被归为用人单位的合同义务？用人单位在何种情形下应被认定为违反义务？违反义务的法律后果是什么？无独有偶，雇主防治性骚扰义务在德国法中被纳入了雇主的合同义务，德国法的规定和司法经验是否能够被我国借鉴？

二　德国法中雇主防治性骚扰之义务

（一）防治性骚扰义务的法律性质

2002 年 1 月 1 日，德国《债法现代化法》生效。该法以"义务违反"为中心对给付障碍法进行大幅度修订。[②] 其中，一直在学界受到广泛探讨

---

① （2018）京 02 民终 316 号。

② 详细内容可见杜景林、卢谌《德国新债法给付障碍体系重构》，《比较法研究》2004 年第 1 期。

和关注的"保护义务"① 被纳入《德国民法典》第 241 条第 2 款之中。按照该规定，债务关系的任何一方当事人有义务保护另一方当事人的固有利益，如人身和财产安全。违反保护义务构成"义务违反"，将引起第 280 条规定的损害赔偿责任、第 273 条规定的债权留置权以及第 324 条规定的合同解除权。劳动关系是特殊债务关系，因此该规定也适用于劳动关系。也即，劳动关系中的当事人（雇主和雇员）亦有义务保护另一方当事人的固有利益。性骚扰涉及雇员的固有利益（即性自主权和不受歧视的利益），依此逻辑，保护雇员免受性骚扰侵害的义务，属于雇主的保护义务。

值得注意的是，对一般债务关系而言，关于违反保护义务所应承担的责任是违约责任还是侵权责任，即保护义务的法理基础问题，长期以来都是德国学界争论的焦点。直到《债法现代化法》生效，制定法方承认保护义务的合同法依据。然而，基于劳动关系的人身性，学界和司法实践早已取得共识，雇员和雇主任何一方均负有义务照顾另一方固有的权利和利益。如雇员除了负有提供劳动的给付义务外，还负有"忠实义务"（Treuepflicht）。与此相对应，雇主则负有保护雇员人身安全、财产安全②的照顾义务（Fürsorgepflicht）。当然，保护雇员人身安全的义务，如安全生产、安全培训和防治职业病等义务，不仅是雇主应承担的合同义务，也是雇主应承担的公法义务。违反该义务不仅会引起私法上的后果，还会引起公法上的后果（如行政主管机构对雇主的行政处罚和对雇员的工伤赔偿等）。随着社会的发展，雇主的照顾义务范围逐渐扩大至雇员人格权等精神利益。③基于此，同属精神利益的免受歧视的利益自然也被纳入雇主照顾义务范围。

---

① 关于"保护义务"的详细介绍可见迟颖《我国合同法上附随义务之正本清源——以德国法上的保护义务为参照》，《政治与法律》2011 年第 7 期。

② Wiese, Der Persönlichkeitsschutz des Arbeitnehmers gegenüber dem Arbeitgeber, ZfA 1973, S. 273（278）.

③ Wiese, Der Persönlichkeitsschutz des Arbeitnehmers gegenüber dem Arbeitgeber, ZfA 1973, S. 273（278）.

由此可见,雇主"照顾义务"为雇主防治性骚扰义务提供了合同法依据。雇主照顾义务被归为《德国民法典》第 241 条第 2 款的保护义务后,《一般平等待遇法》第 7 条及第 12 条规定成为该条规定在劳动法反歧视领域内的具体化形态。而违反《一般平等待遇法》第 7 条和第 12 条的法律后果(即该法第 14 条和第 15 条),亦是《德国民法典》第 280 条的具体化形态。

(二)性骚扰防治义务的具体内涵

雇主性骚扰防治义务既包含雇主消极不作为义务,也包含积极作为义务。前者规定在《一般平等待遇法》第 7 条中。按该条规定,雇主不得实施一切不受欢迎的与性相关的行为,包括不受欢迎的肢体接触、与性相关的邀请以及带有色情内容的文字传播和图片展示等。其中,"不受欢迎"以被骚扰者的感受为准。也即只要被骚扰人发出了不欢迎该行为(或言语)的信号,骚扰人即该停止。积极作为义务则指《一般平等待遇法》第 12 条规定的采取措施防治义务,即事前预防义务和事后妥善处理义务。[1] 德国立法者认为,事前预防措施比事后妥善处理更能有效阻止性骚扰。[2] 事前积极防治义务通常是指雇主应进行相关培训,告知雇员哪些行为属于性骚扰以及雇员受到性骚扰后的申诉途径(第 12 条第 2 款),设置相应的申诉部门或申诉人员等。与此相对应,雇主事后妥善处理义务是指,雇员受到其他雇员或第三人性骚扰后,雇主应按第 12 条第 3 款和第 4 款的规定采取适当的处理措施。这些措施包括但不限:受到雇员申诉后启动相应的调查程序,将受害雇员与加害人隔离,对实施骚扰的雇员进行批评教育或对其进行处分等。值得注意的是,究竟何种措施为"适当"措施,应根据客观标准结合个案的具体情形来确定。[3] 也即在此种情形下,一个理性的雇主通常应采取的措施。究竟采取何种措施,属于雇主的"自

---

[1] AGG, § 12, Rn. 6; Göpfert/Siegrist, ZIP 2006, S. 1710 (1711).

[2] BT-Drs. 16/1780, 37.

[3] BT-Drs. 16/1780, 37; Roloff, in: BeckOkArbR, AGG § 12 Rn. 12 – 13; Wisskirchen, DB 2006, S. 1491 (1496).

由裁量"范围。因此雇员通常无权要求雇主采取某一项具体的措施，如与实施性骚扰的同事解除劳动关系。[①]

三 德国法上违反性骚扰防治义务的法律后果

（一）损害赔偿

雇主违反《一般平等待遇法》第 12 条规定的防治义务时，应当按照第 15 条赔偿损害。被性骚扰的雇员既可依据该条第 1 款请求雇主赔偿因此遭受的财产性损失，还可依据第 2 款请求雇主赔偿精神损失（非财产性损失）。两项请求权涉及不同损害，因此，财产性损害赔偿请求权与精神损失赔偿请求权并行不悖。以下对两项请求权的前提条件和赔偿范围予以详细分析。

1. 财产性损害赔偿

根据《一般平等待遇法》第 15 条第 1 款规定，雇主违反第 12 条规定的防治义务的，被性骚扰的雇员可以请求雇主赔偿由此引发的财产性损害。义务违反不可归责于雇主的，不适用前句规定。按照该规定，雇主承担财产性损害赔偿义务的前提条件是防治义务的违反和雇主对该义务的违反具有可归责性两项。

如前所述，第 7 条禁止对雇员实施性骚扰，第 12 条涉及雇主的事前防治义务和事后妥善处理之义务。因此，雇主义务的违反既包括通过积极作为对雇员实施性骚扰，亦包括未采取事前防治措施和事后妥善处理措施等不作为。第 15 条第 1 款适用的第二个前提条件是，雇主对上述义务的违反具有可归责性。劳动合同关系亦属于债务关系，因此，判断雇主是否具有可归责性亦应以《德国民法典》第 276 条所规定的"过错"为标准。按照该条规定，"过错"包括故意和过失。但这一前提条件在德国法学界

---

① BAG 25. 10. 2017, NZA 2008, S. 233（235）.

引发了广泛的质疑和批评①。基于此，德国在司法实践中，也常避免正面回答该问题。笔者认为，德国立法者将雇主过错列为财产性损害赔偿责任的前提条件，是对以德国法为代表的大陆法系违约责任归责原则的承袭，即过错责任原则。然而，在雇主违反防治性骚扰义务的情形下，过错责任实际上与违约行为发生了重叠。因为过错责任原则旨在确保债务人的行为符合交易习惯对理性人的通常要求标准，只有债务人的行为未符合上述标准时，债务人才对违约行为负有过错。② 但对于雇主的防治义务而言，其义务内容本身"采取适当措施"已充分考虑了雇主的处境，即理性雇主在此种情形下应采取的措施。若雇主在此基础上仍可以不存在过错为由抗辩，实有重复规定之嫌。③

值得注意的是，在实践中，雇主通常是由管理层和一般雇员组成的组织机构，而实施性骚扰或未采取适当措施的却是自然人。因此，在此种情形下如何确定组织的可归责性？针对这一问题，德国法学界作了以下划分：当故意或过失实施性骚扰的人员为组织机构的法定代表人或管理层人员时（如董事会成员），视为雇主自己违反义务，且对义务违反具有可归责性；当故意或过失实施性骚扰的人员为一般员工（即德国民法意义上的履行辅助人）时，作为雇主的组织机构则按照《德国民法典》第278条规定承担责任。根据该条规定，雇主对履行辅助人之故意过失负责的前提

---

① 德国法学界对该项规定的质疑和批评主要基于以下两个理由。第一，欧盟2002年第73号指令（RL 2002/73/EG）要求，对雇主违反反歧视义务的惩罚措施应具有一定的震慑作用，以促使雇主积极履行义务。而欧盟法院在1990年11月8日的判决中也确认说，各成员国在把指令转化为国内法时应当规定，行为人违反反歧视义务是其承担民事责任的唯一前提条件。而德国《一般平等待遇法》第15条第1款第2句的规定不仅与上述判决相违背，而且大大减弱了法律的震慑作用。第二，在《一般平等待遇法》颁布前，《德国民法典》原第611a条第2款规定，对工作场所发生的与性别相关的歧视行为（包括性骚扰），雇主的损害赔偿责任不以过错为前提。与此相比，《一般平等待遇法》第15条第2款的规定反而减弱了对受害雇员的保护，是一种倒退。相关德文资料可见：Beck-OKArbR/Roloff, AGG §15, Rn. 1–3; Stoffels, RdA 2009, S. 204 (209); Kamanabrou, RdA 2006, S. 321 (336); Wagner/Potsch, JZ 2006, S. 1085 (1091); Thüsing, Diskriminierungsschutz, Rn. 540。

② Georg Caspers, in: Staudinger BGB § 276, Rn. 1.

③ 实际上，德国法学界承认，对保护义务而言，保护义务本身的构成要件与过错责任往往重合。具体参见：Georg Caspers, in: Staudinger BGB § 276, Rn. 4; DEUTSCHE Acp 202 [2002] 889, 899f。

条件之一是，履行辅助人在为雇主履行义务的过程中致人损害。但因实施性骚扰通常无法解释为"履行义务"或与"履行义务"相关，故对履行辅助人因故意或过失实施的性骚扰行为，雇主并不承担责任。在这一情形下，只有雇主未采取第 12 条规定的事前防治措施的，或者雇员报告后，管理层仍未采取或未积极采取第 12 条规定的处理措施的，且对上述行为负有故意或过失责任时，方应依第 15 条第 1 款承担损害赔偿责任。

在满足上述构成要件的情况下，雇主应该赔偿受害雇员所遭受的财产损害。依德国学界和司法实践通说，财产损害一般依"损害差额说"（Differenzhypothese）确定，也即受害雇员遭受性骚扰后的财产状况和假设未遭受性骚扰情形下之间的差额。[①] 通常而言，受害雇员因遭受性骚扰而接受的心理诊疗发生的费用应由雇主承担。[②]

2. 非财产性损害赔偿——精神损害赔偿

雇主违反保护义务导致雇员遭受精神损害的，雇员可以按照《一般平等待遇法》第 15 条第 2 款规定请求雇主承担精神损害赔偿责任。与财产性损害赔偿责任不同，德国学者[③]和联邦劳动法院[④]均认为，根据欧盟2006 年第 54 号指令（RL 2006/54/EG）要求，不论雇主是否存在过错，一经违反性别歧视规定，即应承担法律责任。因此，为与欧盟指令保持一致，该条款已经解释为：非财产性损害赔偿之请求权的前提仅是雇主违反保护义务。雇主是否存在过错，均不影响该项请求权成立。至于精神损害赔偿数额，德国学界认为，应当在考虑个案所涉及的所有情形的基础上予以确定。一些学者[⑤]和联邦劳动法院[⑥]认为，雇主是否存在过失以及过失

---

① Deinert, in: D? ubler/Bertzbach, AGG, § 15 Rn. 34; Schlachter, in: Müller/Preis, Schmitt, Erfurter Kommentar, § 15 Rn. 3.

② Antidiskriminierungsstelle des Bundes: Was tun bei sexueller Bel? stigung am Arbeitsplatz, S. 15.

③ Jacob, RdA 2009, S. 193 (196); Richardi, NZA 2006, S. 881 (885); Perreng/Nollert-Borasio, AiB 2006, S. 459 (463); Walker, NZA 2009, S. 5 (6).

④ BAG vom 22. 1. 2009, NZA 2009, S. 945.

⑤ Deinert, in: Däubler/BertzbachAGG § 15Rn. 72; Thüsing, in: MüKo-BGB (AGG) § 15 Rn. 13; Schleusener/Suckow/Voigt-Voigt, AGG § 15Rn. 48.

⑥ BAG 22. 1. 2009 – 8 AZR 906/07 – AP Nr. 1 zu § 15 AGG; BGH 23. 4. 2012, DB 2012, S. 1499 (1505).

程度严重与否，虽不影响雇主赔偿义务的成立，但仍是确定雇主赔偿义务范围的重要衡量标准。除此之外，义务违反的方式、持续时间以及严重程度、雇主是否同时赔偿财产损失和受到侵害的严重程度都是应予考虑的因素。① 为使判定标准进一步细化，有学者提议以侵害身体权和人格权案件中确定的精神损害赔偿金数额为参考标准，但该提议尚未被司法实践接受。②

（二）雇员拒绝工作权

德国《一般平等待遇法》第 14 条第 1 句明确规定，雇主未采取措施或未采取适当措施，以禁止工作场所的歧视行为或性骚扰行为的，被涉及雇员在必要时可拒绝提供劳动。雇主应继续支付雇员在该期间的劳动报酬。换言之，雇主未采取适当措施制止性骚扰时，雇员在必要时可拒绝提供劳动。雇员证明其拒绝履行义务为必要时，不构成违约。这条规定突破了雇佣（劳动）合同中"无劳动，无报酬"的一般原则，是给付义务对价原则的例外。一些德国学者认为，该条规定之所以突破给付义务对价原则，主要是基于以下目的。一是在雇员人格尊严已受到侵犯的情形下，如雇主管理层仍未采取相应措施，则原有熟悉的工作环境更为恐怖和压抑，这对受害者而言无疑是二次侵害。③ 因此，要求雇员在一个其人格尊严随时可能受到伤害的工作环境中继续履行劳动义务，是不可期待的。二是通过该条规定给雇主施加经济压力，促使雇主履行义务。

然而，这条规定的实施效果并不理想。根据该条第 1 句，雇员行使拒绝工作权的前提条件首先是雇主未采取适当措施或采取的措施明显不适当，以至于骚扰者得以继续骚扰受害雇员。如，雇主对受害者的投诉置之不理，或虽然对骚扰者进行了批评教育，但未将其从受害者身边调离，使其仍有机会骚扰受害者等。除此之外，雇员行使拒绝工作权还应符合"比例原则"，也即只有情况不允许雇员采取其他更为温和的手段时，拒绝工

---

① Deinert, in: Däubler/Bertzbach AGG § 15 Rn. 72；BAG 18.3.2010 – 8 AZR 1044/08 – AP Nr. 3 zu § 15 AGG.
② Bauer/Kreiger/Günther, AGG § 15 Rn. 35.
③ Buschmann, in: Däubler/Bertzbach AGG § 14 Rn. 2.

作才不构成违约。一般而言，"其他温和手段"包括向行政主管机关申诉、调整工作时间、拒绝与被骚扰者单独相处等。① 另外，如若雇员行使拒绝工作权会损害第三人（如雇员对第三人有照护义务时）或公共利益（如医院急救工作和消防工作）时，也应考虑雇员的利益和损害是否不成比例。② 按德国学界主流观点，在此种情形下，雇员的拒绝工作权应受到限制。③ 值得注意的是，雇主采取的措施是否属"明显不适当"按客观标准判定。也即一个理性的雇主在此种情况下通常应采取的措施和一个理性受害者应采取的应对措施。如若受害雇员按其自身主观标准认为雇主采取措施"明显不适当"并拒绝到岗工作，则要承担错误判断的风险：其拒绝到岗的行为构成违约，而雇主也可依此对其实施内部惩戒或者与其解除劳动关系。正基于此，法律人士往往不建议受害雇员行使该项权利，从而造成了该条规定难以落实的社会现象。④

四 我国《合同法》上职场性骚扰雇主违约责任的建构

（一）用人单位防治义务的《合同法》依据和具体内涵

《合同法》第 60 条规定，当事人应当遵循诚实信用原则，根据合同的性质、目的和交易习惯履行通知、协助、保密等义务。尽管该条款并未明文规定债务人的保护义务，但我国学界通说认为，保护义务亦属于附随的一种类型，属于该条款"等"字中未列举的义务。⑤ 如韩世远认为，在合

---

① Buschmann, in: Däubler/BertzbachAGG § 14Rn. 7a.

② BT Drs. 15/4538, S. 38.

③ Thüsing, in: MüKo-BGB (AGG), § 14 Rn. 10; Nollert-Borasio/Perreng, AGG § 14Rn. 5; Rump, in: Henssler/Willemsen/Kalb, AGG § 14 Rn. 1; Lingemann, in: Prüting/Wegen/ Weinrich, AGG § 14 Rn. 5.

④ Antidiskriminierungsstelle des Bundes: Was tun bei sexueller Belästigung am Arbeitsplatz, S. 14.

⑤ 崔建远：《合同法总论》（上卷），中国人民大学出版社，2011，第 239 页；韩世远：《合同法总论》（第三版），法律出版社，2011，第 250 页；尹志强：《论违约精神损害赔偿的正当性及适用范围》，《中国政法大学学报》2014 年第 6 期；迟颖：《我国合同法上附随义务之正本清源——以德国法上的保护义务为参照》，《政治与法律》2011 年第 7 期。

同成立、履行及履行完毕的过程中，会存在发生侵害对方生命、身体和财产等固有利益的场合。债务人在此场合保护债权人上述固有利益的义务，便是保护义务。笔者认为，我国法学界可借鉴德国法的学术成果和司法经验，将劳动者的固有利益从生命、身体、健康不受侵犯的利益扩大至人格尊严不受侵犯的利益。对于侵犯劳动者性自主权[①]和人格尊严[②]的性骚扰行为，用人单位有义务采取相应的预防和制止措施。因此，就法律性质而言，用人单位的性骚扰防治义务属于劳动合同中的附随义务。

根据《女职工劳动保护特别规定》第 11 条规定，在劳动场所，用人单位应当预防和制止对女职工的性骚扰。为判定用人单位是否违反该义务，应进一步细化"预防和制止"义务的具体内涵。我国司法机关在判决时，可借鉴德国《一般平等待遇法》第 7 条和第 12 条的规定以及德国法院的司法经验，但同时也要顾及我国的现实情况对其进行一定的调整。

第一，用人单位具有较高管理职能的工作人员（如总经理、法定代表人等）不得实施一切不受欢迎的与性相关的行为，包括不受欢迎的肢体接触、与性相关的邀请以及带有色情内容的文字传播和图片展示等。

第二，在目前阶段，对用人单位的预防义务不宜过于苛刻。在德国，雇主的事先防治义务主要包括培训和设置相应受理部门或人员。其中，最重要的便是以培训方式告知雇员，职场中哪些行为属于性骚扰，雇员遭遇性骚扰后的应对措施以及对性骚扰事件的处理方式。性骚扰属敏感话题，正确而恰当的讲述需要专业性较高的培训人员。与制度较为完善及经验较为丰富的国家和地区相比，我国目前除管理较为完善的用人单位外，大多数用人单位尚不具备进行系统培训的条件。目前社会仍需要进一步普及职场性骚扰防治知识和培训方法。因此，笔者认为，用人单位仅未进行培训或未履行告知义务时，一般不应判定其承担违约责任。待性骚扰防治知识和培训方法进一步普及后，再通过立法将其纳入用人单位的预防义务较为

---

① 杨立新主编《中国人格权法立法报告》，知识产权出版社，2005，第 461 页。
② 张绍明：《反击性骚扰》，中国检察出版社，2003，第 75 页。

适宜。

第三，与此相对，应通过违约责任促使雇主履行事后的制止义务，如及时受理、暂时调离骚扰者、进行调查以及处分骚扰者等。通常而言，用人单位均会根据本单位情形设置处理问题机制和奖惩机制。性骚扰事件发生后，用人单位像处理其他违纪问题一样开启处理程序，完全在其力所能及范围之内，也属于劳动者可期待的利益范围。因此，若用人单位对受害劳动者的申诉置之不理或未采取调离等制止措施，则该不作为构成义务违反。劳动仲裁机构和法院应判定其承担违约责任。

（二）用人单位违反附随义务之法律后果

1. 损害赔偿

我国《合同法》第 107 条规定，当事人一方不履行合同义务或者履行合同义务不符合约定的，应当承担继续履行、采取补救措施或者赔偿损失等违约责任。按照该规定，违反第 60 条所规定的附随义务的债务人应当承担损害赔偿责任。因《合同法》也适用于劳动关系，故用人单位未履行妥善处理义务时，亦应承担损害赔偿责任。如果将上述法律规定运用在职场性骚扰场合，则会在两方面产生与德国法不同的适用效果。

首先，对于财产性损害而言，德国雇主除违反义务外，还应对义务违反具有可归责性。而我国《合同法》第 107 条关于违约责任的规定属于严格责任。如将该条适用于职场性骚扰场合，则无论用人单位是否存在主观过错，只要违反了性骚扰防治义务，即应赔偿劳动者的财产性损失（如进行心理干预所花费的费用）。因此，就用人单位财产性损害赔偿责任的成立而言，我国《合同法》第 107 条的规定与欧共体的指令一致，更有利于劳动者主张权利。

其次，如劳动者依《合同法》第 107 条主张精神损害赔偿，则可能会面临理论障碍和实践障碍。这是因为：对于针对违约行为是否可主张精神损害赔偿这一问题，我国学界存在争议。有学者认为，由于精神损害不符合违约责任中的可预见性原则以及精神损害金额难以估量等原因，违约责任中不应包含精神损害赔偿。① 近年来，越来越多的学者则主张，不应否定违约场合的精神损害赔偿。其主要理由在于：第一，我国制定法（《合同法》第 107 条和第 112 条）并未明确规定，违约责任的赔偿损失范围仅限于物质损害②；第二，在若干以精神享受为目的的合同类型③（如旅游合同）或与精神利益有重大关联的合同类型（如骨灰盒保管合同）中，违约行为引发的精神损害是可预见的，符合我国《合同法》第 113 条第 1 款规定的可预见规则④。但大多持肯定态度的学者也同时主张，应该对可以主张违约精神损害赔偿的合同类型加以限制。⑤ 若梳理涉及精神损害的违约救济的案件，则可以发现：在司法实践中，至少对于违约行为引发的人身损害和人格权损害的案件⑥，我国法院倾向于肯定债权人的精神损害赔偿请求权。而对于违约行为引发的合同目的不达的案件，我国法院则多采取了否认态度。⑦

在职场性骚扰场合，笔者赞成精神损害赔偿的违约救济。理由在于，首先，劳动合同的履行具有高度人身性，与精神利益具有重大关联。劳动者提供劳动，不仅仅是为赚取劳动报酬，更是劳动者参与社会、建立社会关系乃至实现人生价值的重要方式。如前所述，如果劳动者受到骚扰后无法在用人单位得到有效救济，则会进一步催生其无助感和羞耻感，严重影响其职场生活和社会交往。因此，在社会不断加强反性骚扰宣传的背景

---

① 王利明：《合同法研究》（第二卷），中国人民大学出版社，2003，第 670—673 页。

② 韩世远：《合同法总论》（第三版），法律出版社，2011，第 620—621 页；杨显滨：《违约精神损害赔偿制度的中国式建构》，《当代法学》2017 年第 1 期；尹志强：《论违约精神损害赔偿的正当性及适用范围》，《中国政法大学学报》2014 年第 6 期。

③ 李永军：《非财产性损害的契约性救济及其正当性》，《比较法研究》2003 年第 6 期。

④ 黄金桥：《违约精神损害赔偿的理论障碍及其克服》，《北方法学》2007 年第 3 期；崔建远：《精神损害赔偿绝非侵权法所独有》，《法学杂志》2012 年第 8 期；杨显滨：《违约精神损害赔偿制度的中国式建构》，《当代法学》2017 年第 1 期。

⑤ 崔建远：《论违约的精神损害赔偿》，《河南省政法干部管理学院学报》2008 年第 1 期；陈雪强：《违约精神损害赔偿的理论分析及其类型化》，《侵权法评论》2005 年第 2 辑。反对意见参见陆青《违约精神损害赔偿问题研究》，《清华法学》2011 年第 5 期。

⑥ 典型案例如：邵坚与华美医学整形美容门诊部损害赔偿纠纷上诉案，（2004）穗中法民一终字第 1743 号。

⑦ 典型案例如：唐某某等与上海大通之旅旅行社有限公司旅游合同纠纷上诉案，上海市第二中级人民法院（2010）沪二中民一（民）终字第 1410 号。

下，用人单位完全能够也应当预料到劳动者因其处理不当而遭受的精神损害。其次，如前所述，我国《合同法》和《最高人民法院关于审理人身损害赔偿案件适用法律若干问题的解释》中虽未明确规定违约情况下的非财产损害赔偿，但违约情况下的非财产损害赔偿亦并未超出其应有的字面含义。所以，肯定职场性骚扰情况下的违约损害赔偿，并不与现行法相违背。而已有的司法判决亦提供了司法实践基础。最后，从比较法的角度来看，先从个别领域实现对传统模式的突破，再扩大其适用范围，也是法律发展的路径之一。在德国传统民法框架下，非财产性损害赔偿主要置于侵权行为法之下。违约情况下的非财产性损害赔偿并无合同法依据。① 为保护劳动者的平等就业权，德国于 1998 年修订《德国民法典》，在"雇佣合同"一节新增第 611a 条第 2 款和第 3 款。该两款规定：劳动者求职时因遭受雇主性别歧视而未建立劳动关系的，可请求雇主对其进行金钱赔偿。这是首次以制定法的形式肯定了非物质损害的违约救济。基于此，《德国民法典》2002 年修订版新增第 253 条第 2 款②，规定只要身体、健康、自由和性自主决定遭受侵害，无论是侵权行为、违约行为还是其他行为导致，受害人均有权请求非财产损失赔偿，从而将违约情况下的精神损失赔偿范围从性别歧视扩大到与人身相关的法益。2006 年，德国颁布《一般平等待遇法》，将包括防治性别歧视、种族歧视或其他形式歧视的义务纳入雇主保护义务中，又明文规定了雇员受到歧视后的非物质财产赔偿请求权，从而进一步扩大了违约情况下的非物质财产赔偿范围。有鉴于此，我国完全可以通过司法判决，确立性骚扰场合下用人单位对劳动者的精神损害赔偿，也会同其他司法判决一起为违约场合下精神损害赔偿的合同类型化提供司法实践基础。

---

① 《德国民法典》原第 253 条规定，损害为非物质上的损害时，仅在法律有规定的情况下，始得要求以金钱赔偿损害。也即非财产性赔偿必须以制定法的明确规定为前提。而在德国制定法中，明确规定非财产性损害赔偿的只有位列《德国民法典》侵权行为编之下的原第 847 条。

② 倪同木、夏万红：《违约非财产损害赔偿问题研究——以〈德国民法典〉第 253 条之修改为中心》，《法学评论》2010 年第 2 期。

2. 解除劳动合同

按《劳动合同法》第 38 条规定，用人单位未按合同约定提供劳动条件的，劳动者无须向用人单位预告即可解除劳动合同。此外，劳动者还可按《劳动合同法》第 46 条规定要求用人单位支付经济补偿金。依全国人大常委会法制工作委员会的解释，劳动条件主要是指用人单位为使劳动者顺利完成劳动合同约定的工作任务，为劳动者提供的必要的物质条件、技术条件和其他工作条件。[①] 除此之外，我国《劳动法》第 54 条也明确规定，用人单位必须为劳动者提供符合国家规定的劳动安全卫生条件。有学者认为，性骚扰严重地伤害了劳动者的心理和生理健康，因此，使劳工免受性骚扰并保持身心健康的工作环境，是《劳动法》第 54 条及《劳动合同法》第 38 条中"工作条件"的一部分。[②] 该观点恰好体现了"固有利益"的保护义务，值得赞同。由此推知，用人单位不履行防治性骚扰义务时，劳动者可以依《劳动合同法》第 38 条解除劳动合同。

然而，劳动者行使解除权时，应符合《劳动合同法》第 38 条的立法目的。如果分析该条规定的其他解除条件，可以发现：法律赋予劳动者解除劳动合同权利的前提条件或者是用人单位的行为构成根本违约（未及时足额支付劳动报酬和未为劳动者缴纳社会保险费），或者是用人单位的违约行为已致使劳动者继续遵守合同已属不可期待（以暴力、威胁或者非法限制人身自由的手段强迫劳动）。有鉴于此，司法机关在职场性骚扰的案件中适用该条规定时，应先判定用人单位不履行防治性骚扰义务的行为是否足以严重影响劳动者的工作环境，从而使劳动者无法正常提供劳动。唯有用人单位的行为导致的后果达到一定的严重程度，劳动者辞职后方可要求其支付经济补偿金。

3. 劳动者同时履行抗辩权

德国的司法经验表明，判定雇员行使拒绝工作权是否受到保护，并不是一项简单的工作。因为该项制度涉及多重利益，适用时需要考虑的问题

---

① 信春鹰、阚珂主编《中华人民共和国合同法释义》，法律出版社，2013，第 56 页。
② 张新宝、高燕竹：《性骚扰法律规制的主要问题》，《法学家》2006 年第 4 期。

相当多，在我国，针对这方面的案件的法院判决几乎没有，司法经验不充足，学界也没有就此开展广泛的讨论，理论基础不牢固，所以目前立法的时机还不成熟。在立法缺失的情形下，司法实践并不能逃避问题。性骚扰发生后用人单位未采取适当措施，劳动者又因拒绝到岗工作而遭到解雇时，如果劳动者申请仲裁和诉讼，仲裁员或法官在现行框架下如何判定解雇是否违法呢？

我国《劳动合同法》第 32 条第 1 款、《安全生产法》第 52 条第 1 款和《职业病防治法》第 40 条均规定，劳动者拒绝用人单位管理人员违章指挥，强令冒险作业的，不视为违反劳动合同。从上述条款可以推出以下结论：用人单位不履行提供安全劳动条件之保护义务时，劳动者可行使拒绝工作权，拒绝履行给付义务。但上述条款只适用于用人单位违反公法规定的情形，并不适用于性骚扰。因此，可以支持劳动者行使拒绝提供给付义务的法律依据，便只有同时履行抗辩权这一种可能路径。

《合同法》第 66 条规定：当事人互负债务，没有先后履行顺序的，应当同时履行。一方在对方履行之前有权拒绝其履行要求。一方在对方履行债务不符合约定时，有权拒绝其相应的履行要求。如前所述，劳动者在工作场合遭受性骚扰向用人单位报告后，用人单位即有采取纠正和处理措施之义务。以劳动者报告时间为基准，该义务与劳动者劳动义务的履行期均已届至。因此，按《合同法》第 66 条文义解释，用人单位未采取纠正和处理措施时，劳动者有权拒绝履行劳动义务。然而，用人单位上述义务为保护义务，劳动者的劳动义务却为给付义务。劳动者是否可以用人单位未履行保护义务为由，行使同时履行抗辩权，拒绝履行其劳动义务？虽然《合同法》第 66 条并未限定，同时履行抗辩权成立的前提，是同一合同中互负的给付义务。但我国学界通说认为，同时履行抗辩权根植于诚信原则，原则上只应适用于具有对价关系和牵连关系的主给付义务。[①] 从给付义务的履行与合同目的实现具有密切关系时，应认为该从给付义务与对方主给付义务之间具有对价性和牵连性。而保护义务涉及债权人的固有利

---

① 韩世远：《合同法总论》（第三版），法律出版社，2011，第 280 页。

益，与对方的主给付义务并无对价性。因此，原则上应排除履行抗辩权之适用。[①] 一些学者认为，附随义务（包括保护义务）的履行与合同目的的实现具有密切联系时，应该认为附随义务与对方的给付义务之间具有牵连性和对价关系，由此可以行使同时履行抗辩权。[②] 然而，其论证均是围绕合同目的和具有辅助主给付义务功能一类的附随义务（包括通知、协助、保密等义务，具体到个案中则可能为开具发票和协助产权登记等）展开，对保护义务与合同目的实现的关系则鲜有讨论。由此推知，我国学界和实务界对同时履行抗辩权的前提条件的共识是，请求权之间存在牵连关系和对价性，以避免双方利益失衡。而判定义务之间是否存在牵连关系和对价性的一个重要标准便是，该义务是否与合同目的的实现具有密切联系。

因此，在我国关于同时履行抗辩权的判例和学说的框架内，劳动者能否行使拒绝工作权，主要取决于用人单位的妥善处理义务是否与劳动合同目的的实现密切相关。关于劳动合同的目的，我国学者尚未达成一致意见。[③] 笔者认为，劳动合同的主要目的在于劳动者按用人单位的指示提供劳动给付，并获得相应报酬。但劳动合同的目的不仅在于劳动力和劳动报酬的经济交换，也在于参与社会和发展自我。因此，创造一个符合人性尊严的工作环境，亦应是劳动合同的目的之一。同时，用人单位是否妥善处理性骚扰事件，也决定着受害者的工作意愿的强弱和工作处境的好坏，而后者又可影响劳动者继续履行其主合同义务的质量的好坏。基于此，用人单位拒绝履行事后妥善处理之义务时，阻碍了劳动合同目的的实现，受害劳动者可依据《合同法》第 66 条规定行使拒绝工作权。在这种情形下，受害劳动者拒绝到岗工作的行为不构成违约，用人单位以此为由解除劳动合同的，属于违法解除，应按《劳动合同法》的规定支付双倍经济补

---

① 韩世远：《合同法总论》（第三版），法律出版社，2011，第 285 页；王洪亮：《〈合同法〉第 66 条（同时履行抗辩权）评注》，《法学家》2017 年第 2 期；施建辉：《同时履行抗辩之适用限制》，《华东政法大学学报》2007 年第 4 期。

② 崔建远：《履行抗辩权探微》，《法学研究》2007 年第 3 期，第 49 页；王利明：《合同法研究》（第 2 卷），中国人民大学出版社，2015，第 70 页；徐欢：《未开发票能否成为履行合同主义务的抗辩理由》，《法律适用》2010 年第 5 期。

③ 潘峰：《劳动者的劳动给付拒绝权》，林嘉主编《社会法评论》（第 5 卷），中国人民大学出版社，2011，第 142 页。

偿金。

然而，确定《合同法》第 66 条为劳动者行使拒绝工作权的制定法依据，只是"万里长征第一步"。通过分析德国拒绝工作权的构成要件，不难发现，该制度实际涉及两个问题：一是"比例原则"的适用问题，即相比于拒绝到岗工作，是否存在其他更温和的手段；二是利益衡量，与雇主的利益和第三人的利益相比，劳动者的利益是否更值得保护。而传统的同时履行抗辩权制度并不涉及以上两个问题，亦不能为其提供现成的适用规则。因此，我们在适用《合同法》第 66 条的过程中，可借鉴德国法院在司法判决中考虑的因素，同时顾及我国的现实情况对其进行调整。例如，劳动者拒绝到岗工作前未与用人单位管理层沟通，其拒绝到岗工作的行为则构成违约。劳动者的工作内容涉及国家、集体利益以及第三人的人身安全，且其拒绝到岗工作会损害国家、集体利益或会使第三人（如未成年人）置于危险中时，其拒绝到岗的行为亦构成违约，用人单位可依《劳动合同法》第 39 条解除劳动合同。待司法经验充足后，可考虑借鉴德国《一般平等待遇法》第 14 条的规定设立专项条款。

隐性就业歧视的司法认定

黄家声*

摘要： 近年来，隐性就业歧视的问题日益凸显。用人单位为规避法律风险，往往采用更隐蔽的、不易察觉的方式对劳动者进行差别对待。我国关于歧视的司法认定标准不完善，举证责任分配不合理，导致隐性的就业歧视行为在实践中难以得到认定。本文通过借鉴美国、中国台湾的司法裁判经验，试图构建一套系统的，具有操作性的，以差别对待、法律禁止的歧视事由为核心的司法认定标准。在此基础上，以当事人平等和分配正义为原则，重构举证责任分配制度，减轻劳动者所担负的过重举证义务，并建立用人单位档案保管、信息披露等配套制度，打破劳动力市场信息不对称的现状。上述制度相互作用，层层推进，有助于法院认定用人单位是否构成隐性就业歧视。

关键词： 平等就业权　隐性歧视　司法标准　举证责任

2019 年 2 月 21 日，人力资源和社会保障部、教育部、司法部等九个部门印发《关于进一步规范招聘行为促进妇女就业的通知》（以下简称《通知》），明确要求各类用人单位、人力资源服务机构在拟定招聘计划、发布招聘信息、招用人员过程中，禁止实施就业性别歧视行为，包括不得以性别为由限制妇女求职就业、拒绝录用妇女，不得询问妇女婚育情况，不得将妊娠测试作为入职体检项目，不得将限制生育作为录用条件等。然而，随着反就业歧视执法和诉讼的深入推进，用人单位直接针对性别的歧视性语言、文字和行为的情况逐渐减少，相反采取了更隐蔽、不易察觉的

---

* 黄家声，中国政法大学人权研究院硕士研究生。

隐性歧视的方式，对女性劳动者进行差别对待。截至目前，法院认定用人单位构成就业歧视的胜诉案件，均有直接证据证明用人单位在招聘环节、用工阶段的歧视意图，如在招聘广告中表明不录用女性，拒绝录用时告知劳动者系由于性别原因而不予录用。那么，当用人单位未显露歧视意图并具有歧视行为时，法院如何认定歧视的存在？我国的现行法律对此无明文规定。基于此，本文提出了隐性歧视的概念，结合国内外立法和司法实践，探讨隐性歧视的司法认定问题。

一　问题的提出：隐性就业歧视

在各国的反歧视法律中，将歧视根据其表现形式分为直接歧视、间接歧视、骚扰、报复、拒绝提供合理便利等种类，每种分类都有对应的构成要件、举证规则和法律责任。相较于直接歧视和间接歧视，隐性歧视并非严格的法律概念，但是其认定难、危害大，有必要对其概念予以界定并进行专门的研究。

（一）隐性歧视与其他相近概念的辨析

在理论与实践中，显性歧视与隐性歧视往往与直接歧视、间接歧视存在概念上的混淆。直接歧视，指的是差别对待（disparate treatment），即在法律规定或实践中，基于法律禁止的事由而给予个体差别待遇。直接歧视的理论基础是形式上的平等，即相同的人应得到相同的对待。间接歧视，指的是差别影响（disparate impact），表面上中性的规定、措施、行为，使特定群体处于相对不利的后果，除非这种规定具有合法的目的和客观的理由，并且实现该目的的手段是必要的和适当的。[①] 禁止直接歧视要求行为人不得公然或者隐秘地实施差别对待，而禁止间接歧视则要求在制定形式中立的、普遍适用的规则的时候要尽到审慎注意义务，防止规则在实施中

---

① 刘小楠主编《反歧视法讲义：文本与案例》，法律出版社，2016，第 5—6 页。

可能对特定群体产生不成比例的不利影响。[①] 直接歧视与间接歧视是歧视的法律分类。而显性歧视与隐性歧视，是以一般人能否从行为人的歧视行为中感受到其歧视意图为依据，对直接歧视进一步地划分。

显性歧视是指行为人在实行歧视的过程中，有直接的语言、文字、举动等行为的表现，如在招聘广告里指明"只要男性或者男性优先"，在招聘环节中告知应聘者被拒绝录用的原因系性别因素等。隐性歧视则是行为人隐瞒歧视意图，在语言、文字、举动等方面无明显歧视的表现或以其他手段掩盖歧视目的，在客观上对相对人进行差别对待，例如筛选简历过程中剔除部分女性求职者、面试环节以性别之外的理由为评判标准、以捏造的其他事由对怀孕女职工进行调岗等。简单地说，显性歧视指行为人有歧视意图，流露歧视意图并为歧视行为。隐性歧视是指行为人有歧视意图，隐藏歧视意图并为歧视行为。

整体而言，显性歧视与隐性歧视在逻辑上互为矛盾关系，为直接歧视这一概念的子项。不论是显性歧视还是隐性歧视，行为人在实质上都对他人进行了差别对待，只是实施歧视的方式不同，后者往往未显露出真实的歧视意图，且行为人采用了更隐蔽的手段。

本文所讨论的隐性就业歧视，指基于法律禁止歧视的事由，通过隐瞒、掩盖歧视意图的手段针对特定群体或个人实施的，其效果或目的在于对劳动者所享有的平等就业权进行差别对待、排斥或限制的任何不合理的措施。

（二）隐性歧视的构成要件

隐性歧视由差别对待、法律禁止的领域、法律禁止的事由、不利的后果、因果关系五个要件构成。笔者在此，并未将行为的隐蔽性作为隐性歧视的构成要件，原因在于隐蔽性仅是对歧视行为的外观评价和分类依据。实施歧视的行为是显性或者隐性，对受害者的权益减损多少不产生作用，不影响对歧视的定性。

---

① 刘小楠主编《反歧视法讲义：文本与案例》，法律出版社，2016，第27页。

差别对待，是指对待同样或者近似的人或事，采取不同的措施。差别对待违反了平等原则，区别、排斥或者优惠的立法、标准、措施、行为，这些都是它的表现形式。法律禁止的领域，指在就业、社会保障、公共教育等涉及公共资源配置、影响公共利益的领域，法律干涉个人意思自治，禁止歧视的发生。法律禁止的事由指法律明文规定的，被禁止的歧视理由。例如，我国《就业促进法》禁止七种事由的就业歧视，包括性别、民族、种族、宗教信仰等。① 此外，不利的后果和因果关系，分别指差别对待的行为，给受害者造成的就业机会、职业发展机会等权益的减损以及该不利后果与差别对待的行为存在相当的因果关系，与侵权法的一般理论相近，故在此不做赘述。

（三）隐性歧视的司法认定困境——以 C 先生案为例

在我国劳动力市场中，隐性歧视问题显著，但受害者难以得到司法救济。在此，以国内跨性别就业歧视第一案——C 先生案为例②，分析我国隐性歧视司法认定难的缘由。

C 先生（化名）于 2015 年 4 月 21 日，经介绍人杨伦介绍，与慈铭公司建立劳动关系，担任销售一职。4 月 29 日，慈铭公司通过杨伦口头上辞退 C 先生。慈铭公司在庭审过程中称辞退原因为不认可 C 先生的综合能力。杨伦私下透露公司辞退 C 先生的原因，是公司主管认为跨性别的 C 先生"身心不健康""自己的想法与身体不一致"。公司员工金玉萍接受采访时称，解除与 C 先生的劳动关系是由于 C 先生未着工装上班，不符合公司规定。C 先生遂以侵犯一般人格权为由向法院提起诉讼，要求认定慈铭公司构成就业性别歧视。

法院经审理后认为，劳动者就业不因民族、种族、性别、宗教信仰不同而受歧视，不应当因个人性别认知和性别表达，在就业过程中受到差别对待。根据《民事诉讼法》第 64 条第 1 款之规定，C 先生应当提供充分

---

① 刘小楠：《反歧视法讲义：文本与案例》，法律出版社，2016，第 9—12 页。
② 关于 C 先生案的介绍，请参见刘明珂《就业中的性别认同歧视域外案例研究及启示》，刘小楠、王理万主编《反歧视评论》第 4 辑，法律出版社，2017，第 124—125 页。

的证据证明慈铭公司构成就业性别歧视。杨伦的录音证据不能代表公司观点，且 C 先生没有提供其他证据证明公司存在就业性别歧视的理由，故承担举证不利的后果。慈铭公司不构成就业性别歧视。

1. 司法认定标准不完善

在 C 先生案中，法院在判断慈铭公司是否构成就业性别歧视时，适用了《劳动法》第 12 条①、《就业促进法》第 3 条②。该法律条文仅是总括性地规定了禁止用人单位实行性别歧视。但法院在判断是否构成性别歧视时，并没有从歧视的构成要件出发，对用人单位是否满足差别对待、法律禁止歧视的事由等歧视的构成要件予以充分论证，从中可以发现以下不足。

我国欠缺关于歧视的司法认定标准。结合现有的法律规定来看，在《民法总则》《民法通则》《侵权责任法》《民事诉讼法》等部门法中，均未见到关于歧视的定义、就业性别歧视的构成要件、举证责任分配、用人单位的抗辩事由、承担的法律责任等规定。2014 年 11 月，联合国消除对妇女歧视委员会在审议中国政府提交的第七、第八次《消除对妇女一切形式歧视公约》的合并履约报告后，在结论性意见中明确指出：中国法律仍然没有按照公约的要求，为"对妇女的歧视"做出定义。③

以侵权责任的构成要件为歧视的认定标准，存在缺陷。最高人民法院于 2018 年 12 月 12 日发布《最高人民法院关于增加民事案件案由的通知》（法〔2018〕第 344 号文件），决定在《民事案件案由规定》中的第三级案由"一般人格权纠纷"项下，新增第四级"平等就业权纠纷"。在司法实践中，部分就业性别歧视案件以"一般人格权纠纷"或者"侵权责任纠纷"为案由获得立案。彼时提起的相关就业性别歧视诉讼，需要符合侵权责任的构成要件：侵害行为、损害事实、因果关系和主观过错。④ 然而，

---

① 《中华人民共和国劳动法》第 12 条：劳动者就业，不因民族、种族、性别、宗教信仰不同而受歧视。

② 《中华人民共和国就业促进法》第 3 条：劳动者依法享有平等就业和自主择业的权利。劳动者就业，不因民族、种族、性别、宗教信仰等不同而受歧视。

③ 刘明辉：《促进我国性别平等立法及实施机制的他山之石》，《中华女子学院学报》2015 年第 3 期。

④ 王理万：《就业性别歧视案件的司法审查基准重构》，《妇女研究论丛》2019 年第 2 期。

相较于一般的侵权行为，歧视的构成要件与之存在差异。例如，侵权法上的故意不仅是指行为的故意，而且是对损害结果的故意；而反就业歧视法上不要求歧视者对损害结果存有故意，仅是禁止歧视者基于法律所禁止的理由作出歧视行为。① 侵权法上的侵权行为指侵害他人人身和财产而依法应承担民事责任的行为②，而反就业歧视法中的差别对待侧重于对同样或近似的人采取不同的措施。侵权行为和歧视行为，虽有相似之处，但其构成要件的认定标准侧重不同，不应混为一谈。

2. 举证责任分配不合理

C 先生案中，法院根据《民事诉讼法》"谁主张谁举证"的规定，要求 C 先生提供充分的证据证明其受到了性别歧视。在慈铭公司提出的"未按公司规定着工装上班""不认可 C 先生综合能力"等解雇理由均不成立的情况下，法院认为 C 先生提供的证明慈铭公司存在性别歧视倾向的证人证言未达到高度盖然性的证明标准。C 先生由于举证不能，在一般人格权纠纷案件中败诉。然而，C 先生在以一般人格权为案由起诉之前，曾以劳动纠纷为案由提起诉讼。在该案的审理过程中，法院依据《最高人民法院关于民事诉讼证据的若干规定》第 6 条之规定，要求慈铭公司承担举证责任，证明解除与 C 先生的劳动关系符合《劳动合同法》第 39 条、第 40 条的规定。慈铭公司由于举证不能，在劳动纠纷案件中败诉。

我国对于劳动纠纷案件实行举证责任倒置，其目的在于防止用人单位与劳动者之间在信息来源和经济实力等方面相差悬殊而产生不公，体现了劳动法对劳动者权益进行倾斜保护的基本理念。我国尚未对就业歧视案件的举证责任做出特殊规定。实际上，无论是歧视案件或者劳动纠纷案件，劳动者相较于用人单位，均是处于弱势和不利的地位。

一方面，隐性歧视具有隐蔽性。用人单位不会明确表示是基于法律禁止的缘由，做出拒绝录用、解雇等不利于劳动者的行为，而是在实际操作中，以其他理由或方式掩盖其歧视的真实意思，如慈铭公司以"不

---

① 闫天：《重思中国反就业歧视法的当代兴起》，《中外法学》2012 年第 3 期。
② 王利明：《侵权行为法》（上卷），法律出版社，2004，第 7—8 页。

认可工作能力""未着工装"为由。在用人单位没有直接表露歧视的主观恶意下，劳动者往往以为是自身能力不足、资质不够、面试表现不佳等原因而未被录用，未意识到已经受到了差别对待，也错过了取证的最佳时机。

另一方面，认定隐性歧视的证据难以获得。在劳动力市场中，用人单位与劳动者在信息掌握上具有极大的不对称性。尤其在隐性歧视案件中，用人单位往往通过隐藏、谎编、捏造相关证据或理由，以掩盖歧视之目的。对于一般的劳动者而言，其没有途径可以获取可供参考的其他劳动者的人事资料，也没有途径了解到高层做出人事任免决策的依据和相关信息。在这种情况下，苛求劳动者承担构成就业歧视的全部举证责任是不合理的。

二 隐性就业歧视的司法认定标准

由于我国目前尚未建立起一套完整的反就业歧视的法律制度，法院在判断劳动者是否受到隐性歧视时，没有系统的、具有操作性的司法认定标准，成为认定隐性歧视的一大掣肘。所谓歧视，即基于法律禁止的事由，而为差别对待。其核心就在于差别对待和歧视事由的认定。在此，笔者搜集了美国、中国台湾的司法案例，采他山之石以攻玉，为我国确立相应的裁判标准提供借鉴。

（一）隐性歧视案件的裁判经验

1. 中国台湾江慧君案

2008 年 2 月 1 日，台湾金雍和科技股份有限公司（以下简称"金雍和公司"）将怀孕员工江慧君从业务助理调动至包装课助理管理师一职，在调动前未告知江慧君职务内容及工作时间。金雍和公司之前在包装课并没有设置该职位，而且该职位的工作性质和工作环境都不同于江慧君原来任职的业务助理工作。江慧君遂向就业歧视评议委员会申诉，经调查，金雍和公司被认定存在就业性别歧视，受到处罚。随后，金雍和公司提起行政诉讼，法院判决不支持其诉讼请求。[①]

该案的争议焦点为金雍和公司对江慧君的调职行为是否构成了差别对待。经台北法院依职权查明，2007 年金雍和公司厂务部助理职位空缺时，要求业务助理江慧君、沈佳儒、赖雅琳三人抽签决定调职人选。而当金雍和公司调动江慧君职务时，仍有三个在职的业务助理，但公司既未采取抽签方式，也没有事先询问江慧君意愿，直接将怀孕的江慧君调职。通过比较，可以明显发现怀孕的江慧君与其他没有怀孕的女性员工相比受到了较差的待遇，构成差别对待。

2. 美国桑德福案

女职员卡罗琳·桑福德在怀孕后，被耶肯涂料公司开除，理由为公司需要有涂料实验室工作经历和了解化学术语的技术秘书。而桑福德被解雇当天，一名男性求职者斯科特申请了技术秘书职位，经面试后，被雇佣并开始工作，而斯科特没有任何培训和涂料或化学方面的知识背景和工作经历。法院经审理后，最终认定耶肯涂料公司构成就业性别歧视。[②]

该案的争议焦点为，耶肯涂料公司是否基于性别而解雇桑德福。经法院查明，桑德福任职期间，除了承担秘书的职责外还为涂料实验室的化学家提供辅助工作，担任采购和有机化学部门的备用秘书，具有一定的专业知识背景。公司主张的解聘事由为缺乏涂料实验室工作经历和不具有专业背景，而实际上桑德福先前的工作经历足以证明其可以胜任该工作。另外，通过对比发现，新入职该岗位的斯科特相较于桑德福，其资历、专业知识更缺乏，证明耶肯涂料公司所提出的理由仅是借口。耶肯涂料公司并未提供其他合理的解聘桑德福的理由，承担不利的举证后果，因此法院推定耶肯涂料公司存在性别歧视的故意，构成就业性别歧视。

3. 霍普金斯案

霍普金斯在普莱斯·沃特豪斯会计师事务所（以下简称"会计事务所"）的政府事务办公室任职五年。由于霍普金斯工作期间的出色表现，

---

① 金雍和科技股份有限公司诉台北县政府，"台北高等行政法院"判决，2009 年度诉字第 993 号。

② *EEOC v. Yenkin-Majestic Paint Corp.* , 112 F. 3d 831（6thCir. ，1997）.

她在第五年时被提名为合伙人候选人。在 88 名合伙人候选人中，霍普金斯是唯一的女性。经过政策委员会的其他合伙人评估后，47 名候选人成为合伙人，霍普金斯同另外 19 名候选人仅被保留候选人资格留待第二年继续考察。法院经审理后认为，会计事务所的合伙人对性别的刻板印象影响了对霍普金斯的评估过程。

该案件的争议焦点在于会计事务所的合伙人评估霍普金斯时，是否基于性别做出决策。经法院调查，霍普金斯的支持者和反对者均反映"霍普金斯咄咄逼人、过于苛刻，难以相处"；有些合伙人称她"男性化"，建议她"去礼仪学校上课"。托马斯·拜尔，作为向霍普金斯解释政策委员会决定的负责人，告诉霍普金斯应该"穿着打扮得更像女人，要化妆，要做头发，还要佩戴珠宝"，以提高成为合伙人的机会。前些年，有一个合伙人曾发表言论，认为女性不适合做高管，他将反对任何女性成为合伙人候选人。法院认为，霍普金斯的合伙人平日里发表的性别歧视言论，证明了合伙人在决策的过程中很有可能受到了性别刻板印象的影响。当性别成为雇主做出决策的考虑因素之一时，雇主只有证明在不考虑性别的情况下，他也会做出同样的决策，才能阻却违法责任。会计事务所未完成相应的举证义务，承担不利的后果。[1]

（二）差别对待的判断标准

用人单位基于法律禁止的歧视事由对劳动者差别对待，往往发生在缔结、保持或终止劳动关系的各个方面，主要包括三个阶段。（1）招聘阶段：是否获得较少的工作信息、职业指导、工作机会或较低的入职工资等。（2）工作阶段：是否获得较少的职业发展机会、薪酬和福利待遇；是否未获得法律规定的生育保护和社会保障等。（3）离职阶段：是否在裁员、解雇等方面遭受差别待遇。[2]

在歧视发生的不同阶段，法院可以通过比较同等或近似的情况下，雇

---

[1] *Price Waterhouse v. Hopkins*, 490 U. S. 228（1989）.
[2] 中华全国总工会：《促进工作场所性别平等指导手册》，中国工人出版社，2019，第11—12 页。

主是否采取了不同行为来判断是否存在差别对待。比如，江慧君案中，台北法院发现金雍和公司的调职程序，面对怀孕的江慧君和其他非怀孕的职员时，存在明显不一致，构成差别对待。以此类推，在 C 先生案中，慈铭公司对普通员工均在入职一周后召开工会小组会议进行试用期考察，而对 C 先生仅在其入职四天之后就召开会议，并做出辞退的决议。在试用期考察阶段，慈铭公司改变了一贯的人事制度，缩短了 C 先生的考察期，C 先生较其他员工受到了不利的对待。据此，C 先生应当被认定受到了差别对待。

值得注意的是，在判断差别对待的过程中，既可以横向地对同样时期、同样情况、具有同样工作能力的劳动者进行对比，判断劳动者在就业机会、劳动报酬、职业发展机会等方面是否受到不利对待；也可以纵向地将不同时期，公司对类似状况采取的处理措施进行比较，即根据用人单位针对特定群体是否改变了一贯的人事制度或决策标准判断劳动者是否受到差别对待。简而言之，差别对待的判断标准为：类似情况却不同处理。

（三）法律禁止的歧视事由的判断标准

在隐性就业歧视案件中，用人单位对于劳动者没有直接歧视性语言、文字等表现，往往以缺乏工作经验、工作技能，或者雇员存在不当行为等法律允许的理由为决策依据，隐瞒歧视的故意。因此，在这种情况下，需要提供相关证据对雇主差别对待的真实理由予以证明。

首先，要对雇主提出的"合法理由"予以否定。在桑德福案中，雇主以桑德福不具备专业知识和技能解雇她，而桑德福之前的工作经历足以证明她足够胜任技术秘书的工作，因此雇主的借口不成立。同样地，C 先生案中慈铭公司曾以 C 先生未着工装不符合公司规定、不认可其工作能力为辞退理由，然而实际上慈铭公司从未向 C 先生提供过工装，C 先生担任销售工作期间表现良好，受到同事肯定，该理由亦不成立。

其次，证明雇主在做出决定时，法律禁止的歧视事由是一个"驱动因素"。以性别歧视为例，女性劳动者无须证明性别是决定背后的唯一或决定性理由，她只需证明性别是决定背后的一个"驱动因素"。① 所谓的"驱动因素"是指雇主在做出拒绝雇佣、解雇等决定时，是否将性别作为考虑因素之一。如果雇主考虑了劳动者的性别，即可构成性别歧视，即使用人单位还有其他正当理由——这只会影响违法情节的严重程度，不影响对歧视行为的定性。隐性歧视案件中，判断雇主是否存在歧视意图主要有三种依据。

1. 对歧视事由的刻板印象

隐性歧视案中，雇主在做出案涉决策时，未直接发表歧视性言论。但平日里，雇主由于对歧视事由存在刻板成见，而表达出对不同群体的主观评价，这可以作为认定歧视动机的证据。比如霍普金斯案中，对霍普金斯能否成为合伙人享有决策权的其他会计事务所的合伙人曾评价霍普金斯"男性化""走路、穿着要更像女人，要化妆，要做头发，要打扮"。法院最终将这些性别歧视言论作为证明歧视意图的重要证据。C 先生案中，杨伦的录音证据中提到慈铭公司人事主管曾发表认为 C 先生"身心不健康""想法与身体不一致"等存在性别歧视的言论，理论上也可以作为认定雇主主观上存在歧视意图的依据。

2. 收集与歧视事由相关的信息

为了防止婚姻状况和家庭义务对女性就业机会可能造成的不利影响，许多国家通过立法禁止用人单位收集与性别相关的信息。美国的平等就业机会委员会指出，任何雇佣前的调查与预期的雇佣行为相关联，且直接或间接地表达了对性别的限制、特定要求或差别对待，都是非法的，除非是真实职业资格的需要。② 比如，在面试的过程中，仅对女性劳动者提出与性别相关的询问，如婚姻状况、生育计划等，应当被认为存在性别歧视的意图。挪威在《平等与反歧视法》第 30 节中规定，雇主不得收集申请人的以下信息：怀孕或者计划生育或收养孩子、宗教或者信仰、种族、残障、性倾向、性认同或者性表达。若上述信息对于将要承担的工作或者行

---

① *Feingold v. New York*, 366 F. 3d 138, 152 (2d Cir. 2004).

② 郭延军：《就业性别歧视的法律判断标准——基于美国法律实践的考察》，《环球法律评论》2011 年第 6 期。

业，极端重要，则可以允许收集种族、宗教、信仰、残障和生活安排信息。因此，当雇主向劳动者收集与法律禁止的歧视事由相关的信息时，除非与职业的内在需求存在重要关联，否则可以推定雇主存在歧视意图。

3. 关于歧视事由的统计数据

认定歧视事由在某个就业歧视案件中是否为驱动因素时，可以提供相关数据予以佐证。比如，统计数据显示雇主所雇用的员工或者这个岗位上的员工，女性比例远低于男性。女性在该岗位上比例过低的证据可能只具有较低的证明力。但是，若统计数据显示，在存在潜在的女性应聘者的前提下，女性从未担任过这个岗位，那这个证据应该具有显著的证明力。

三 隐性就业歧视认定的配套制度建设

上文已经论证，隐性就业歧视案件与劳动纠纷案件存在类似之处。相较于用人单位而言，劳动者均处于较为不利的地位。而劳动法和反歧视法的立法，都旨在维护劳动者的权益，使其受到公正的对待。参照我国劳动纠纷的诉讼程序和国外经验，对隐性歧视案件的举证责任予以合理划分，是反就业歧视法发展的必然趋势。在明确隐性歧视的司法认定标准和举证责任分配的基础上，我国还应当在反就业歧视法中设计相应的配套制度，打破劳动力市场信息不对称的现状，保障劳动者获取充分的信息，履行举证义务，有助于司法机关依据事实和法律，认定用人单位是否构成隐性的就业歧视。

（一）构建特殊的举证责任分配制度

意大利民事诉讼法学之父基奥文达（Chiovenda）曾言，在民事诉讼中，由于分配正义原则和当事人平等原则的要求，证明责任必须在原告和被告之间进行分配。[①] 举证责任的分配，应当从民法规范所保护的实质性

---

① Cfr. G. Chiovenda, *Principi di dirittoprocessualecivile-Le azioni, ilprocesso di cognizione*, Napoli, 1965, p. 787.

原则出发，同时兼顾分配正义和当事人平等原则。规制就业歧视的法律规范，是为了保障在劳动力市场中，处于较为弱势地位的劳动者的平等就业权不受用人单位的侵害。因此，在确定相应的举证责任规则时，应从客观实际出发，结合用人单位和劳动者的举证能力进行设计。在就业过程中，劳动者对其是否符合岗位的要求有基本的判断。而用人单位在做出拒绝聘用或者解雇等人事决定时，也是基于一定的事实、资料分析。经过多年的反就业歧视诉讼，美国法院不断发展并确立了一套较为科学合理的举证规则——麦克唐纳·道格拉斯分析法（McDonnell Douglas Analysis），据以分配用人单位和劳动者的举证责任，并判断劳动者是否完成了举证义务，值得我国借鉴和学习。

首先，劳动者必须证明存在一个"有初步证据证明的歧视案件"（prima facie case of discrimination）。这要求劳动者证明：（1）他属于被保护的群体，如男性或女性等；（2）他具备胜任该职位的资格和能力；（3）他受到了不利的对待；（4）在该情形下，可以推断该不利的对待系基于歧视而发生的。[1] 劳动者承担的"有初步证据证明的歧视案件"的证明义务并不繁重，只需要达到最低的证明标准即可。[2]

其次，当劳动者成功地完成初步举证后，举证责任转移到雇主身上。雇主要证明决定所基于的理由是合法的、非歧视性的。[3] 比如，该女性劳动者获得较低的劳动报酬是因为其工作业绩比不上同岗位的男性劳动者，拒绝录用该男性劳动者的原因是应聘相同岗位的女性劳动者的工作能力更为突出。

最后，劳动者要证明雇主在作出决定时，性别是一个"驱动因素"。在此阶段，法官不能孤立地看待劳动者所提供的证据，而应当把相关的证据作为整体，合理地判断雇主是否存在基于性别的歧视意图。[4] 比如，结合雇主平时发表的关于性别的言论、用工阶段是否收集了与性别相关的信

---

① *Liebowitz v. Cornell Univ.*，584 F. 3d 487，498（2d Cir. 2009）.

② *Norton v. Sam's Club*，145 F. 3d 114，118（2d Cir. 1998）.

③ *United States v. Brennan*，650 F. 3d65，93（2d. Cir. 2011）.

④ *Danzer v. Norden Sys.*，*Inc.*，151F. 3d 50，57（2d Cir. 1998）.

息作为决策依据、性别统计数据等。

麦克唐纳·道格拉斯分析法改变了传统的、机械化的举证义务的分配模式，综合考量反就业歧视法的立法目的和不同主体之间举证能力的差异，使得举证责任在劳动者和用人单位之间灵活地转移，实现了实体正义和程序正义的统一。

（二）建立用人单位档案保管制度

正如上文提及的，劳动者和用人单位之间存在严重的信息不对称，劳动者往往很难察觉自己是否受到了相对不利的对待；或者即使有所察觉，但仅仅掌握了相关线索而无法获得其他劳动者的详细对比情况，导致没有提供足够证据，无法证明隐性歧视的存在。近年来，随着马户案、黄蓉案等性别歧视的影响性诉讼的深入推进，用人单位实施的就业歧视愈发隐蔽，其性别歧视的非法目的通常被掩盖在诸如工作能力不足、面试表现不佳等合法理由之下。在这种情况下，一旦遭受不利决定的劳动者提出异议，就更需要通过对比劳动者之间的具体情况来判断是否构成隐性歧视。考虑到用人单位在信息获取、占有、使用等方面的优势地位，有必要要求用人单位承担相应信息的保管义务，也防止用人单位为了规避法律责任，捏造、转移或毁损相关证据。当用人单位档案保管不善或者隐匿档案时，法院应认定其举证不能，承担败诉的法律风险。

因此，我国可以在反就业歧视法中建立用人单位的档案保管制度，要求用人单位建立健全劳动或人事档案保管制度。劳动或人事档案应当包括劳动者的原始应聘材料、劳动或人事合同、奖惩任免决定等有关材料。如有就业歧视争议发生，行政机关或司法机关可以要求用人单位提供相关信息并据此作出判断。

（三）规定用人单位信息披露义务

对于劳动者而言，其掌握的人事资料极为有限，当受到隐性歧视时，难以收集到用人单位里其他劳动者的信息进行比较。实践中，不少用人单位以申请公开的信息涉及商业秘密为由，拒绝向劳动者提供面试时其他应聘者的相关资料、同等岗位中其他性别员工的薪酬和待遇状况、单位作出人事任免决定的依据等信息。若劳动者能够掌握相关信息，那么对其提起诉讼、主张损害以及庭审过程中充分举证均大有裨益。

瑞典、挪威等国家注意到这一不平等状况，在反歧视法中明确规定了用人单位的信息披露义务。瑞典在《反歧视法案》第四节中规定：如果劳动者没有被录用或被给予面试机会，或者没有获得教育和晋升培训机会，经申请人的要求，用人单位应当向申请人提供获得了该面试机会、被录取或教育和晋升培训机会的当事人的教育、职业经历和其他资料。挪威在《平等与反歧视法》第31、32节中也作了相应规定：应聘者如果认为雇主违反本法，没有考虑本人的求职申请，可以要求雇主提供所雇佣的劳动者的书面信息。雇主应当提供涉及教育、工作经验和其他明确可衡量的资格信息。如果劳动者怀疑雇主在设定薪酬方面存在歧视，可以要求雇主提供设定薪酬层级与标准的书面信息，或者他希望与之比较薪酬之人的书面信息。根据上述条款，获得相关薪酬信息的劳动者具有保密义务并签署保密协议。雇主提供的关于劳动者的薪酬信息，应该同时提供给要求公开的劳动者，和被要求公开与之比较的劳动者。

因此，建议我国在反就业歧视法中进一步地规定用人单位的信息披露义务：如果劳动者在招聘、工作、离职等就业过程中，认为用人单位违反本法规定实行歧视，经申请可以要求用人单位向其提供他想要与之比较的劳动者的书面资料，包括教育、工作经验、薪酬待遇等信息。申请人获取信息后，与用人单位签署保密协议，承担保密义务。申请的信息应同时提供给申请人和被要求公开信息的劳动者。

我国消除怀孕歧视的困境及改革路径

刘　畅*

摘要：怀孕歧视属于就业歧视的一种，《消除对妇女一切形式歧视公约》和《2000 年保护生育公约》中均有保护怀孕妇女的规定，我国《妇女权益保障法》《劳动法》《劳动合同法》《就业促进法》《女职工劳动保护特别规定》等法律规定中也有禁止怀孕歧视的条款。但是我国现有立法缺乏在招聘阶段禁止怀孕歧视和保障怀孕妇女机会待遇平等的细致规定，同时相关法律规定中也存在不完善和不合理之处。我国怀孕歧视现象普遍存在，除了法律制度保障的漏洞，也包括传统文化观念的制约、用人单位成本的计算以及性别平等就业支持体系不完善等因素的影响。本文旨在通过对怀孕歧视产生原因的分析，有针对性地提出我国消除怀孕歧视的改革路径，以期通过社会观念的更新、立法制度的优化、社会支持体系的完善等方面共同推进，建立公平和谐的社会。

关键词：怀孕歧视　性别歧视　平等就业权

女性遭受就业性别歧视的主要原因之一是长期以来女性担负着繁衍生育的重任，全面二孩政策的实施使得女性遭受歧视的现象更为普遍。国务院妇女儿童工作委员会办公室、全国妇联妇女研究所 2015—2016 年"生育政策调整完善与妇女就业"调查结果显示，有 12.5% 的妇女由于各种原因在生孩子前辞职或被辞退，她们不但没有机会休产假，更没有机会获得产假工资。为此，很多想继续就业的女性不得不放弃生育或者推迟生育

---

* 刘畅，中国政法大学人权研究院硕士研究生。

时间。① 为进一步规范招聘行为，促进妇女平等就业，2019 年 2 月 19 日人力资源和社会保障部、教育部、司法部等九部委联合印发《关于进一步规范招聘行为促进妇女就业的通知》（以下简称《通知》）。《通知》甫一发布，即得到公众舆论的广泛关注。《通知》以规范用人单位招聘行为为重点，明确要求各类用人单位、人力资源服务机构在拟定招聘计划、发布招聘信息、招用人员过程中，不得询问妇女婚育情况，不得将妊娠测试作为入职体检项目，不得将限制生育作为录用条件。除了禁止消极的歧视行为，《通知》也要求用人单位和国家有关管理部门采取积极手段，保障女职工怀孕生育之后仍然能够享有平等的职业发展机会和待遇，如：鼓励用人单位针对产后返岗女职工开展岗位技能提升培训，尽快适应岗位需求；促进 3 岁以下婴幼儿照护服务发展，加强中小学课后服务，缓解家庭育儿负担，帮助妇女平衡工作与家庭；完善落实生育保险制度，切实发挥生育保险保障功能；加强监察执法，依法惩处侵害女职工孕期、产期、哺乳期特殊劳动保护权益的行为；对妇女与用人单位间发生劳动人事争议申请仲裁的，要依法及时快速处理。这是我国在消除怀孕歧视上迈出的可喜一步，但值得注意的是，目前消除怀孕歧视还面临着一系列的问题。为此，本文尝试从怀孕歧视的界定入手，分析我国在消除怀孕歧视上的困境并提出改革路径。

一　怀孕歧视的界定

怀孕歧视的界定主要涉及怀孕歧视的概念、表现以及怀孕歧视与性别歧视的关系等问题。

（一）怀孕歧视的概念和表现

怀孕歧视有狭义和广义之分。从狭义上来讲，指的是基于怀孕而对劳

---

① 参见全国妇联妇女研究所《在全面两孩政策下促进妇女平等就业》，《妇女研究内参》2016 年第 4 期。

动者（包括求职者）实施的不合理的区别对待。本文采用广义的怀孕歧视的界定，即基于怀孕、生育而对劳动者（包括求职者）进行不合理的区别对待，从而取消或损害劳动者平等就业权利的行为。也就是说，本文所说的怀孕歧视，并不限于基于女职工怀孕的事实，在怀孕阶段进行的区别对待行为，也包括在怀孕之前基于怀孕的可能性，以及生育之后、产假期间，甚至刚复职的一定时间内用人单位基于怀孕、生育而进行的不合理的差别对待。

怀孕歧视在现实生活中有非常丰富的表现形式。

1. 限制女性怀孕。2010 年 5 月，九三学社妇女工作委员会委托九三学社陕西省委员会进行的"就业招聘录用中的性别平等调查"发现，招聘阶段有将近一半的受访者遭遇过签署生育保证书以及口头禁孕等各种形式的生育限制。[①]

2. 不录用怀孕女性。除普通的用人单位外，更有甚者在国家公务员的招录中也曾出现过怀孕歧视的现象。2001 年，公安机关就有"妊娠期内不能录用"的规定。[②]

3. 工作期间因怀孕而被迫调岗或降低工资待遇也是一种常见的现象。

4. 因怀孕、生育而被解雇或者被故意排挤而被迫辞职。比较典型的案件是唐女士诉国务院商务部案。在国务院商务部供职的唐女士试用期内因怀孕而遭受变相排挤，甚至是取消公务员录用资格。[③] 还有一些怀孕歧视是发生在产后复职阶段，比如说用人单位在女职工休完产假后立即将其解雇。

（二）怀孕歧视与性别歧视的关系

关于怀孕歧视和性别歧视的关系，不同国家有不同的规定。有的国家的立法将怀孕歧视和性别歧视并列作为禁止歧视的事由，比如，韩国《国

---

① 郭慧敏、刘咏芳：《职业招聘与录用中性别歧视调查研究报告》，刘小楠主编《反就业歧视的策略与方法》，法律出版社，2011，第 49 页。

② 《公安机关录用人民警察体检项目和标准》，人发〔2001〕74 号，第 45 条。

③ 万兴亚：《怀孕期间被解雇，女公务员愤而状告商务部》，《中国青年报》2005 年 4 月 2 日。

家人权委员会法》中详细列举了基于性别、宗教、残疾、年龄、社会地位、出生地、来源国家、民族、面貌特征、婚姻状况、种族、肤色、政治见解、家庭构成、怀孕或生育、犯罪记录、性取向、教育背景或医疗记录的 19 种歧视事由。① 也有些国家（地区）把怀孕歧视包含在性别歧视之中，作为性别歧视的一种。如，荷兰《平等待遇法案》规定，性别歧视包括因怀孕、生产、哺乳而被歧视。

我国现行法律中有很多关于禁止就业性别歧视的规定，但没有出现禁止怀孕歧视的用语。如《就业促进法》第 3 条规定："劳动者依法享有平等就业和自主择业的权利。劳动者就业，不因民族、种族、性别、宗教信仰等不同而受歧视。"但是我国多部法律法规实际上包含禁止怀孕歧视的规定。

不管是直接把怀孕歧视包含在性别歧视之中，还是把性别歧视和怀孕歧视并列，怀孕歧视为各个国家和地区普遍禁止的一种歧视行为。

二 禁止怀孕歧视的国际标准与我国的立法规制

（一）禁止怀孕歧视的国际标准

1.《消除对妇女一切形式歧视公约》

《消除对妇女一切形式歧视公约》是保障女性平等就业权方面最重要的公约，其第 11 条第 2 款专门规定了婚育妇女工作权利的保护问题，涉及禁止解雇、产假待遇、辅助性社会服务以及孕期特别保护四个方面。"缔约各国为使妇女不致因结婚或生育而受歧视，又为保障其有效的工作权利起见，应采取适当措施：（a）禁止以怀孕或产假为理由予以解雇，以及以婚姻状况为理由予以解雇的歧视，违反规定者得受处分；（b）实施带薪产假或具有同等社会福利的产假，不丧失原有工作、年资或社会津贴；（c）鼓励提供必要的辅助性社会服务，特别是通过促进建立和发展托儿设

---

① 参见韩国国家人权委员会网站，https://www.humanrights.go.kr/site/main/index002，最后访问时间：2019 年 3 月 5 日。

施系统，使父母得以兼顾家庭义务和工作责任并参与公共事务；（d）对于怀孕期间从事确实有害于健康的工种的妇女，给予特别保护。"

2.《2000 年保护生育公约》（第 183 号公约）

国际劳工组织的《2000 年保护生育公约》（第 183 号公约）中含有许多保护怀孕妇女的条款。公约第 3 条是关于孕期健康保护的规定，"在同有代表性的雇主组织和工人组织磋商之后，各成员国须采取适宜措施，以保证孕妇或哺乳妇女不得从事主管当局确定的会损害母亲或儿童健康的工作，或是经评估确定对母亲的健康或儿童的健康有重大危险的工作"。第 4 条是关于产假的规定，依公约规定，妇女有权享有不少于 14 周的产假，除另有规定外，产假须包括六周时间的产后强制性休假。第 8 条是关于禁止解雇与禁止不利待遇的规定，雇主不得在妇女妊娠期间、产假期间、因妊娠或产后生病请假期间，或是在其重返工作岗位后国家法律或条例规定的一段时间内基于妊娠、分娩、哺乳的原因与其解除劳动关系。证明解雇的理由同妊娠或分娩及其结果或哺乳无关的责任，由雇主承担。除此以外，雇主也要保证妇女在其产假结束后返回同一岗位或工资相同的岗位。第 9 条是关于禁止就业歧视的规定，"各成员国须采取适宜的措施，以保证生育不成为就业歧视的原因，包括进入就业"，明确禁止以生育为由的就业歧视。

（二）我国禁止怀孕歧视的立法规制

我国现行关于禁止怀孕歧视的立法可以分为两部分，一是平等倡导，保障男女平等权利的规定。比如说，《宪法》第 48 条规定："妇女在政治的、经济的、文化的、社会的和家庭的生活等各方面享有同男子平等的权利。国家保护妇女的权利和利益，实行男女同工同酬，培养和选拔妇女干部。"二是怀孕歧视的禁止，虽然法律没有定义"怀孕歧视"，但相关内容已经包含其中。① 主要体现在《妇女权益保障法》、《劳动法》、《劳动合

---

① 郭慧敏、刘咏芳：《"怀孕歧视"：权利的消解与重构》，《西南民族大学学报》（人文社会科学版）2011 年第 7 期。

同法》、《就业促进法》和《女职工劳动保护特别规定》，对禁止录用限制、禁止薪酬待遇的区别对待、生育保护以及禁止解雇等方面进行了规定。

1. 禁止录用限制

《妇女权益保障法》、《劳动法》和《就业促进法》都禁止对女性生育的录用限制。比如，《就业促进法》第 27 条规定："国家保障妇女享有与男子平等的劳动权利。用人单位招用人员，除国家规定的不适合妇女的工种或者岗位外，不得以性别为由拒绝录用妇女或者提高对妇女的录用标准。用人单位录用女职工，不得在劳动合同中规定限制女职工结婚、生育的内容。"

2. 禁止薪酬待遇区别对待

《妇女权益保障法》对禁止薪酬待遇的区别对待作了明确的规定，第 27 条规定："任何单位不得因结婚、怀孕、产假、哺乳等情形，降低女职工的工资，辞退女职工，单方解除劳动（聘用）合同或者服务协议。但是，女职工要求终止劳动（聘用）合同或者服务协议的除外。"《女职工劳动保护特别规定》再次强调用人单位不得因女职工怀孕、生育、哺乳而降低工资。①

3. 生育保护

我国关于生育保护方面的法律规定比较多，《妇女权益保障法》第 26 条第 2 款对生育保护作了原则性的规定："妇女在经期、孕期、产期、哺乳期受特殊保护。"第 29 条第 1 款规定了生育保险制度："国家推行生育保险制度，建立健全与生育相关的其他保障制度。"《社会保险法》第六章专门对生育保险进行细化的规定，明确了生育保险的缴纳主体、生育医疗费的范围以及生育津贴的适用人群。《劳动法》第 61 条是关于孕期妇女劳动强度的规定："不得安排女职工在怀孕期间从事国家规定的第三级体力劳动强度的劳动和孕期禁忌从事的劳动。对怀孕七个月以上的女职工，不得安排其延长工作时间和夜班劳动。"《女职工劳动保护特别规定》对

---

① 《女职工劳动保护特别规定》第 5 条："用人单位不得因女职工怀孕、生育、哺乳而降低其工资、予以辞退、与其解除劳动或者聘用合同。"

孕期禁忌、产假时间计算、生育津贴的发放等作了更为细致的规定，并把《劳动法》第62条规定的"女职工生育享受不少于九十天的产假"延长到98天。

4. 禁止解雇的限制

《妇女权益保障法》《劳动法》《劳动合同法》《女职工劳动保护特别规定》均有禁止解雇限制规定。《妇女权益保障法》第27条："任何单位不得因结婚、怀孕、产假、哺乳等情形……辞退女职工，单方解除劳动（聘用）合同或者服务协议。但是，女职工要求终止劳动（聘用）合同或者服务协议的除外。"《劳动法》第29条以及《劳动合同法》第42条均具体明确了除法定情况外[①]，用人单位不得与孕期、产期、哺乳期女职工解除劳动合同。

三 我国怀孕歧视原因分析

（一）传统文化观念的制约

德国经济学家马克斯·韦伯认为任何社会行动的背后，都隐藏着某种主观精神的东西，而且这种主观精神东西的形成有深刻的社会文化基础。[②]从这个角度讲，怀孕歧视现象的背后也掺杂着一系列的社会文化因素。中国有深厚的生育文化，怀孕长期以来被作为家庭领域的私事，怀孕的妇女不具备劳动力的资格，理应回归家庭。受此影响，怀孕妇女在劳动力市场中受到了更多的排斥。

---

① 《劳动合同法》第39条：劳动者有下列情形之一的，用人单位可以解除劳动合同：（一）在试用期间被证明不符合录用条件的；（二）严重违反用人单位的规章制度的；（三）严重失职，营私舞弊，给用人单位造成重大损害的；（四）劳动者同时与其他用人单位建立劳动关系，对完成本单位的工作任务造成严重影响，或者经用人单位提出，拒不改正的；（五）因本法第二十六条第一款第一项规定的情形致使劳动合同无效的；（六）被依法追究刑事责任的。

② 〔德〕马克斯·韦伯：《新教伦理与资本主义精神》，闫克文译，上海人民出版社，2010，第180页。

（二）用人单位成本的计算

用人单位的实用主义倾向压缩了女性就业空间。用人单位的"理性经济人"特征决定了其在做出雇佣决策时，会以经济效益优先。著名的加里·贝克尔理论认为性别歧视是可以用货币来衡量的。自然附着成本是女性相对于男性的额外支出，是用人单位拒用女性的根本原因。[①] 从用人单位的角度考虑，招聘录用怀孕的妇女，一方面会导致可见成本的增加，用人单位需要承担女职工在孕期、产期、哺乳期内的经济支出和工作断裂的成本；另一方面是预期成本的增加，与男性相比，生育和抚养孩子的女性会耗用更多的时间和精力，用人单位担心女职工生育后将大部分精力投入家庭生活中，工作效果不佳。因此，很多用人单位出于追求利润最大化的考虑，会对妇女，特别是怀孕的妇女产生偏见。

（三）法律制度保障的漏洞

我国现行禁止怀孕歧视的法律存在一些漏洞与缺陷，值得我们反思与完善。

1. 缺乏在招聘阶段禁止怀孕歧视的细化规制

我国现行没有专门针对招聘阶段禁止用人单位怀孕歧视的法律规定，只有关于禁止就业性别歧视的原则性规定。虽然九部委联合印发的《通知》对招聘领域的怀孕歧视进行了明确规定，要求各类用人单位、人力资源服务机构在拟定招聘计划、发布招聘信息、招用人员过程中，不得询问妇女婚育情况，不得将妊娠测试作为入职体检项目，不得将限制生育作为录用条件。但是不可否认的是，从法律效力层面来讲，《通知》属于行政规章，效力较弱。在招聘阶段，禁止用人单位实施怀孕歧视的细化规制需要提升至普通法甚至基本法的位阶上来。

2. 缺乏保障怀孕妇女机会待遇平等的细致规定

对于禁止怀孕歧视的立法，一方面需要坚决杜绝用人单位在招聘环节将

---

① 〔美〕加里·贝克尔：《歧视经济学》，于占杰译，商务印书馆，2014，第12—13页。

怀孕妇女拒之门外，另一方面也需要加强对怀孕妇女在工作期间的保护，使其不因怀孕而受到不合理的区别对待。对于职业中的平等保护，目前我国立法只规定了在晋职、晋级、评定专业技术职务、享受福利待遇等方面不得歧视妇女①，但是没有专门保障怀孕妇女机会待遇平等的细致规定。

3. 相关法律规定中存在需要及时修改的地方

利益法学的开创人赫克认为，法有两个理想：完全的安定性理想与完全的妥当性理想。但立法者不可能满足这两个理想，即使最好的法律，也存在漏洞。②

如上所述，一方面，由于人的理性是有限的，受立法者的认知能力影响，法律中存在疏漏。现行有效的《女职工劳动保护特别规定》第 6 条第 1 款是关于女职工孕期调岗、孕期休息时间的规定。依据该规定，如果孕期女职工认为无法适应所处的工作岗位，可以到相关的医疗机构开具证明，用人单位应当据此作出一定的调整；怀孕七个月以上的妇女，用人单位应当根据具体需要在劳动时间内安排一定的休息时间。对于怀孕不满七个月的妇女，立法上没有作出硬性的规定。但是从现实的情况来看，不仅怀孕七个月以上的妇女需要休息的时间，怀孕不满七个月的妇女同样也需要。因为怀孕初期是胚胎发育的重要时期，也是最容易出现流产的时段，孕妇比较容易感到疲惫，需要适当休息。尤其是高龄产妇，有流产史、患有某些慢性疾病的孕妇，需要格外注意休息。所以说，立法上将范围限制在怀孕七个月以上，其合理性还有待商榷。

另一方面，随着社会的不断发展，法律中也难免会出现不适应时代发展的部分。随着现代科学技术的迅猛发展和机械化水平的提高，劳动环境发生了积极的改善，一些旧有的威胁孕妇及胎儿健康的因素得到消除，但是新的职业危害因素层出不穷。因此，现行关于孕期以及哺乳期妇女劳动禁忌的规定已经逐渐不适应现实的需要。

---

① 《妇女权益保障法》第 24 条："实行男女同工同酬，妇女在享受福利待遇方面享有与男子平等的权利。"第 25 条："在晋职、晋级、评定专业技术职务等方面，应当坚持男女平等的原则，不得歧视妇女。"

② 〔德〕赫克:《利益法学》，津田利治译，庆应大学法学研究会，1985，第 13 页。

（四）性别平等就业支持体系不完善

1. 托幼服务供给缺口明显

在"男主外、女主内"这一传统性别角色分工观念的影响下，女性担负着过重的生育与养育职责，导致女性的职业和家庭角色冲突。目前，我国 0—3 岁婴幼儿的照料支持主要来自家庭内部，缺乏社会照料，托幼服务极度欠缺。第三期中国妇女社会地位调查显示，近十年来随着公办托幼机构的减少，城镇家庭中孩子 3 岁以前入托儿所/幼儿园的比例仅为 0.9%，白天主要由母亲或祖父母/外祖父母照料。[①] 很多女性在生育后因为找不到合适的托幼机构等原因而被迫中断就业。

2. 生育保险缴纳机制不完善

目前，世界各国生育保障的资金来源往往是多渠道的，属于两方或三方的共同缴费，其中政府给予的财政补贴是重要来源之一。比如说新加坡实行强制储蓄模式，职工休假期间的工资主要来自个人账户，但对于生育二胎及以上的职工，由政府承担一部分的产假工资。相比之下，我国生育保险金的来源中国家义务严重缺位。[②] 根据现行《社会保险法》的规定，生育保险基金完全由用人单位予以缴纳，这使得用人单位的负担过重。

四　我国消除怀孕歧视的对策研究

（一）社会观念的更新

大力开展性别平等观和女性生育社会贡献观的宣传教育[③]，发挥主流媒体的引导作用，消除性别歧视的观念和土壤，着力改变性别刻板印象，

---

① 全国妇联：《完善全面两孩政策的配套措施为妇女平衡生育和就业创造有利条件的建议》，《中国妇运》2016 年第 3 期。

② 刘明辉：《论生育保险立法中的性别意识》，刘小楠主编《反就业歧视的机制与原理》，法律出版社，2013，第 83 页。

③ 王显勇：《疏堵结合防治就业性别歧视》，刘小楠主编《反歧视评论》，法律出版社，2018，第 147 页。

积极倡导公平就业的观念，营造良好的社会氛围。

（二）立法制度的优化

美国法律哲学家埃德加·博登海默曾对法律制度的完善有过经典的论述："尽管法律是一种必不可少的具有高度助益的社会生活制度，但是，它像其他大多数人定制度一样也存在一些弊端。如果我们对这些弊端不给予足够的重视或者完全视而不见，那么它们就会发展成为严重的操作困难。"对于怀孕歧视的立法漏洞，我们需要完善相关的规制措施，以便更好地构建我国禁止怀孕歧视的制度。

1. 细化招聘阶段怀孕歧视的规制

禁止招聘阶段的怀孕歧视，需要从以下两个角度予以考虑。

其一，明确规定禁止招聘中的婚育歧视。在德国，求职的过程并不是一个"完全不受法律调整的过程"。2006 年颁布的《一般平等待遇法》禁止——劳动关系中，也包括招聘过程中——基于特定理由的歧视。依据该法，雇主在招聘中必须遵守一定的规则，不能随心所欲地询问求职者的隐私问题，也不能长时间存储求职者的信息。如果雇主在面试谈话或者信息表格中提到非法的问题，雇员有权对雇主的非法提问给予不实的回答，包括隐瞒怀孕的事实。如果雇主在缔约过程中为了获取相关信息而违反规则，将可能构成对求职者一般人格权的侵犯。《一般平等待遇法》于第 15 条对违反禁止令的情况作了特殊的安排，即如果在没有歧视的情况下求职者将得到该职位，可以要求赔偿因此遭受的财产损失和精神损失。[①] 对此，我们可以借鉴德国的经验，规定用人单位不得在招聘过程中要求劳动者提供婚姻或生育状况信息，除非用人单位证明该信息是履行特定工作的内在需要；不得因劳动者在应聘时未如实陈述婚育信息而对其进行惩戒或者解除劳动合同。

其二，明确招聘环节怀孕歧视的举证责任分配。在劳动争议中，基于

---

① 〔德〕沃尔夫冈·多伊普勒：《德国劳动法》，王倩译，上海人民出版社，2016，第 140 页。

劳动者在劳动关系中弱势地位的考虑，《最高人民法院关于审理劳动争议案件适用法律若干问题的解释（一）》中对于因用人单位作出的开除、除名、辞退、解除劳动合同、减少劳动报酬、计算劳动者工作年限等决定而发生的劳动争议案件，规定由用人单位负举证责任。由于歧视的特殊性，受害人与实施性别歧视的用人单位相比，同样处于相对弱势的地位，在通常的情况下，歧视的受害者很难提供用人单位构成区别对待的证据。因此，目前在世界各国和地区的立法中对就业歧视的诉讼一般采取的是举证责任倒置的原则。[①] 台湾地区的"性别平等工作法"第31条就是关于就业性别歧视诉讼举证责任倒置的规定："受雇者或求职者于释明差别待遇之事实后，用人单位应就差别待遇之非性别、性倾向因素，或该受雇者或求职者所从事工作之性别因素，负举证责任。"对于招聘环节的怀孕歧视，我们认为也需要采用举证责任倒置的分配原则，借鉴台湾的经验，由受害者就在招聘阶段受到的歧视提供表面合理的证据，由用人单位就差别待遇非基于怀孕进行说明，减少受害者的诉讼阻力。

2. 细化保障怀孕妇女机会待遇平等的规定

保障怀孕妇女机会待遇的平等性，需要遵循的原则就是用人单位不得剥夺和损害育龄女职工怀孕和产假期间在工作机会、晋升机会、培训机会等方面的平等权，如需调整应合理尊重女职工意愿，保证生育不成为就业歧视的原因。为此，应当完善的措施包括但不限于以下几方面。

用人单位应保证不得随意调整怀孕妇女的岗位以及产后回归工作后的岗位。比如说欧盟的《男女平等指令》明确规定用人单位不得任意在女职工怀孕期间和回归工作后调离其原工作岗位，确有必要调换工作岗位的也需要尊重女职工的意见，避免女职工因怀孕而遭受变相排挤。

限制用人单位解雇怀孕妇女的时间范围。按照香港《性别歧视条例》的规定，在妇女怀孕期间或放完产假恢复上班后立即把她解雇，诸如此类的行为都可以构成怀孕歧视。[②] 日本的《男女雇佣机会及待遇平等法》禁

---

① 刘小楠主编《反就业歧视的策略与方法》，法律出版社，2011，第249页。
② 刘小楠：《港台地区性别平等立法及案例研究》，法律出版社，2013，第172页。

止因怀孕、生育而给予女性不利对待，明确规定除非用人单位能够证明另有原因，对怀孕的妇女以及生育后未满一年的女性劳动者解雇无效。德国《母亲保护法》规定，针对女员工的解雇令适用于整个怀孕期间到生产后四个月内。这些经验都表明禁止怀孕歧视现象的发生，不仅需要限制用人单位在妇女怀孕期间解除劳动合同的行为，也需要对产后合理时间内解除劳动合同的行为作出规制。

用人单位应保证不得因怀孕、生育、哺乳等原因在晋升上给予妇女不利待遇。用人单位必须采取客观公正的绩效评估办法来衡量劳动者的工作表现，确保晋升决定的作出是基于劳动者的能力和绩效。[1]

用人单位应合理安排培训时间，方便包括怀孕的妇女在内的所有具有资格的职工参加。即使因产假、产检等原因未能参与培训，用人单位也应该及时为其提供补充培训的机会。[2]

3. 及时修改或完善不适应现实需要的法律

及时修改或完善《妇女权益保障法》《劳动法》《劳动合同法》《女职工劳动保护特别规定》。以《女职工劳动保护特别规定》为例，政府职能部门要进一步增强主体责任意识，组织专业研究团队评估和监测影响女职工健康的职业危害因素，科学制定不同时期的女职工劳动保护标准。[3]

（三）完善社会支持体系

联合国《消除对妇女一切形式歧视公约》对母性的意义作了高度评价，要求全社会分担养育后代的责任："念及妇女对家庭的福利和社会的发展所作出的巨大贡献至今没有充分受到公认，又念及母性的社会意义以及父母在家庭中和在养育子女方面所负的任务的社会意义，并理解到妇女不应因生育的任务而受到歧视，因为养育子女是男女和整个社会的共同责

---

[1] 参见中华全国总工会《促进工作场所性别平等指导手册》，中国工人出版社，2019，第43页。

[2] 参见中华全国总工会《促进工作场所性别平等指导手册》，中国工人出版社，2019，第45页。

[3] 《委员直陈：女职工禁忌劳动范围该改改了》，http://news.163.com/16/0307/06/BHHJO3R300014AEE.html，最后访问时间：2018年3月28日。

任；认识到为了实现男女充分的平等需要同时改变男子和妇女在社会上和家庭中的传统任务……”正如公约所言，生育不是女性的私事或家庭的私事，生育应当作为一种社会贡献，由国家和社会来承担更多的义务，女性生育所产生的费用也应由社会福利承担。

1. 提升政府公共服务职能，加强托幼服务建设。推动部门合作，加大财政投入，加强公益性托幼设施建设，提高托幼服务水平；通过减免税收、适当补贴等方式鼓励建立平价商业托幼机构；给予政策扶持，鼓励企事业单位逐步恢复托幼服务。

2. 完善生育保险缴纳机制，明确基金构成中的国家义务。国务院办公厅于 2019 年 3 月 25 日公布《关于全面推进生育保险和职工基本医疗保险合并实施的意见》，生育保险基金并入职工基本医疗保险基金，统一征缴。不可否认的是，两险合并实施后生育保险基金可以得到财政支持，在某种程度上提高生育成本的社会化水平，减轻了用人单位雇佣女职工的用工成本。[1] 但是生育保险缴纳机制仍需进一步完善，减轻企业负担，凸显国家责任。

3. 参考国际经验，推行男女共享的带薪育儿假。[2] 育儿假（parental leave），又称为父母假，目前已经越来越普遍地存在于各国法律之中。瑞典现行法律规定，父亲享有与母亲同样的育儿假权利并享有育儿津贴。而且，育儿假中有专属于父亲的“父亲假”，如果父亲不休则视为自动放弃。在德国，父亲可以休 12 个月的带薪产假，每月工资为原工资的 65%，但上限不超过 1800 欧元，单身父亲则享有 14 个月的此类带薪假。[3] 我国部分省份为鼓励男性分担育儿的责任，排除女性的就业障碍，规定了男性护理假。其中湖南、内蒙古、辽宁、宁夏等省区的生育保险办法中将男性护理假津贴作为生育保险待遇的一项内容。这些办法值得借鉴，考虑在全国

---

① 杨慧：《解读〈关于全面推进生育保险和职工基本医疗保险合并实施的意见〉》，https://mp. weixin. qq. com/s/NNe_ wF4HHsvr3qs2bBXVxA ，最后访问时间：2018 年 3 月 28 日。

② 周伟：《贯彻男女平等的基本国策，促进性别平等法律的实施——专访四川大学周伟教授》，刘小楠主编《反歧视评论》，法律出版社，2018，第 122 页。

③ 李宝芳：《“全面两孩”政策下女性就业与生育平衡的困境与对策》，《未来与发展》2017 年第 3 期。

范围内予以推广。

4. 支持用人单位在条件允许的情况下，对怀孕的妇女设置弹性工作制度，包括弹性工作时间、弹性工作安排、弹性工作地点等，推广远程办公模式。①

5. 加强对企业的支持，分担企业雇佣成本。制定鼓励性、指引性措施，加大对用人单位使用育龄女职工的经济补偿，对招聘女职工数量较多的用人单位给予一定的税收减免或税收返还，或给予促进就业平等的单位优先获得政府采购的资格等，以分担企业雇佣女性的成本，解除用人单位雇佣女性的种种顾虑。

---

① 吕春娟、马璇：《"全面二孩政策"下我国适龄女性反就业性别歧视制度的设计》，刘小楠主编《反歧视评论》，法律出版社，2018，第 165 页。

案例研读

就业歧视司法认定路径的反思与重构

——基于 165 份判决书的实证分析

陆银清*

摘要： 在我国的就业歧视领域，用人单位的正当理由经历了在立法上从较少的限制到诸多规制的路径转型，在法官态度与判决上从谦抑到适度干预的转变。在司法实践中，认定用人单位区别对待行为的理由是否构成就业歧视，就劳动者的疾病、与生俱来及后天形成的特质，形成了与之相对应的"严格"、"中度"及"宽松"等三种认定方式。而这种认定方式，却显现了一种过于形式化与差别化的就业歧视认定逻辑，不利于劳动者就业权益的保护。以美国基于比例原则协调用人单位用工自主权与劳动者就业权的冲突为借镜，将用人单位区别对待行为应受目的正当性、手段必要性及利益衡量等因素的约束作为客观要件，与诚信、恣意、恶意等主观事由相结合，才能够较好解决当前我国就业歧视司法认定的困境。

关键词： 就业歧视案件　司法认定　类型化建构

各国法律保障劳动者的就业平等权，用人单位的区别对待行为的合理性必须基于"正当理由"，"正当理由"是"所有解雇事由中雇主行使经营权中的最高道德的表现"。[1] 不过我国近年来，就业歧视所引起的各项争议，已打破用人单位在所谓"正当理由"下行使的最高美德。虽然学界反歧视的理论研究已有所进展，但是法院在矫正就业歧视上所发挥的功能

---

* 陆银清，湖南省怀化市中级人民法院研究室副主任。

[1] Robert C. Brider, "Rethinking Wrongful Discharge: A Continuun Approach," Seton Hall University-W. Paul Stillman School of Business Working Paper at 12. (August 12, 2003).

仍然有限，相关报告也指出反歧视案近十年胜诉率仅 38%。① 有鉴于此，本文拟通过整理与分析我国各级法院针对用人单位正当理由所做的裁判案例，总结司法对该问题的回应与变迁，并进行系统的研究，以期对今后的司法实践有所助益。

一　多重变迁：用人单位正当理由的演变过程

现代劳动法上的"正当理由"概念起源于 20 世纪 30 年代。② 随着我国近年来就业歧视的多发，立法与司法对用人单位的正当理由规制发生了很大的变化。

（一）立法变迁：法律对正当理由的限缩

劳动关系的基本形态乃为民法上的雇佣关系，但是两者还存在一定的区别，主要在于前者尚包括身份不对等的人格关系。我国在效率优先、兼顾公平的政策指导下，立法对用人单位的用工自主权在不同时期有不同的面向（见表 1）。自《残疾人权利保障法》将用人单位的"残疾"歧视行为规定为无效后，全国人大常委会反歧视立法的进程有所加快，有关用人单位禁止歧视的法律也逐渐增多，同时也对用人单位的原有正当理由作出了应有限制。易言之，我国现行法律禁止的歧视种类，已从原先劳动者与生俱来的特质，例如民族、性别、身高等，逐渐扩大到传染病病原携带、社会出生（农村与城镇）等。

表 1　有关就业歧视领域限制用人单位正当理由的变化情况

序号	法律依据	实施时间	主要内容
1	《残疾人权利保障法》第 3 条	1990 年	禁止残疾歧视，残疾人享有同其他公民平等的权利
2	《劳动法》第 12 条	1994 年	劳动者就业，不因民族、种族、性别、宗教信仰不同而受歧视

---

① 万静：《反歧视案近十年胜诉率仅 38%》，《法制日报》2012 年 6 月 9 日。
② Carl F. Schwarze, Understanding the Just Cause Defense, 65 U. Det. L. Rev. 527 (1988).

序号	法律依据	实施时间	主要内容
3	《妇女权益保障法》第2条等	2005年	男女同工同酬，不得在就业中歧视妇女
4	《就业促进法》第25—31条	2007年	不得歧视传染病病原携带者与农村劳动者

（二）判决变迁：判决对正当理由的适度干预

在就业市场上，一方面虽然我国现有的立法禁止了种族、性别、残疾等方面的歧视，但法律所禁止的歧视种类在社会中普遍存在且大有蔓延之势；另一方面未被法律禁止的年龄、长相、身高等歧视种类，也普遍存在。法院面对这些歧视诉讼时，对用人单位所谓"正当理由"的干预呈现了如下的变化（见图1）。

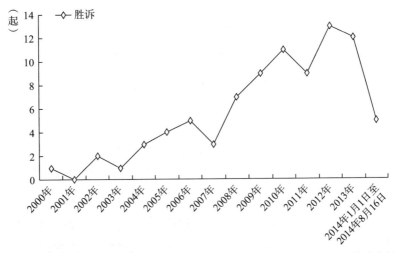

图1 2000年至2014年8月16日法院认定原告提起就业歧视诉讼胜诉的分布情况

注：针对165份就业歧视相关诉讼分析而得，主要来源于中国裁判文书网、北大法宝、媒体报道案例。

由图1可知，针对就业歧视诉讼在21世纪前五年，法院只是零星地支持原告的诉讼请求，说明了此时司法对用人单位用人自主权的谦抑性。2006年成为法院逐渐干涉用人单位用人自主权的分水岭，这时开始逐渐重视劳动者的就业权保护。在接下来的七年，乃至2014年上半年，法院进一步干预用人单位的差别对待理由。因此，我国法院不再自我设定审查用人单位"正当理由"的禁区，而是转向适度的干预。①

另外，法院在 2000 年前受理的有关不受歧视权被侵犯的救济中，只有关于"外嫁女"权利受侵犯胜诉的判决。但是该年过后，媒体和民众用"长相第一歧视案获胜""乙肝歧视第一案获胜"等话语，诠释了法院不断扩大对用人单位差别对待理由的审查范围（见表 2），包括用人单位在残疾、性别、生育等方面可能存在的歧视问题。特别是 2014 年 8 月首例"户籍就业歧视"② 的胜诉，可能又新增了法院能审查的一个就业歧视种类。

表 2　2000 年至 2014 年 8 月法院认定原告胜诉的就业歧视种类分布情况

单位：件，%

歧视种类	长相	残疾	乙肝	健康	性别	生育	社会身份	户籍
数量	2	7	34	10	9	14	8	1
占比（类别）	2	8	41	12	11	16	9	1

（三）法官态度变迁：期待明确的标准

针对用人单位滥用用人自主权的行为，法官的态度也如立法和案例变迁一样，从谦抑向适度干预转变（见表 3）。具体来说，在 2007 年《就业促进法》实施之前，法官对用人单位的用人自主权，其"谦抑"的态度几乎为"适度干预"的两倍多，说明此时司法是以消极的态度对待原告起诉用人单位的区别对待行为，实践中多表现为"不受理"或"败诉"。在 2007 年后，因国家与社会层面持续地关注职场中用人单位的区别对待行为，法官持"适度干预"态度的在之前基础上增加了接近一倍，原告的胜诉率也有所提高。

---

① 周伟：《从身高到基因：中国反歧视的法律发展》，《清华法学》2012 年第 2 期。

② 相关报道参见《安徽女孩考南京人社局遭拒　起诉其户籍歧视获赔》，http://news. eastday. com/s/20140806/u1a8266249. html，最后访问时间：2014 年 8 月 16 日。

表 3　法官认定用人单位正当理由的态度变迁

2007 年《就业促进法》实施前		2007 年《就业促进法》实施后	
谦抑	适度干预	谦抑	适度干预
71.4%	28.6%	56.2%	43.8%

注：此数据系由笔者对 H 省的民庭法官发放 80 份调查问卷，收回有效问卷 67 份而得。

不过在法官态度转变后，面对不断出现的就业歧视诉讼，法官更希望有明确的认定标准（77%），而不是当前无标准可循（见图 2）。诚如部分法官所言，对于劳动者提出的就业歧视诉讼，不是不敢受理，而是怕受理后无标准进行认定。倘若认定不好，要么与用人单位的用工自主权形成高度紧张关系，要么直接影响到劳动者个人的生活质量，并且还可能进一步引发人们对司法权正当性的焦虑。

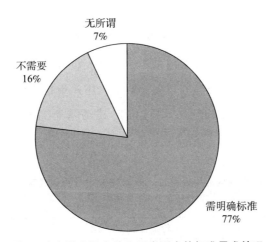

图 2　法官认定用人单位正当理由的标准需求情况

注：此数据系由笔者对 H 省的民庭法官发放 80 份调查问卷，收回有效问卷 67 份而得。

二　困境求索：用人单位正当理由的
三种认定路径及评析

平等并非禁止用人单位差别待遇，重点毋宁为"确定该区别的理由是否正当"。① 为便于观察用人单位对劳动者的区别对待有无正当理由，笔者对就业歧视的相关案例进一步细分，选取了 165 份判决书，并进行归类梳理，基本概括出我国司法实务中有"严格"认定说、"中度"认定说及"宽松"认定说等三种见解，具体阐述如下。

（一）劳动者疾病："严格"认定用人单位正当理由的裁判路径

在乙肝携带者的抗争与社会舆论的持续关注下，再加上我国法律与相关政策也规定在就业中禁止乙肝歧视，法院在乙肝歧视诉讼中，较为积极地干预用人单位的差别对待行为（见表 4），仅在双方不具有劳动关系的情况下，用人单位才得以免除歧视行为引起的责任。例如在周某诉国家大剧院乙肝歧视案中，法院以周某系实习生，未与单位形成劳动关系，判定周某败诉就是最好的诠释。② 如果用人单位以乙肝之外的其他因素为差别对待乙肝携带者的原因，那么都可能引起就业歧视。譬如在高某诉北京比德创展通讯技术有限公司乙肝歧视一案中，用人单位未能提供不予录用高某还有其他原因方面的证据，即可推定其是基于高某系乙肝携带者未录用。③

表 4　各级法院严格认定用人单位"正当理由"是否构成就业歧视案件统计

单位：件

歧视类型	传染病毒携带（乙肝）		53
判决结果	雇主胜诉案例	总计 19 件　不属于劳动关系	19
	雇主败诉案例	总计 34 件　违反了《劳动法》第三条、《就业促进法》相关规定、国家关于就业中禁止歧视乙肝携带者的规定	34
判决逻辑	主要以劳动者就业平等权与诚信原则为判决的原点		

可以说，目前法院判断用人单位差别对待乙肝携带者的行为时，采取

① 周伟：《论禁止歧视》，《现代法学》2006 年第 5 期。
② 参见北京市西城区人民法院（2009）西民初字第 7766 号民事判决书。
③ 参见北京市朝阳区人民法院（2008）朝民初字第 06688 号民事判决书。

的是所谓"法律上严格，实际上致命"的严格审查，属于一种"高标"型的认定模式，即用人单位的差别对待行为要严格限缩在法律范围内，不容许合法上的推定和个案上的衡量。法院一旦决定采用严格的标准审查用人单位限制劳动者的行为，几乎是宣告该行为违法，有过于保护劳动者权利的冲动之嫌。

（二）劳动者与生俱来："中度"认定用人单位正当理由的裁判路径

有时在职场中发生的歧视，所歧视的往往是个人与生俱来的，无法通过后天改变的特质，如性别、种族、年龄、出生地等。许多用人单位因这些特质所形成的偏见或刻板印象，对某些劳动者实施差别的待遇，但这些特质一般与执行工作没多大关系。"一个人因其与生俱来，无法透过后天努力改变的特质，在职场中受到不公平待遇是不合理的。"[1] 但是我国法院并没有依据该法理进行认定，因为从雇主败诉的缘由来看，法官是在权衡劳动者的就业权与用人单位的用人自主权的基础上，偏向于考虑多种因素认定用人单位差别对待的理由是否能够成立，而作出裁决的（见表5）。例如，禁止性别歧视的规定[2]、歧视相对不利后果[3]、当事人意思自治[4]等因素。

表5　各级法院中度认定用人单位"正当理由"是否构成就业歧视案件统计

单位：件

歧视 类型	户籍	5
	社会身份	19
	性别	23
	长相	8

---

[1] 郑津津：《美国就业歧视法制之研究——兼论我国相关法制应有之发展》，《台大法学论丛》2003年第4期。

[2] 最高人民法院中国应用研究所编《人民法院案例选（1992—1999年合订本）》（民事卷·下），中国法制出版社，2000，第1801页。

[3] 参见河南省周口市中级人民法院（2008）周民终字1330号民事判决书。

[4] 参见广东省广州市中级人民法院（2010）穗中法民一终字第4208号民事判决书。

判决结果	雇主胜诉案例	总计 36 件	不属于劳动关系、当事人意思自治	36
	雇主败诉案例	总计 19 件	违反了《劳动法》相关规定、歧视的相对不利后果、主观明知其行使的歧视行为	19
判决逻辑	主要以劳动者就业平等权与劳动合同的意思自治进行综合判定			

关于用人单位以劳动者与生俱来的特质实施差别对待行为，能否构成歧视，法院呈现了一种"中度"的司法审查模式：更多的是个案上衡量其内容要求，带有相当浓厚的折中性格，往往不是失之过宽，也不是失之过严。法院采用此标准，原则上容许较大的个案衡量，一般先审查用人单位是否追求实质或重要的利益，之后再认定用人单位区别待遇的手段与其要达成的目的间，是否有偏向地使用个人特征而给原告增加负担或剥夺了原告应当享有的权益，但不能进行合法推定。

（三）劳动者后天形成："宽松"认定用人单位正当理由的裁判路径

劳动者在职场中，除了碰到乙肝、性别、年龄等歧视之外，还会遇到如哲学家维特根斯坦所说的"家族相似性"的歧视，其中包括了残疾、工作经验、计算机等级等后天形成的特质。不过从我国法院认定用人单位关于这些因素的差别对待行为来看，除了法律上对残疾人禁止就业歧视而保证原告些许的胜诉外，原告在其他的歧视诉讼中往往处于败诉的境地（见表6）。诚如多位法官所言，审查用人单位在学历、工作经验、计算机等级等方面的差别对待行为，很难认定就业歧视，因为它和工作岗位职责存在重要的联系。例如在沈如龙与广东绿由环保科技股份有限公司劳动争议纠纷一案中，法院认为沈如龙因"广州方言上沟通不畅通"，不符合履行岗位职责所需具备的粤语能力条件，对其诉求不予支持就是最好的印证。[1]

---

[1] 参见广东省广州市中级人民法院（2011）穗中法民一终字第 4942 号民事判决书。

表 6　各级法院宽松认定用人单位"正当理由"是否构成就业歧视案件统计

单位：件

歧视类型	残疾			13
	工作经验			6
	学历			11
	计算机			9
	语言			16
判决结果	雇主胜诉案例	总计 36 件	岗位任务完成的需要	36
	雇主败诉案例	总计 19 件	违反了《残疾人保障法》禁止对残疾人的相关规定、设置与岗位无关的条件	19
判决逻辑	主要以岗位能力相关条件进行单一判定			

　　"宽松"型的司法认定模式，对用人单位正当理由的认定，乃为"理论上的合理，实践上无审查的必要"。如果用人单位在学历、工作经验、计算机等级等上的差别对待行为符合岗位需要，行为与目的具有一定关联性，就可以推定用人单位的合法性。具体来说，在此类所谓的"就业歧视"认定中，只要用人单位差别对待行为的行使，并非随心所欲或者有明显重大的瑕疵，即可轻易通过法院的审查，判定违法实属罕见。

（四）形式平等论主导下的差别化就业歧视认定

　　在我国的就业歧视诉讼中，法院认定用人单位的理由是否正当，是依据"区别对待手段"而定，并不审查用人单位为何种目的。因此，这种认定模式的关注点在于手段能够以何种程度达成预设的目的，所追求的乃是"手段与目的之间的理性关联"[①]的形式平等论，在实践中出现了两种囿于法条主义的运行逻辑。

　　1. 固守审查明文规定的禁止歧视类型，而对其他就业歧视的认定则过于保守。一方面，当前法院认定用人单位是否构成就业歧视，关键在于审查用人单位对劳动者是否实施"法律上差别对待"的行为，至于其在

---

① 廖元豪：《实质平等》，台北《月旦法学教室》第 25 期。

"事实"上是否造成劳动者的不平等，则不属于审查的范围，例如用人单位的差别行为造成了劳动者生活的困难。另一方面，虽然法院在判断用人单位在性别、年龄、工作经验等方面的差别对待行为能否构成就业歧视上，有时也以具有"实质平等"内涵的社会一般观念进行衡量，但也只出现在屈指可数的原告胜诉案例中，并没有突破"形式平等"所约束的范围。

2. 形式上是"阶层式"认定模式，实质上乃是"差别式"的认定模式。按理说，"凡是基于某些原因具有取消或损害机会均等或平等享有权利的区别、排斥或优惠措施，都构成法律上的歧视"[①]。我国法院对于用人单位的正当理由成立与否，呈现所谓的"三种阶层式"的认定方式，却是不同的认定裁判逻辑。严格的认定裁判模式，与其说是在严格依据法律，不如说是国家与社会对反对歧视乙肝携带者的推动，影响了法院的认定逻辑。而在明文规定禁止性别歧视、残疾歧视等的前提下，法院却以"中度"的审查标准进行认定，这并不是表征其在严格执行法律的规定，更不用说"宽松"审查模式下屡诉屡败的原告。由此，司法在认定就业歧视中还处于单纯恣意的原始状态，并无统一口径的答案。

三 他山之石：美国司法对用人单位
正当理由的认定

歧视是人类社会中的普遍现象，在域外也不例外。纠正用人单位就业歧视的措施，在重视劳工权利和劳动法律制度发达的美国是如何进行的呢？它对就业过程中的"中国式"歧视具有何种借鉴意义？下文从美国司法认定用人单位差别对待行为的三种类型展开分析。

（一）雇主对个体故意的差别对待

"差别对待"常被称为"故意歧视"，是指"雇主对受保护的个人或

---

① 国际人权法教程项目组：《国际人权法》，中国政法大学出版社，2002，第384页。

少数人与其他群体成员间有故意不同的对待"。① 由于差别对待强调"故意"的歧视，因此，证明雇主的歧视动机与意图显得格外重要。为此，联邦最高法院在1973年确立了三阶段举证责任转换制度，② 即劳动者只需提供初步证据证明雇主故意歧视的存在，接下来雇主有责任证明其雇佣行为符合商业上的必要性或其他免责事由，若雇主能提出证据证明，此时劳动者需证明雇主提出的理由是托词或者借口。在这之后，联邦最高法院于1989年确立了"混合动机"来认定雇主的主观歧视动机，认为"当原告证明非法因素是雇主决定的部分动机时，被告须证明即使没有非法的动机因素被告也会做出同样的决定"。③ 另外，在2003年的另一判例中，联邦最高法院确立了一个原则：原告可以通过直接或者间接证据来证明被告的故意歧视。④ 这种原则更加符合实际，因为雇主在现实中不通过明显的意思来进行歧视，往往通过一系列区别对待的行为达到歧视的效果。

（二）雇主对群体的故意歧视

对群体故意差别对待的反歧视是美国从形式判定向实质平等转变的标志，对群体故意差别对待是属于歧视的制度性歧视，最明显的行为就是雇主在某个工作岗位上直接排除某类群体。此时雇主的唯一抗辩理由是真实职业资格或者企业正常运营的需要。为了消除雇主对某类群体的故意歧视，联邦最高法院对雇主的抗辩理由加重了举证责任，在 *UAW v. Johnson Controls* 一案中，联邦最高法院认为雇主拒绝聘用或提拔女性到铅污染可能影响生育能力的职位，雇主的抗辩理由（铅污染会影响生育）不成立，因为过去很多拒绝女性就业的案件都涉及女性的生育问题。⑤

（三）雇主措施的差别影响

差别影响又称为"间接歧视"，是指雇主的雇佣措施表面上系中性且

---

① *Phillips v. Matin Marietta Corp.*，400U. S. 542（1971）.
② 411U. S 792，93 S. Ct. 1817，36l. Ed. 2d 668（1973）.
③ 490 U. S. 228，190 S. Ct. 1775，104 L. ED. 2d 268（1989）.
④ *Desert Palace, Inc. v. Costa.*，539 U. S. 90（2003）.
⑤ *Automobile Workers v. Johnson Controls, Inc.*，499 US. 187（1991）.

公平，但实施的效果会对就业歧视所保障的特定群体产生负面影响，该项措施极有可能构成就业歧视行为。差别影响是根据 1971 年联邦最高法院的一份判决发展出来的理论，该判决认为雇主要求求职者必须具备高中文凭，该规定表明看似中立，但实施的结果造成 80% 的白种人符合此标准，非白种人只有 5% 满足此项要求。这种措施对立法所保护的群体造成了不成比例的负面影响，构成了违法，除非雇主能证明这种雇佣行为是与工作有关，而且是商业运行的需要才能免除歧视的责任。① 区别影响不关注雇主是否存在歧视的故意，而是关注雇主行为是否造成了歧视的结果。另外，在该案中雇主正当理由要成立，需要能够证明这种行为是与工作有关且属于商业行为，并且要证明可以通过其他方式达到同样目的又不会对原告所属群体造成负面影响。

（四）启示：司法偏向"比例原则"的认定逻辑

通过前面介绍美国司法上认定歧视的三种类型，诠释了其本质上属于一种比例原则的认定方式。因为在美国历史上提倡任意雇佣契约，不干涉用人单位的用工自主权，随着劳资关系不断地紧张与冲突，立法与判例予以规制用人单位的用工自主权，实现保障劳动者的劳动权，平衡两种权利的价值冲突。在这样的背景下，美国三种不同的司法认定模式应运而生。虽然我国的司法国情与美国不同，特别是我国法官不具有"造法"的权力，但是在"《劳动法》正式建立用人单位自主权与平等就业权'两权对立'的格局下"②，运用比例原则具有如下两个方面立法与实践的价值意义。

1. 有利于保护劳动者的权益，贯彻《劳动法》《就业促进法》的立法宗旨及各项反歧视的规定。不管用人单位是违反了法律禁止歧视的规定，还是对规定外的个体故意进行区别对待，法院都可以以用人单位故意违反比例原则对劳动者进行救济，并且还可为某群体被故意歧视提供未来的救

---

① *Griggs v. Duke Power Co.*, 401 U. S. 424 (1971).
② 阎天：《重思中国反就业歧视法的当代兴起》，《中外法学》2012 年第 3 期。

济面向。

2. 有利于平衡劳动者的就业权与用人单位的自主权，实现劳资关系的和谐。在司法实践中，面对用人单位的差别对待行为，法律没有规定，就很"宽松"地审查，将导致用人单位在这方面走向极端，不仅对个别劳动者造成歧视上的危害，还会引起对某群体的差别影响。另外，也不能因为当事人的抗争或社会民众的关注，就要"严格"认定用人单位的差别对待行为，而是应运用比例原则对两种权利进行平衡，作出应有的判决。

四 走出困境：比例原则与类型的连续化融合适用

如前所述，我国法院在识别职场中就业歧视方面存在的不同逻辑，直接说明了这是困扰实务的一个难题。本文拟将比例原则的客观标准与认定类型连续化的主观标准结合，为识别就业歧视提供可行的标准。

（一）客观之维：比例原则的具体适用

所谓"比例原则"是指，"在于要求'方法'与'目的'之均衡，凡采取一项措施以达成一项目的时，该措施必须为合适、必要及合比例之方法"①。具体内容包括了限制手段为最小的手段，且必须适合目的达成及所获取手段与目的必须保持一定的关系。在法律的传统上，比例原则常被认为是公法的原则。实则不然，比例原则的适用不限于公法领域，在民法领域判断也有援引比例原则作为思考的依据。② 如前所述，美国司法就运用比例原则很好地解决了劳动关系所产生的问题，且在德国帝国法院时期，在劳动法领域也以此判断劳资关系合法与否。③

用人单位的差别对待理由能构成歧视原因，就在于"差别的基础是不合理的，不符合比例原则，即区别对待的措施与实现的目的之间不具备相

---

① 陈敏：《行政法总论》，台北：新学林出版有限公司，2011，第 88 页。
② 林更盛：《论劳动法上的一般平等待遇原则》，《中原财经法学》2001 年总第 6 期。
③ 林更盛：《论劳动法上的一般平等待遇原则》，《中原财经法学》2001 年总第 6 期。

关性和必要性，差别的措施与达到的目的不存在比例"①。当前我国法院认定用人单位的"正当理由"是否能排除歧视的三种裁判路径，可以说符合比例原则的一定要求。不过为了避免出现形式化与差别式的裁判路径，认定用人单位对劳动者差别对待行为是否符合"合理区别对待"，需考量以下三个方面。

1. 区别对待的目的是否正当。用人单位区别对待行为的目的是否具有正当性，法院可从消极与积极两方面认定。消极的一面是指，用人单位违反法律明令禁止的就业歧视种类，则构成就业歧视。例如，用人单位歧视女性，以达到追求企业的经济效益目的就是明显的违法。积极的一面是指，没有被我国法律所规定的年龄、工作经验、户籍等歧视种类，用人单位如果对劳动者这些特质进行区别对待，必须符合增进劳动者合法权益立法预设的导向，否则将构成就业歧视。法院不能对用人单位在这方面有过于宽松的认定，使劳动者被迫接受差别的待遇。

2. 区别对待本身是否必要。美国司法以是否加重企业的举证责任来判别其区别对待行为是否正当，原因在于区别对待行为通常会涉及劳动者的核心问题，例如生存权的问题。因此，我国法院在审查的密度上，要比公法要求更严，公法上的"必要性"不外乎是：具有多种有效手段达成目的，何者对基本权干涉最轻，但对于最轻的手段不予审查。换言之，在认定用人单位的区别对待行为是否构成歧视的问题上，与用人单位以为采取"较轻"的行为相比，劳动者可能因此受到不当的利益损害。因此，法院不能仅仅停留于用人单位所述的"最小手段"上，而应综合考虑劳动者权益与用人单位区别对待的必要性，以达到平衡两者的目的。当然这里的"最小手段"只是为了避免用人单位以形式上的"最小手段"掩盖实质上的"重大"的不利雇佣决定。

3. 区别对待所欲达成的目的与区别对待本身，彼此利益（价值）是否衡平妥当。为了避免过度限制用人单位的用人自主权或劳动者的劳动权，法院针对两种权利的行使者所欲追求的利益，应将事物本质作为考

① 周伟：《论禁止歧视》，《现代法学》2006 年第 5 期。

量，使用人单位所欲实现的利益与区别对待所限制的利益相平衡，达到应有的裁决。

（二）主观之维：就业歧视认定类型的连续化

类型连续化研究方法为美国学者伯德所主张。伯德认为，美国的不当解雇法其实并非杂乱无章，不当解雇法与雇主解雇行为相结合，就形成了一个结构上的行为连续，可以分为五大种类的解雇事由：（1）正当事由——客观合理并诚信的事由；（2）诚信事由——符合双方当事人合理期待的事由；（3）恣意事由——雇主情绪化或荒谬的事由；（4）恶意事由——剥夺劳动者预期收益的事由；（5）违反公共政策事由——违反既有社会规范的事由。[①] 从这五个事由可以看出实质上是在评价用人单位的主观目的。鉴于解雇事由与歧视事由均属于用人单位的行为理由，存在很多的一致性。因此，完全可以以此对用人单位的差别对待行为的"理由"进行细致划分，相应位置如图3。

图3　用人单位差别对待事由类型连贯性示意

由图3可知，用人单位区别对待事由所对应的位置，越靠近合理差别对待事由，正当性越高；反之，愈靠近不当区别对待事由，正当性愈低。由此，法院认定用人单位的差别对待行为是否具有正当性时，判断顺序如表7。

表7　法院认定用人单位差别对待事由的判断顺序

差别对待事由的类型	个案符合事由与否	结果
1. 正当事由	√	差别对待合法
	×	依事由2判断

[①] See Bird supra note 1, p. 9.

续表

差别对待事由的类型	个案符合事由与否	结果
2. 违反公共政策事由	√	差别对待合法
	×	依事由 3 判断
3. 恶意事由	√	差别对待违法
	×	依事由 4 判断
4. 恣意事由	√	差别对待违法
	×	依事由 5 判断
5. 诚信事由	√	差别对待合法
	×	差别对待违法

注："√"表示符合；"×"表示不符合。

　　具体来说，表 7 的相关判断顺序应为：（1）用人单位必须能够提供证据证明差别对待行为是有真实的客观理由，才能免除歧视的责任，例如真实的职业资格、营运需要，如不能提供证据证明的，则需承担相应的歧视责任，之所以将正当事由作为第一个判断的理由，是因为较于其他差别对待事由的判断标准该事由的判断标准更高，[①] 并且能包含所有歧视类型的判断；（2）用人单位的区别对待行为违反了已有的法律规定（公共政策），一般情况下，均构成就业歧视；（3）在用人单位的区别对待行为符合法律的形式规定前提下，还要进一步审查用人单位主观目的，如果是恶意不予聘用或解雇，则构成就业歧视，然而在司法实践中，劳动者很少能够证明用人单位的主观恶意，所以，用人单位是否恣意为之是法院需要审查的，用人单位基于不理性的、轻浮的理由，即可以认定滥用用工自主权，例如用人单位迎合"以貌取人""以高取貌""以年（龄）取材"的社会庸俗心理和"男尊女卑"的社会陋习，对劳动者进行差别对待，如果这些要求是与劳动能力、专业技术和岗位职责无关的条件，就是属于恣意的事由，构成就业歧视；（4）伯德认为，在排除上述事由之后，用人单位基于诚信的解雇是可以肯定的，并指出必须不符合其他四项解雇事由的判

---

① See Bird supra note 1, p. 20.

断标准，才符合诚信解雇事由。① 笔者深表赞同，法院可以将诚信事由作为兜底的事由检验用人单位的区别对待行为，避免有些隐性的歧视行为逃避司法的审查。

（三）融合之维：比例原则客观化与类型连续事由的主观化衔接

1. 融合的解释

比例原则在就业歧视领域，因协调劳动者的就业权与用人单位的用工自主权而生，要求手段的适当与结果的客观量化。而就业歧视认定的类型连续化，用于判断用人单位基于何种主观目的所做的区别对待行为。所以，比例原则是类型连续化的客观要件，类型连续化的事由则为前者的主观目的。只有将客观要件与主观要件有机地结合，才能正确判断用人单位差别对待行为是否构成就业歧视。具体来说，用人单位在恶意、恣意、违反公共政策等事由下，差别对待行为造成了劳动者重大损害的，就符合就业歧视的构成要件，而诚信事由与正当事由是属于用人单位的主观上的善意，即使造成了劳动者的重大损害，也只能按公平分配原则作出判决，不能将其认定为就业歧视。此外，如果是造成劳动者轻微伤害的，则必须是在恶意事由或违反公共政策事由下，才能构成就业歧视，其他情形则应予以排除。

2. 融合适用的示例

基本案情：某运输公司招聘随车搬运工人，招聘的条件是 20 岁以上 35 岁以下青壮年男性。梁某系一名 32 岁的女性，而张某系 42 岁的男性。两人一同前往应聘，用人单位均予以拒绝招用，理由在于前者系女性，后者年龄超过，均不符合录用的条件。两人不服，向法院起诉，法院以随车搬运的工作需很大的体力为由，用人单位的招聘条件符合实际需要，故对两人的诉讼请求不予支持。②

对于上述我们平时见怪不怪的案例，结合比例原则的客观化与类型连

---

① See Bird supra note 1，p. 47.
② 系笔者前几年根据一位法官所办案件的描述而成。

续事由的主观化判断可以得知：从类型连续事由的主观化判断上，该公司把青壮年男性作为体能素质最好的群体，相对而言，认为女性或中高年龄者属于体力差、不能扛重物的群体，这种差别对待行为在法律上构成了"考虑不相关的因素"，符合恣意的事由；从比例原则客观化的判断来看，虽然搬运工作是重体力的劳动，青壮年男性的力气平均而言也高于女性与中高年龄者，但不能由此推出前者均大于后两类群体。因此，运输公司选择青壮年男性的手段不具有必要性，违反了比例原则。综上，该运输公司只招聘青壮年男性的差别招聘行为不具有"正当性"，构成就业歧视中的性别歧视与年龄歧视。

结　语

就业歧视的甄别一直是司法实践的难题，而《就业促进法》及有关部门的相关规定，也未能让社会民众所信服。作为一线的法官，笔者以用人单位的"正当理由"是否构成就业歧视为思考点，提出了甄别就业歧视的比例原则与类型连续化相结合的认定方式，以能更好地协调劳动者的就业权与用人单位的用人自主权的冲突。然就客观而言，本文的思考尚为粗浅，唯求抛砖引玉，引发诸方家更多思考。

调研报告

中国跨性别者受教育权实现
状况及法律对策

刘小楠[*]

摘要： 跨性别者，尤其是跨性别儿童和青少年，是一个非常复杂且容易被边缘化又最容易受到歧视的群体。他们在受教育权享有上的脆弱性和具体需求应该被仔细评估和有针对性地提供国家保障。此报告通过实地访谈，呈现跨性别者在全面享有受教育权方面所遭遇的实际挑战。同时，该报告还详尽分析梳理了国际法所规定的有关受教育权的国家义务，以及中国现有的相关法律、法规或政策措施。基于此，报告对包括学校、教育行政部门在内的各责任义务相关方提出了改善性建议，并提供了保护跨性别者受教育权方面的良好实践范例。

关键词： 跨性别　受教育权　性别认同　性别表达　歧视

一　导论

接受教育是所有个体获得发展机会和社会资源的重要基础，也是一项基本人权。教育机构在个人和社会观念的塑造过程中扮演非常重要的角色。平等与全面地享有受教育权，在整个受教育过程中受到理解、尊重和接纳对跨性别者的成长和发展尤为重要。

---

* 刘小楠，中国政法大学人权研究院教授。本研究报告受北京纪安德的委托撰写。写作过程中得到北京纪安德、跨儿中心等多家机构和个人的支持和指导。作为此报告的主要执笔人之一，衷心感谢所有参与者、贡献者，特别鸣谢所有参与小组讨论和访谈的跨性别者，你们的信任、勇气和分享让这份报告变得更加客观和真实。愿此报告能促使跨性别群体的受教育权获得应有的尊重和保障。

（一）基本概念和选题意义

1. 性别与性别认同

1968 年，心理学家罗伯特·斯托勒（Robert Stoller）首次提出了"社会性别"（gender）概念，认为性别不仅包括生理层面上的性别形象划分，还包含了社会行为层面上的性别形象划分，前者为生理性别，后者为社会性别。而性别认同（gender identify）是其生理性别归属为何的知悉感，即意识到"我是女性"或"我是男性"。[1]

2. 跨性别

跨性别（transgender）是一个集合概念，用以形容一个人性别认同与出生时被指派的性别不同，或性别表达与关于该指派性别的社会规范不同。跨性别这一词的提出，标志着人类对性别二元划分模式的挑战，是人类对自身更加深入、真实地认知与探索。[2]

联合国的一些研究显示，跨性别人口可能占成年人口的 0.1% 到 1.1%。[3] 而在亚洲地区，估计有 0.3% 的人口为跨性别者。如此推算，整个亚洲地区估计有 950 万的跨性别者。[4]

在医学上如何界定跨性别，影响着社会大众对跨性别者的认知和态度。长久以来，跨性别被认为是一种精神疾病。随着对跨性别的了解和认知越来越深入，人们开始质疑跨性别是否应当被列为精神疾病。2013 年美国精神病学会公布了第五版的 DSM，其中"性别认同障碍"被"性别焦虑"（Gender Dysphoria）所取代。美国精神病学会认为去掉"障碍"一词有助于减少跨性别者的病耻感，更能为大家所接受。[5] 2018 年 6 月，世

---

① 〔英〕简·弗里德曼：《女权主义》，雷艳红译，吉林人民出版社，2007，第 18 页。
② 方刚：《跨性别：不该被忽视的权益》，http://fanggang.blogchina.com/1361606.html，最后访问时间：2018 年 12 月 1 日。
③ UNAIDS, The Gap Report, p. 8
④ APTN, UNDP, Lost in Transition: Transgender People, Rights and HIV Vulnerability in the Asia-Pacific Region, 2012.
⑤ 陈发展、陆峥：《性身份识别障碍的诊断和治疗进展》，《中华行为医学与脑科学杂志》2012 年第 6 期。

界卫生组织宣布完成 ICD-11（国际疾病分类—11）并发布了官方在线版本。ICD-11 的一个重大变化在于将"性别不一致"（Gender Incongruence）从"精神卫生"移到"生殖健康"章节，所有与跨性别有关的类别都已从 ICD 精神和行为障碍章节中删除。这意味着，世界卫生组织不再将跨性别或者性别多样化的人视为患有精神障碍。新的 ICD 版本于 2019 年 5 月在世界卫生大会上提交最终批准，并于 2022 年的 1 月 1 日正式生效，由各个成员国投入应用。

在中国，跨性别仍被认为是一种精神疾病。《中国精神障碍分类与诊断标准第 3 版（CCMD-3）》中，列有"性身份障碍"的条目（F64）："持久和强烈地因自己是女性而感到痛苦，渴望自己是男性"；"持久和强烈地因自己是男性而感到痛苦，渴望自己是女性"。同时还有"性指向障碍"（F65），指对自己的性认同或性定向不确定。[①]

3. 跨性别者的受教育权

教育对于个人、家庭、国家和社会来说，意义重大。受教育权，简单地说就是人人享有接受教育的机会、自由以及相关的待遇和保障。受教育权是一项基本的人权，也是享有和实现其他人权不可或缺的手段。同时，受教育也是公民的一项基本义务。教育机构（学校）是除了家庭之外未成年人成长和发展的重要场所。

跨性别者作为人类的一分子，自然应该平等享有受教育权这一基本人权。但是，跨性别者作为最边缘化又最容易受到歧视的一类人，其受教育权又极易受到侵犯。跨性别者因其外显的性别表达不符合社会的性别刻板印象，很容易被"暴露"在包括校园环境在内的各种社会环境中。教育环境的友好、教育机构设施的完善、教育内容的妥帖、教育者具有性别意识都对未成年人对性别的自我认识、他者理解，正确包容的性别观念的产生起着关键性作用，对跨性别者平等享有受教育权更是格外重要。

[①] 中华医学会精神科分会编《中国精神障碍分类与诊断标准》，山东科学技术出版社，2001，第 74 页。

（二）研究方法

1. 焦点小组访谈

本报告以实地焦点小组访谈为主要研究方法，访谈地点分别为广州、武汉、上海、北京、沈阳。选择上述五地作为进行焦点小组访谈的地点是因为其分别属于我国南部、中部、北部相对发达的城市，人口密集且多样化，外来人口居多，经济和社会较发达，社会包容度较大，相对更适合跨性别人群生存。报名参与焦点小组访谈的对象来源地包含但不限于广州、武汉、上海、北京、沈阳、南昌、成都等大城市，且涵盖部分中小城市，如开原、本溪、湘潭等。

焦点小组访谈于 2018 年 4 月至 6 月完成，共 32 名跨性别者参与小组访谈，其中 2 名为生理性别女性、自我认同男性，3 名自我认同为第三性别或其他，其余 27 人均为生理性别男性、自我认同女性的跨性别者。32名参与者中，年龄最小的为 16 岁，处于高中就学阶段；最大年龄的参与者为 40 岁。在所有的参与者之中，受教育程度最低为小学，最高学历为硕士；其中 8 人在接受访谈时仍处于求学阶段，分别为高中在读 3 人，本科在读 4 人，研究生在读 1 人。

焦点小组访谈以自愿的方式匿名参与，所有参与者通过网络或微信等平台报名，以面对面的方式直接参与焦点小组。每场访谈持续 90 分钟到 4个小时不等，每场的参与人数为 5—8 人。在每场焦点小组讨论的开始，研究员首先简要介绍焦点小组访谈的目的和概况，并引导被访谈者们轮流做自我介绍，接着研究员根据结构式访谈提纲引导访谈和讨论，如"从小学到大学，你们在学校里的感受和经历如何？学校对于你来说是否是一个良好的教育场所？""在校园中有哪些积极的因素使你很好地获得了你所需要的教育？"。在讨论中，研究员根据当时涉及的内容适时提问，引导参与者客观翔实地分享其在受教育或求学阶段的经验和经历。

2. 文献分析和比较研究

本报告搜集、梳理了可能涉及跨性别者性别认同的法律承认及相关受教育权的中国法律和政策与法院判决，以及国际公约、境外法律和判例中涉及跨性别者受教育权保护的内容。同时，笔者阅读和整理了大量国内外学者对跨性别者在校园环境内权利保护的研究。本报告对中外相关的法律制度、司法判例、保护机制等进行比较和分析，在前述研究成果的基础上，分别从横向和纵向的层面比较对跨性别者受教育权的保护在法律、政策、教育机构以及社群组织方面在我国现阶段出现的问题，并提出应对建议。

（三）研究目标

本报告试图通过跨性别者的自我描述，展示出目前中国跨性别人群受教育权的状况和困境，通过对这种状况的分析与解剖，发现我国在法律、政策上的缺失以及实践中在保障跨性别者受教育权方面的弊端和不足。本报告评估的法律和政策包括规范和保障受教育权以及有关性别认同和保护人权的法律和政策。本报告同时也审视了其他相关的法律规范和材料，包括法律和政策的具体规定以及随附的实施条例、行政裁决、司法裁决、证明现行法律和政策存在缺陷的证据，以及它们对中国跨性别人群在教育领域内的累积影响。

笔者希望通过梳理我国法律对跨性别者受教育权保障的缺失，为改革我国相关法律和政策，建立健全教育机构管理规则提供参考建议，以便改善跨性别者受教育环境，并进一步鼓励发展平等、接纳、尊重、理解和多元化的教育环境和社会环境，更好地保护跨性别者群体的成员。

二　跨性别者受教育权的国际人权
标准和国内法律保障

受教育权是一项基本的人权，是中国宪法里明确保护的公民的一项基本权利，大量国际公约和其他国际文件对受教育权进行保障。教育有助于在经济上和在社会上处于边缘地位的成人和儿童增长才能、脱离贫困，取得充分参与社区生活的手段。受教育权对于跨性别者来说尤为重要，因为很多跨性别者不被家庭和社会所理解和接受，甚至被污名化，在受教育权方面极易受到不公正的对待。

（一） 国际公约和其他国际文件中对跨性别者受教育权的规定

近年来，越来越多的国际文件涉及包括跨性别者在内的性和性别少数群体的受教育权的内容。

1. 国际公约和国际文件中对受教育权的一般性规定

国际社会对受教育权的目标和任务，已经形成了一些广泛的共识：①使人的个性和尊严得到自由充分的发展；②使人能够本着相互容忍和尊重其他文明、文化和宗教的精神，积极地参加自由社会；③培养对父母、本国的民族价值观和自然环境的尊重；④培养和增进对人权、基本自由和和平的尊重。

以下是主要国际及区域人权公约及其他国家文件对受教育权的申明及保障。

（1）《世界人权宣言》

《世界人权宣言》作为联合国大会的决议文件，并不是国际条约，并不直接产生法律约束力，但是它有极强的号召力，向世人宣布了第一个综合性、普遍性人权标准，对于整个国际人权法具有引领和奠定基础的作用。

《世界人权宣言》在第 26 条中规定：

> 一、人人都有受教育的权利，教育应当免费，至少在初级和基本阶段应如此。初级教育应属义务性质。技术和职业教育应普遍设立。高等教育应根据成绩而对一切人平等开放。
>
> 二、教育的目的在于充分发展人的个性并加强对人权和基本自由的尊重。教育应促进各国、各种族或各宗教集团间的了解、容忍和友谊，并应促进联合国维护和平的各项活动。
>
> 三、父母对其子女所应受的教育的种类，有优先选择的权利。

（2）《经济、社会及文化权利国际公约》（以下简称《经社文权利公约》）

作为"人权两公约"之一，该《经社文权利公约》第 13 条规定：

一、本公约缔约各国承认，人人有受教育的权利。它们同意，教育应鼓励人的个性和尊严的充分发展，加强对人权和基本自由的尊重，并应使所有的人能有效地参加自由社会，促进各民族之间和各种族、人种或宗教团体之间的了解、容忍和友谊，和促进联合国维护和平的各项活动。

二、本公约缔约各国认为，为了充分实现这一权利起见：

（甲）初等教育应属义务性质并一律免费；

（乙）各种形式的中等教育，包括中等技术和职业教育，应以一切适当方法，普遍设立，并对一切人开放，特别要逐渐做到免费；

（丙）高等教育应根据成绩，以一切适当方法，对一切人平等开放，特别要逐渐做到免费；

（丁）对那些未受到或未完成初等教育的人的基础教育，应尽可能加以鼓励或推进；

（戊）各级学校的制度，应积极加以发展；适当的奖学金制度，应予设置；教员的物质条件，应不断加以改善。

三、本公约缔约各国承担，尊重父母和（如适用时）法定监护人的下列自由：为他们的孩子选择非公立的但系符合于国家所可能规定或批准的最低教育标准的学校，并保证他们的孩子能按照他们自己的信仰接受宗教和道德教育。

四、本条的任何部分不得解释为干涉个人或团体设立及管理教育机构的自由，但以遵守本条第一款所述各项原则及此等机构实施的教育必须符合于国家所可能规定的最低标准为限。

此外，经社文权利委员会第13号一般性意见进一步提出，采取各种形式的各级教育应该展现相互联系的下列基本特征也即我们通常所说的4A标准。

①可提供性（availability）——应在缔约国的管辖范围内设置够多能够运作的教育机构和方案。这些教育机构和方案需要配备什么才能运作取

决于许多因素，包括能够使它们居中运作的发展配套；例如，所有机构和方案可能需要建筑物或其他遮风避雨的设施、男女卫生设备、教学材料等；但有些机构和方案也需要图书馆、电子计算机和信息技术等设施。

②可获取性（accessibility）——在缔约国管辖范围内，人人都应该能够利用教育机构和方案，不受任何歧视。可获取性包含了互相重叠的三个因素：不歧视——人人必须受教育，最易受害群体的成员更有必要，在法律上明文规定，在事实上确实做到，不得援引受到禁止的任何理由歧视任何人；实际可获取性——教育必须在安全的物质环境中进行，学生可在一些堪称便利的地点上学或通过现代技术设备接受教育；经济上的可获取性——教育费用必须人人负担得起，初等教育应"一律免费"，缔约国对中等教育和高等教育要逐渐做到免费。

③可接受性（acceptability）——教育的形式和实质内容，包括课程和教学方法，必须得到学生的接受。

④可调适性（adaptability）——教育必须灵活，能够针对变动中的社会和社区的需求而进行调适，使其满足各种社会和文化环境中的学生的需求。

（3）《儿童权利公约》

《儿童权利公约》第 28 条规定：

缔约国确认儿童有受教育的权利，为在机会均等的基础上逐步实现此项权利，缔约国尤应：

（a）实现全面的免费义务小学教育；

（b）鼓励发展不同形式的中学教育、包括普通和职业教育，使所有儿童均能享有和接受这种教育，并采取适当措施，诸如实行免费教育和对有需要的人提供津贴；

（c）以一切适当方式根据能力使所有人均有受高等教育的机会；

（d）使所有儿童均能得到教育和职业方面的资料和指导；

（e）采取措施鼓励学生按时出勤和降低辍学率。

第 29 条更详细地规定了教育儿童的目的，如"最充分地发展儿童的个性、才智和身心能力""培养对自然的尊重"等。

（4）《消除对妇女一切形式歧视公约》（以下简称《消歧公约》）

《消歧公约》在第 10 条中专门规定了受教育权，要求

缔约各国应采取一切适当措施以消除对妇女的歧视，并保证妇女在教育方面享有与男子平等的权利，特别是在男女平等的基础上保证：

（a）在各类教育机构，不论其在城市或农村，在专业和职业辅导、取得学习机会和文凭等方面都有相同的条件。在学前教育、普通教育、技术、专业和高等技术教育以及各种职业训练方面，都应保证这种平等；

（b）课程、考试、师资的标准、校舍和设备的质量一律相同；

（c）为消除在各级和各种方式的教育中对男女任务的任何定型观念，应鼓励实行男女同校和其他有助于实现这个目的的教育形式，并特别应修订教科书和课程以及相应地修改教学方法；

（d）领受奖学金和其他研究补助金的机会相同；

（e）接受成人教育、包括成人识字和实用读写能力的教育的机会相同，特别是为了尽早缩短男女之间存在的教育水平上的一切差距；

（f）减少女生退学率，并为离校过早的少女和妇女安排各种方案；

（g）积极参加运动和体育的机会相同；

（h）有接受特殊教育性辅导的机会，以有助于保障家庭健康和幸福，包括关于计划生育的知识和辅导在内。

（5）《取缔教育歧视公约》

联合国教科文组织的《取缔教育歧视公约》，对教育领域禁止歧视的概念以及缔约国在保障公民平等受教育权方面的义务做了规定。比如，

第一条 一、为本公约目的，"歧视"一语指基于种族、肤色、

性别、语言、宗教、政治或其他见解、国籍或社会出身、经济条件或出生的任何区别、排斥、限制或特惠，其目的或效果为取消或损害教育上的待遇平等，特别是：

（甲）禁止任何人或任何一群人接受任何种类或任何级别的教育；

（乙）限制任何人或任何一群人只能接受低标准的教育；

（丙）对某些人或某群人设立或维持分开的教育制度或学校，但本公约第二条的规定不在此限；

（丁）对任何人或任何一群人加以违反人类尊严的条件。

二、为本公约目的，"教育"一语指一切种类和一切级别的教育，并包括受教育的机会、教育的标准和素质、以及教育的条件在内。

第三条　为了消除并防止本公约所指的歧视起见，本公约缔约各国承担：

（甲）废止含有教育上歧视的任何法律规定和任何行政命令，并停止含有教育上歧视的任何行政惯例；

（乙）必要时通过立法，保证在学校招收学生方面没有歧视；

（丙）在学费和给予学生奖学金或其他方式的协助以及前往外国研究所必要的许可和便利等事项上，除了以成绩或需要为基础外，不容许公共当局对不同国民作不同的待遇；

（丁）在公共当局所给予学校的任何形式的协助上，不容许任何纯粹以学生属于某一特殊团体这个原因为基础而定的限制或特惠；

（戊）对在其领土内居住的外国国民，给予与本国国民一样的受教育机会。

第四条　本公约缔约各国并承担拟订、发展和实施一种国家政策，以通过适合于环境和国家习俗的方法，促进教育上的机会平等和待遇平等，特别是：

（甲）使初级教育免费并具有义务性质；使各种形式的中等教育普遍设立，并对一切人开放；使高等教育根据个人成绩，对一切人平等开放；保证人人遵守法定的入学义务；

（乙）保证同一级的所有公立学校的教育标准都相等，并保证与所提供的教育的素质有关的条件也都相等；

（丙）对那些未受到或未完成初级教育的人的教育以及他们根据个人成绩继续接受的教育，以适当方法加以鼓励和推进；

（丁）提供师资训练，无所歧视。

此外，《消除一切形式种族歧视国际公约》《保护所有移徙工人及其家庭成员权利国际公约》《残疾人权利公约》等核心人权公约中也都有教育权方面的规定。

可见，根据国际人权公约设立的标准，缔约国应该制定"最低教育标准"，并涉及入学许可、课程和证书确认等问题。缔约国还需建立一项透明的、切实有效的制度，以监督此类标准的执行。[①]

此外，平等与不歧视原则是人权法的基本原则和价值，是现代人权法的支柱。平等与不歧视原则要求缔约国确认，在法律面前，人人平等，有权不受任何歧视地享有法律给予的平等保护和平等权益。《世界人权宣言》以及九大核心人权公约都涉及平等与不歧视方面的规定。例如，《世界人权宣言》第 1 条即规定："人人生而自由，在尊严和权利上一律平等。他们赋有理性和良心，并应以兄弟关系的精神相对待。"第 7 条规定："法律之前人人平等，并有权享受法律的平等保护，不受任何歧视。人人有权享受平等保护，以免受违反本宣言的任何歧视行为以及煽动这种歧视的任何行为之害。"《经济、社会及文化权利国际公约》第 2 条第 2 款要求缔约各国保证，"本公约所宣布的权利应予普遍行使，而不得有例如种族、肤色、性别、语言、宗教、政治或其他见解、国籍或社会出身、财产、出生或其他身份等任何区分"。《儿童权利公约》第 2 条规定：缔约国应尊重本公约所载列的权利，并确保其管辖范围内的每一儿童均享受此种权利，不因儿童或其父母或法定监护人的种族、肤色、性别、语言、宗教、政治或其他见解、民族、族裔或社会出身、财产、伤残、出生或其他身份而有任何差别。虽然"《世界人权宣言》、《公民及政治权利国际公约》以及《经

---

① 白桂梅主编《人权法学》，北京大学出版社，2011，第 179 页。

济、社会及文化权利国际公约》的不歧视保障中都包括一份关于被禁止的歧视理由的清单。这些清单中并未明确包括'性取向'或'性别认同'，但都可概括为'其他身份'"①。跨性别者有权利按照自己认同的性别表达自己，不能因此被影响甚至被剥夺接受教育的权利。

2. 国际文件中提及跨性别者及其受教育权的内容

"人权的概念不是静态的，也不是任何一个群体的财产；相反，它的意义随着人们重新认识自己的需求和希望而扩大。"② 虽然核心国际人权公约本身没有专门提及跨性别者的权利，但是人权的普遍性和不歧视原则实际保证了跨性别者平等享有受教育的权利。而且在原始的人权条约未进行修改更新的情况下，已有的联合国人权条约机构通过发表一般性意见/建议的形式，对公民权利和政治权利，经济、社会和文化权利等各项权利的内涵作出更具有社会性别意识的解释和发展。例如，人权事务委员会在阐释《公民及政治权利国际公约》第 9 条规定的人身自由与安全权时，指出权利的主体首先包括"男孩、女孩、士兵、残疾人、女同性恋者、男同性恋者、双性恋、变性人"等。

近年来，多个联合国公约委员会也明确表明，禁止歧视的定义中包含基于性别认同的歧视。如经济、社会、文化权利委员会的第 20 号一般性意见提出："性别认同也被认定为禁止歧视的理由。例如，跨性别人士、变性人和间性人的人权往往遭受严重侵犯，如在学校或工作场所被骚扰。"③ 儿童权利委员会也将《儿童权利公约》第 2 条规定的不歧视权解释为包含性别认同，强调缔约国必须解决歧视弱势或被边缘化的儿童群体

---

① 联合国人权事务高级专员办事处：《生而自由，一律平等——国际人权法中的性取向和性别认同》，http://www.ohchr.org/ Documents/Publications/BornFreeAndEqualLowRes _ CH. pdf，最后访问时间：2018 年 11 月 11 日。

② Charlotte Bunch, Women's Rights as Human Rights: Toward a Re-Vision of Human Rights, *Human Rights Quarterly*, Vol. 12 (1990), pp. 486 - 498.

③ 经济、社会、文化权利委员会，第 20 号一般性意见，经济、社会和文化权利方面不歧视，《经济、社会及文化权利国际公约》第 2 条第 2 款。U. N. Doc. E/C. 12/GC/20 (2009)．

的问题，包括男女同性恋、变性或跨性别儿童在内。① 在消除对妇女歧视委员会第 27 号②、28 号③、33 号④和 35 号⑤一般性建议中也都提到了跨性别者的平等权利。

由联合国人权事务高级专员办事处出版的《生而自由，一律平等，国际人权法中的性取向和性别认同》强调："以《世界人权宣言》为基础的国际人权法以及后续商定的国际人权条约均规定国家负有保护女同性恋者、男同性恋者、双性恋者和变性人以及两性人的法律义务。所有人，无论性别、性取向或性别认同如何，都有权享有国际人权法提供的保护，包括生命权、人身安全和隐私权、免遭酷刑、任意逮捕和拘留的权利、不受歧视的权利以及言论、结社和和平集会自由的权利"，"基于性取向和性别认同为人们提供保护并不要求为女同性恋者、男同性恋者、双性恋者和变性人创设新的权利或特殊权利，更确切地说，是在要求保障非歧视性地普

① 儿童权利委员会第 13 号一般性意见（儿童免遭一切形式暴力的权利），第 60 段和第 72 （g）段。

② 消除对妇女歧视委员会第 27 号一般性意见中强调，作为缔约国的核心义务，国家必须在法律上禁止包括性取向和性别认同在内的歧视。

③ 在消除对妇女歧视委员会的第 28 号一般性建议中对"性别平等"做出了界定：男女平等（equality between men and women）或者性别平等（gender equality）原则的内在含义指的是，所有人，无论其性别，都有发展个人能力、从事其专业和做出选择的自由，不受任何陈旧观念、僵化的性别角色和偏见的限制。同时，委员会强调，以性和性别为由对妇女的歧视与影响妇女的一些其他因素息息相关，如种族、族裔、宗教或信仰、健康状况、年龄、阶级、种姓、性取向和性别认同等。

④ 消除对妇女歧视委员会第 33 号一般性建议指出：交叉或复合歧视的理据可能包括族裔/种族、土著或少数人身份、肤色、社会经济地位和/或种姓、语言、宗教或信仰、政治见解、民族本源、婚姻和/或生育状况、年龄、城乡位置、健康状况、残疾、财产业权，以及女同性恋者、女双性恋者、变性妇女或两性人的身份。这些交叉因素使这些群体的妇女更难以获得司法救助。

⑤ 消除对妇女歧视委员会第 35 号一般性建议指出：委员会确认，歧视妇女与影响其生活的其他因素密不可分。委员会在其判例中曾经强调，这些因素包括：妇女的族裔/种族、土著或少数民族身份、肤色、社会经济地位和/或种姓、语言、宗教或信仰、政治意见、民族血统、婚姻状况、生育、父母身份、年龄、城乡位置、健康状况、残疾、财产所有权、女同性恋、双性恋、变性人或双性人、文盲、寻求庇护、难民、境内流离失所者或无国籍者、寡妇、移民身份、户主、艾滋病毒/艾滋病患者、被剥夺自由和卖淫，以及贩运妇女、武装冲突局势、地理位置偏远和侮辱包括人权维护者在内的争取自身权利的妇女。因此，由于妇女蒙受着各种交叉出现的歧视，产生了严重的负面影响，委员会承认基于性别的暴力可能在一定程度上，或以不同的方式影响着某些妇女，这意味着需要采取适当的法律和政策对策。委员会建议缔约国实施下列立法措施：……（c）废止（转下页注）

237

遍享有所有权利"。①

此外，2006 年《关于将国际人权法应用于性倾向和性别认同相关事务的原则》（The Yogyakarta Principles，简称《日惹原则》）普遍认可：人人生而自由且平等地享有尊严和权利，而性倾向与性别认同是人性中不可或缺的部分，不得成为歧视的理由。在 2016 年的《日惹原则》＋10 中，这些原则得到了重申。《日惹原则》的原则第 16 条"受教育的权利"对跨性别者的受教育权做了详细的规定：

> 每个人都有受教育的权利，不受基于和顾及其性倾向和性别认同的歧视。
>
> 各国应该：A. 采取所有必要的立法、行政和其他措施，以确保人们平等获得教育，确保学生、员工和教师在教育体系内得到平等的待遇，不受基于性倾向和性别认同的歧视；
>
> B. 确保教育的目标是让每个学生的人格、天赋以及精神和身体能力向最充分发挥其潜能的方向发展，并且回应所有性倾向和性别认同的学生的需要；
>
> C. 确保教育的目标是以理解、和平、宽容和平等的精神发展对人权的尊重和对每个儿童的父母和家庭成员、文化认同、语言和价值的尊重，考虑和尊重不同的性倾向和性别认同；
>
> D. 确保教育方法、课程和资源适用于提高对不同性倾向和性别认同的理解和尊重，除其他外，包括对学生、父母和家庭成员与之有关的特殊需要的理解和尊重；

（接上页注⑤）包括习惯法、宗教法和土著法在内的所有歧视妇女和借以保护、鼓励、促进、合法化或容忍任何形式的基于性别的暴力的法律条款。特别是，废止以下条款：身为同性恋、双性恋或跨性别者，妇女卖淫和通奸定为刑事罪的条款，或使妇女不成比例地受到影响的任何其他刑事条款，包括那些导致有歧视地对妇女施以死刑的刑事条款……

① 联合国人权事务高级专员办事处：《生而自由，一律平等，国际人权法中的性取向和性别认同》，http://www.ohchr.org/Documents/Publications/BornFreeAndEqualLowRes_CH.pdf，最后访问时间：2018 年 11 月 11 日。

E. 确保法律和政策为不同性倾向和性别认同的学生、员工和教师提供适当保护，使他们免遭学校环境中各种形式的社会排斥和暴力，包括欺凌和骚扰；

F. 确保受到这些排斥或暴力的学生不会因为保护而被边缘化或隔离，确保用参与分享的方式来识别和尊重其最佳利益；

G. 采取所有必要的立法、行政和其他措施，以确保教育机构中的纪律以符合人的尊严的方式来执行，不受基于学生的性倾向和性别认同或有关其表达的歧视或处罚；

H. 确保每个人——包括已经在教育系统内受过这种形式的歧视的成年人——都能获得终身学习的机会和资源，不受基于性倾向和性别认同的歧视。

在《日惹原则》+10 中，又进一步增加了性和性别平等教育的内容，强调在课程中纳入性、生理、身体、心理多样性，以及性和性别少数群体人权等方面全面、肯定、准确的内容。同时也要求教师培训和继续职业教育中加入这些内容。

（二）境外对跨性别者受教育权保护的法律政策

1. 保障公民受教育权的一般性规定

教育公平是社会公平和人权保障的重要基石。世界各国一般都会通过宪法、教育类立法对公民的平等权和受教育权进行规定，这些规定构成保障跨性别者受教育权的国内法基础。比如，希腊宪法规定，教育的目的在于对希腊人进行德、智、体以及职业培养训练，发扬民族和宗教的良心，将他们造就成为自由而有责任心的公民。一切希腊人均有在各级国立教育机构享受免费教育的权利，国家为才华出众的学生以及需要资助或特别保护的学生，按他们的才能分别提供财政资助。秘鲁宪法规定，人生来就有得到教育和文化的权利，教育的目的是全面发展人的个性。日本宪法规定，一切国民按照法律规定，都享有按能力同等受教育的权利，一切国民按照法律规定，都负有使子女接受普通教育的义务。韩国宪法规定，全体国民都拥有按能力均等地受教育之权利。意大利宪法规定，学校向一切人开放，天资聪明和成绩优良者，即使无力就学，也有权受到高等教育，共和国通过竞争考试发放奖学金、家庭补贴以及其他资助，以确保上述权利的实施。古巴宪法规定，所有公民有受教育的权利，每个儿童和青年，不管其家庭经济状况如何，都有根据其能力、社会要求和社会经济发展的需要进行学习的机会。[①]

2. 明确规定跨性别者受教育权的法律政策

除了法律法规中对受教育权的普遍性规定，一些国家（地区）的法律中也明确规定对跨性别者不得歧视，保障其平等受教育的权利。

（1）瑞典：2009 年通过的《反歧视法》禁止在包括教育在内的 10 个领域中基于性别、跨性别的身份认同或性别表达、种族、宗教或其他信仰、残障、性倾向和年龄的歧视和报复行为，也规定了教育提供者为了促进平等所应采取的积极措施。该法要求教育提供者应当进行以目标为导向的工作，以积极地促进儿童、未成年人和学生在教育活动中获得平等的权利和机会。

（2）挪威：2018 年开始实施的《平等与反歧视法》明确禁止教育领域内基于性别、怀孕、与生育或者收养有关的休假、照顾责任、种族、宗教、信仰、残障、性倾向、性别认同、性别表达或者一个人其他显著特征的歧视。

（3）英国：2010 年的《平等法》禁止基于性别、性别重置（跨性别身份）、性倾向等事由的歧视。教育机构基于性别、性别重置和性倾向的原因而拒绝录取、不提供教育或者开除学生，不提供相关福利、设施或者服务，或者在选课的时候，以及在使用娱乐和训练设施的时候歧视、骚扰、不当责罚都是该法所禁止的歧视行为。

（4）美国：1964 年《民权法案》第九章中没有明确禁止教育领域中基于性别认同、性别表达的歧视，但是美国 20 个州和哥伦比亚特区的法律都禁止基于性别身份的歧视行为。[②] 比如，纽约州 2019 年 1 月通过了

---

① 顾相伟：《各国宪法受教育权相关规定之比较》，《现代教育管理》2010 年第 5 期。
② 《纽约州颁布法律禁止跨性别歧视》，http://dy.163.com/v2/article/detail/E6F7KRFO0514PFU2.html，最后访问时间：2019 年 4 月 29 日。

《性别表达非歧视法》，规定把拒绝给跨性别者提供工作、住房、教育或者公共住宿的行为视为违法。纽约市的人权法也禁止基于性别、性别认同、性别表达和性倾向的歧视，并且对跨性别者在学校中的相应权利做了较为详细的规定。此外，2016 年，美国南卡罗来纳州霍里县的跨性别法律中心代表一名跨性别男学生致函教育委员会，该学生在老师看到他使用男孩的厕所后被停课。教委会变更了相关政策并表示，将来所有跨性别儿童都能够使用符合其性别认同的厕所。

（5）中国台湾："性别平等教育法"第 2 条对"性别平等教育""性别认同""性霸凌"等概念进行了界定。该法将性别平等、多元性别的概念融汇到整个教育过程中，并将跨性别者等性少数群体列为被保护的对象，要求在学习环境与资源方面，学校不得有基于性别、性别特质、性别认同或性倾向的差别待遇。

（6）印度：2014 年最高法院的裁决为跨性别者创造了官方的第三性别地位。根据印度 2009 年的《受教育权法案》，这些人也被赋予了"受保护地位"这一经济弱势群体的分类。这意味着不仅跨性别学生不会因性别认同而被排除在学校之外，他们还享受特殊措施，包括保证私立学校将每个班级至少 25% 的学位保留给弱势群体的孩子。[①]

（7）智利：2017 年 5 月，智利教育当局明确解决对国家学校系统中跨性别学生的歧视问题，向西班牙语学校和其他教育机构发出促进跨性别学生权利保护的指导方针，这些指导方针承认和支持国家学校系统以所有学生为基础的平等。这些指导原则明确禁止学校基于性别认同歧视学生，例如通过容忍任何形式的欺凌和骚扰，或通过不允许学生穿符合其性别认同的制服或使用符合其性别认同的厕所来排斥他们。

（8）阿根廷：2012 年 7 月通过《性别认同法案》，承认基于个人表达的性别认同权。

世界不同地区将跨性别学生的权利转化为教育中的非歧视内容正在取

---

① 《印度喀拉拉邦为跨性别者预留大学名额，此前已认可了第三性别》，http://dy.163.com/v2/article/detail/DN08I3R7051280SH.html，最后访问时间：2019 年 4 月 29 日。

得实质性进展，并使之成为日常现实。但是，这些自由也受到一些人的挑战。2017 年 2 月，美国特朗普政府撤回了奥巴马政府发布的关于 1964 年《民权法案》第九章教育修正案的指导意见，该法案扩大了第九章提出的基于性别的保护，包括性别认同。特朗普政府在撤销指导意见时表示，教育部需要"更全面地考虑所涉及的法律问题"。因此，尽管在国际和国家两级的法律中承认将性别认同作为歧视的理由，但跨性别学生在不歧视的基础上接受教育的权利、得到普遍尊重还有很长的路要走。

（三）中国保障跨性别者受教育权的法律框架①

中国批准的《经社文权利公约》《儿童权利公约》等国际公约中②都包括受教育权的规定，中国作为缔约国有将这些国际公约转化为国内法，并且履行国际公约中缔约国保障受教育权的国家义务。同时，中国国内法对受教育权的保障已形成以《宪法》为基础，以《教育法》《义务教育法》《高等教育法》《职业教育法》《教师法》等教育类立法为主体，辅以《未成年人保护法》《妇女权益保障法》《残疾人保障法》《义务教育法实施细则》《残疾人教育条例》《天津市预防和治理校园欺凌若干规定》等一系列法律、行政法规、地方性法规的法律框架。

中国现行的法律中没有关于跨性别者受教育权的专门性规定，但是关于受教育权的一般性规定均应适用于跨性别者。

1. 《宪法》

中国《宪法》第 46 条明确规定了公民享有受教育权。第 33 条规定公民在法律面前人人平等，国家尊重和保障人权。

2. 主要相关法律法规

（1）《教育法》第 9 条规定了公民的受教育权，明确了公民依法享有平等的受教育机会。第五章列举了受教育者享有的相关权利："（一）参

---

① 详见本文附录二。
② 中国签署并批准了九大国际人权公约中的六个，即《经济、社会及文化权利国际公约》《消除对妇女一切形式歧视公约》《儿童权利公约》《残疾人权利公约》《消除一切形式种族歧视国际公约》《禁止酷刑和其他残忍、不人道或有辱人格的待遇或处罚公约》。中国也签署了《公民权利和政治权利国际公约》。

加教育教学计划安排的各种活动，使用教育教学设施、设备、图书资料；（二）按照国家有关规定获得奖学金、贷学金、助学金；（三）在学业成绩和品行上获得公正评价，完成规定的学业后获得相应的学业证书、学位证书；（四）对学校给予的处分不服向有关部门提出申诉，对学校、教师侵犯其人身权、财产权等合法权益，提出申诉或者依法提起诉讼；（五）法律、法规规定的其他权利。"

（2）《义务教育法》《未成年人保护法》中都规定了未成年人接受义务教育的权利和国家、社会、学校、家庭给未成年人提供教育的义务。

（3）《高等教育法》《民办教育法》《职业教育法》中规定了在非义务教育阶段公民有享受教育的权利。

（4）《教师法》《义务教育法》《义务教育法实施细则》中规定了教师有关心、爱护全体学生，尊重学生人格，促进学生在品德、智力、体质等方面全面发展的义务，不得对学生实施体罚或其他侮辱人格尊严的行为。

（5）《教育法》《义务教育法》《义务教育法实施细则》中都明确规定了为女性、家庭经济困难人群、少数民族、残疾人和有违法犯罪行为的未成年人接受教育提供保障、资助和创造条件。

（四）中国对跨性别者受教育权法律保障的优点与不足

对照我国批准的国际公约以及相关的国际文件，可以发现我国法律法规中对跨性别者受教育权保障的特点与不足。

1. 强调受教育权的普遍性，但是对跨性别群体关注不足

我国批准的国际公约和我国相关立法中均强调了受教育权的普遍性和平等原则，已经形成对公民平等受教育权进行保障的较为完整的多层次的法律框架。虽然我国批准的国际公约本身并没有明确提出保障跨性别者的受教育权，但是这些公约在阐述受教育权时，均体现了人权的普遍性。比如《经社文权利公约》强调"人人有受教育的权利"。《儿童权利公约》反复强调保障"所有人""所有儿童"的受教育权。跨性别者自然包括在内。此外，如前文所述，在这些公约的一般性建议中，对跨性别者的权利做出了明确的规定。

同样，受教育权是我国宪法规定和保护的公民的一项基本权利。宪法及其他相关教育立法都强调了受教育权的普适性，即受教育权的主体为所有在中国领域内的适龄公民，不分民族、种族、性别、职业、财产状况、宗教信仰等，依法享有平等的受教育机会。同时，我国法律也规定，在义务教育阶段，每一个适龄儿童，都有权利进入教育领域学习，使用教育教学设施，国家、社会、政府、学校、父母和其他监护人都有义务尊重和保障未成年人的受教育权得以实现。而接受职业教育、高等教育等非义务教育阶段教育的权利也是每个公民都依法享有的。

我国对受教育权保护的法律是在平等的理念下建立起来的，不仅明文规定了公民平等地享有受教育权，还对妇女、残障者、少数民族等一些弱势群体进行了重点强调和特殊保护，但是相关法律法规均未明确提及性和性别少数群体的平等受教育权。虽然法律政策中普遍性的受教育权的规定，当然地涵盖了跨性别群体，但是由于我国法律政策仍然建立在二元性别的框架之下，而且长期以来，跨性别者遭受误解和歧视，实践中其受教育权的行使和实现仍然存在诸多障碍，权利经常受到侵犯且无法得到公正、及时的救济。因此，在法律政策中对跨性别者的权益加以特殊强调实有必要，例如明确禁止教育领域中基于性别认同和性别表达的歧视。国家、社会和学校有义务提供给每一个人（无论其性别认同和性别表达为何）相同的入学机会、友好的校园环境和公正的评价。

2. 性别平等教育方面的规定缺失

我国批准的上述国际公约，不仅强调保障提供义务教育的重要性，而且要求保证所有人享有平等的教育机会，包括各级各类学校的入学机会以及各种有形无形教育资源的平等享有，同时在教育内容上要克服性别刻板化的教育，包含人权和性别的内容，鼓励人的个性和尊严的充分发展。《北京行动纲领》也强调社会性别主流化，要求各国政府将性别观点纳入所有的方案和政策之中。

我国目前的法律和政策中强调的主要是普及义务教育和平等入学机会。虽然教育立法中也涉及教育目的及核心内容，比如，《教育法》总则中规定，"国家坚持以马克思列宁主义、毛泽东思想和建设有中国特色社会主义理论为指导，遵循宪法确定的基本原则，发展社会主义的教育事业"，"教育应当坚持立德树人，对受教育者加强社会主义核心价值观教育，增强受教育者的社会责任感、创新精神和实践能力。国家在受教育者中进行爱国主义、集体主义、中国特色社会主义的教育，进行理想、道德、纪律、法治、国防和民族团结的教育"，但是法律中对于我国批准的相关国际公约中要求的教育中应该尊重人权、平等、打破性别刻板等内容，充分发展学生个性和尊严都强调不足。我国教育政策制定与执行中应提升性别敏感意识，应重新审视、修订现行教育法规政策，消除性别歧视；对教育政策中的性别盲点需要通过制定新的法规政策予以补充、完善。另外，政策制定中应吸纳具有社会性别意识的专家参与，并充分听取他们的意见和建议。

3. 对教育的可提供性和可调适性法律规定不足

跨性别者受到全社会的认可和接纳还有很长一段道路要走，国家和教育机构不仅要保障跨性别学生在接受教育的过程中受到平等对待、不被歧视，也要实现教育的可提供性和可调适性，以保障跨性别者能够实际安全、平等、舒适地享受教育资源。比如，根据跨性别者的需求，对跨性别学生的住宿、洗浴、卫生间等方面提供合理便利。我国目前在这方面仍存在立法空白，与《经社文权利公约》第 13 号一般建议书所提出的教育的4A 标准相比仍有差距。

三 我国跨性别者受教育权实现状况及对策

受教育权是公民的基本权利，涵盖了从入学机会到学业完成被授予证书的整个过程。其内容包含了：平等的受教育机会、平等的享受教育资源的权利、在受教育中个人尊严不被侵犯的权利、教育完成后领受国家认可的证书的权利等。事实上，受教育权背后更深层的法律权利是"生存发展权"和"人格尊严权"。公民只有平等、顺利地接受教育，学习科学文化、劳动技能等各方面的知识才能提高个人的生存发展能力，才能减少在社会中生存的阻力。教育因其传授必需的技能知识、培养逻辑思维和理性分析能力，而成为个人尊严和自尊的基础。但是，由于相关法律政策的不足，加之教育者和学生的性别偏见，实践中，跨性别者在整个受教育过程中的权利没有得到完善的保护。

（一）平等的受教育机会

此处所说的"平等的受教育机会"，主要是指各级教育机构在招生、面试、录取、课程安排、学业评价、奖惩以及休学、退学、毕业等环节中要保证平等对待受教育者，不得基于性别、性别认同、性别表达、性倾向对受教育者进行不合理的差别对待。

1. 跨性别者存在被学校拒收的可能性

由于我国在初级、中级教育阶段施行义务教育政策，在很大程度上避免了跨性别者在入学机会上的不平等。但是在私立学校和大学研究生招生环节中，因为跨性别者外显的、与原生生理性别不相符的性别表达而被拒绝录取的情况时有发生。

在录取学生标准为"笔试＋面试"的情况下，笔试分数相对客观，但是面试官的个人偏好可能影响面试分数。面试老师如果没有正确的性别观念，不能对跨性别者做客观中立的评价，则可能导致跨性别者丧失平等的受教育机会。有些面试老师对应试学生"假小子""娘娘腔"之类带有性别刻板印象的评价很有可能影响学生的面试分数，导致跨性别学生落选。更严重的情况发生在没有做性别重置手术但是已经服用激素介入治疗的跨性别者身上，在激素介入后，原生性别的性征会被抑制，他们的身份证、录取信息上显示和填报的性别与其性别表达明显不相符，面试老师更会觉得"怪异""不正常"，从而增加了跨性别者被学校拒之门外的可能性。

2. 跨性别者被休学、退学的基本情况

广州跨性别教育中心和北京义派律师事务所联合发布的《跨性别校园环境及身份/学历证件变更状况调查报告》显示，在跨性别学生中，有人曾被校方或者父母要求退学或者暂缓学业，有人曾经考虑过退学或暂缓学

业。通过对数据的进一步分析和研究发现：生理性别为男性的跨性别受访者相较于生理性别为女性的跨性别受访者更加难以顺利完成学业如期毕业。生理性别为女性的跨性别者相对而言学历高于生理性别为男性的跨性别者。

我们在访谈中发现，跨性别学生休学退学的原因主要有三类。

（1）因违纪而休学/退学。学校因为跨性别学生与指派性别不一致的性别表达而直接给予跨性别学生处分的直接歧视行为并不多见，但是学校可能因为跨性别学生的一些行为给予其休学或者劝退的处分，如因为跨性别学生"打架、抽烟、喝酒、谈恋爱"之类违反校园行为规范的行为。在访谈中，有参与者反馈曾因被欺凌而与欺凌者产生冲突，虽未被劝退但因此遭受校方连带惩处。跨性别学生被休学或被退学的现象更多地出现在初、高中阶段。初/高中学生是未成年人，且处于青春期，再加上升学压力大，学校对学生的管控程度更强。笔者查阅了几所地方高中的规定，发现一般高中一般会对以下几种行为进行"劝退"及"勒令退学"：违反刑事法律构成犯罪的行为；视校规于无物、屡教不改；连续旷课或累计旷课达到一定时长；严重扰乱社会秩序。虽然笼统的校规没有明确对跨性别学生造成歧视，但是跨性别学生不穿着符合自己生理性别的校服、不服从学校对宿舍的安排、因被欺凌不敢去上课等都会导致"屡教不改"而被学校劝退。学校也没有充分考虑跨性别学生由于性别焦虑及不友好的校园环境更可能依赖吸烟、喝酒甚至毒品来缓解焦虑和抑郁的特殊情况。[①]

（2）因为校园欺凌或校园环境极度不友好，跨性别学生无法继续在本校就读，主动要求休学或者退学，这是一种"看似主动实则被动"的形式。例如，一名高中肄业的跨性别女性在上海的焦点小组访谈中表示，由于长期遭受校园欺凌，缺乏教育者有效的支持和帮助，其身心受到伤害，无法集中精力学习，因此被迫选择休学，以此回避暴露在不友好的校园环

---

① 有研究表明，跨性别学生比顺性别学生更倾向于使用酒精、大麻。Espelage D L, Aragon S R, Birkett M, "Homophobic Teasing, Psychological Outcomes, and Sexual Orientation Among High School Students: What Influence Do Parents and Schools Have?," *School Psychology Review*, (June 2008).

境中。参与北京焦点小组讨论的另一名中专肄业的跨性别女性表示，曾因穿女装遭受同学，甚至老师嘲笑，再加上缺乏家人的理解和支持，最终产生厌学情绪而被迫退学。除此之外，另有两名受访者也表示曾因不友善的环境和对待而考虑休学。

（3）由于教育相关政策的不完善，例如学籍、学历证书修改相关政策的限制，一些跨性别学生无从选择，只能以主动休学或退学的方式降低其对教育成本的投入（详见本章第五节"学籍、教育证书和职业资格证书中的性别标记修改"）。

与被拒绝录取一样，跨性别学生被休学、被退学同样也是受教育机会被剥夺的表现。学校在接受学生在本校就读之后，就有义务为每一个学生提供和创造友好的校园环境，保护学生在学习环境中被尊重的权利。学校对学生的任何身份都应该做到尊重和包容，而无论其性别为何，性别表达为何。同时，学校应当尊重和保障所有的学生充分参与校园生活的权利。

3. 我国法律政策相关规定

（1）我国《教育法》第 9 条规定："中华人民共和国公民有受教育的权利和义务。公民不分民族、种族、性别、职业、财产状况、宗教信仰等，依法享有平等的受教育机会。"

（2）《义务教育法》第 4 条规定："凡具有中华人民共和国国籍的适龄儿童、少年，不分性别、民族、种族、家庭财产状况、宗教信仰等，依法享有平等接受义务教育的权利，并履行接受义务教育的义务。"

（3）《未成年人保护法》第 3 条规定："未成年人享有生存权、发展权、受保护权、参与权等权利，国家根据未成年人身心发展特点给予特殊、优先保护，保障未成年人的合法权益不受侵犯。未成年人享有受教育权，国家、社会、学校和家庭尊重和保障未成年人的受教育权。未成年人不分性别、民族、种族、家庭财产状况、宗教信仰等，依法平等地享有权利。"第 18 条规定："学校应当尊重未成年学生受教育的权利，关心、爱护学生，对品行有缺点、学习有困难的学生，应当耐心教育、帮助，不得歧视，不得违反法律和国家规定开除未成年学生。"

上述对平等受教育权的法律规定无疑都可以作为保障跨性别者平等受

教育机会的依据。但是，我们同时也发现，在我国《高等教育法》中缺乏明确的教育平等的条款。而且虽然《教育法》第 37 条第 1 款规定"受教育者在入学、升学、就业等方面依法享有平等权利"，但是该条第 2 款随即强调"学校和有关行政部门应当按照国家有关规定，保障女子在入学、升学、就业、授予学位、派出留学等方面享有同男子平等的权利"。可见，我国现行法律仍然建立在性别二元的框架下，强调的是男女平等，保障女子和男子的平等权利，缺乏多元性别的理念及对跨性别学生权益的关注。

一种基本权利具有可诉性，如果学校在招录或者休学/退学惩戒中基于"男女性别"而做出差别对待的决定，当事人可以以高校为被告提起行政诉讼维护自己的权利。但是，在目前性别二元的法律框架下，如果跨性别者由于其原生生理性别与性别认同、性别表达不一致而遭受歧视，很难通过诉讼维权。而且，当学校作出不录取决定时，一般不会声称"因为该学生是跨性别而拒绝录取"，而会以其他理由，例如"面试分数不够""专业能力不过关"等看上去合理但实际上是基于对跨性别者歧视的原因拒绝其入学。对于这种隐性歧视，由于我国的相关立法规定过于原则化，也缺乏歧视的定义以及歧视案件举证责任转移等相关规定，所以，跨性别者一旦被学校拒绝，想得到切实的维权难度很大。

4. 境外经验

一些国家（地区）通过制定专门的平等法或者反歧视法来明确禁止包括教育领域在内的基于性别、性倾向、性别表达、性别认同的歧视，并明确规定歧视的概念、分类、抗辩事由，以及反歧视诉讼举证责任倒置或者举证责任转移的原则，从而实现对跨性别者受教育机会平等的保护。

比如，瑞典：《反歧视法》中规定教育机构在招生、学分、延长学业或休学后重新开始学业、更换导师、撤销导师或博士课程或学习项目的其他资源、研究生的奖学金以及对学生的纪律处罚等方面禁止基于性别、跨性别的身份认同或性别表达、性倾向等事由的歧视和报复行为。为了防止招生中的不公正情况发生，该法第 8 条规定，如果申请者没有被录取参加教育项目，或在招生过程中没有进入考试或面试程序，经要求教育提供者应向申请者提供被录取参加教育项目或进入考试或面试的人的教育背景或其他资格的书面信息。

中国台湾："性别平等教育法"要求，学校的招生及就学许可不得有性别、性别特质、性别认同或性倾向的差别待遇。但基于历史传统、特定教育目标或其他非因性别因素的正当理由，经该主管机关核准而设置的学校、班级、课程，不在此限。学校不得因学生的性别、性别特质、性别认同或性倾向而给予教学、活动、评量、奖惩、福利及服务上的差别待遇。但性质仅适合特定性别、性别特质、性别认同或性倾向的，不在此限。学校应因性别、性别特质、性别认同或性倾向而处于不利处境的学生积极提供协助，以改善其处境。

澳大利亚新南威尔士州：该州的教育部门禁止以跨性别为由非法歧视学生，歧视行为包括拒绝或未接受该人作为学生入学的申请，拒绝学生入学或限制学生入学，限制学生获得教育机构提供的任何福利，开除学生或使学生受到任何其他损害。

5. 法律政策建议

（1）借鉴境外的立法经验，制定专门的反歧视法，禁止在工作和教育等领域中基于性别、性别认同、性别表达、性倾向等事由的歧视，保障跨性别者平等的受教育机会。

（2）督促教育行政部门出台相关行政法规，对教育机构在招生、面试、休学和退学方面做出更详细的规定，保护包括跨性别者在内的群体免受歧视。

（3）建议各级教育机构，了解并执行中国禁止性别歧视、保障平等受教育机会的法律法规，并通过规章制度加以落实，进一步完善和规范学校在招生、录取、学业评价、奖惩等方面的行为。具体包括以下方面。

——在招生宣传时禁止使用性别歧视的语言或图像。

——除国家有特殊规定外，招生信息不得显示仅限某一性别或某一性别优先，或规定性别比例；不得提高对某一个性别群体的录取要求。

——不得拒收或者不看某一性别学生的简历。

——禁止同等条件下，限制某一性别学生笔试、面试或者复试机会。

——对学校教师及招生人员进行性别平等和多元性别议题的培训，确保招聘中的公平性。

——招生材料及面试中，不得询问与学业要求无关的信息。

——给符合招生条件的考生提供平等的面试机会，对每个考生提出相同或者类似的问题。

——组成面试小组，面试小组成员尽可能达到性别平衡。

——面试小组应以统一的标准对每位考生的能力进行评价，核定其是否符合各项标准，以保证过程的公平性及对申请者做出系统且公正的评价。

——面试记录应该完整保存，以备查阅。

——对学生的学业评价应该有公开、公正的标准，学生试卷等应该完整保存，以备查阅。

——在奖惩及休学、退学等决定方面给予不同性别群体平等对待。有关奖惩相关规定、程序和做法都应确保公平。

——纪律处分及勒令退学的决定应基于学生不佳表现或不端行为的记录，但应该充分考虑跨性别学生的特殊情况。

——建立争议处理制度来解决教育机会不平等问题，并确保学生了解处理程序。

（二）校园暴力和欺凌

1. 何为校园暴力和欺凌

2017 年 11 月 22 日，教育部等十一部门印发的《加强中小学生欺凌综合治理方案》把中小学生欺凌界定为学生之间的欺凌行为，即：发生在校园（包括中小学校和中等职业学校）内外、学生之间，一方（个体或群体）单次或多次蓄意或恶意通过肢体、语言及网络等手段实施欺负、侮辱，造成另一方（个体或群体）身体伤害、财产损失或精神损害等的事件。

本报告采用广义的校园暴力和欺凌的概念，即：发生在校园内外，一方（教职员工或同学），用语言、肢体、网络、器械等，针对另一方（学生）的身体、财产、精神、名誉、人格尊严等实施侵害的行为都是校园暴力和欺凌行为。

2. 跨性别者遭遇的校园暴力和欺凌

北京同志中心《2017 中国跨性别群体生存现状调查报告》显示，70.8% 的跨性别者在校期间遭受校园暴力，其中跨性别女性占比最高为 75.07%。初中阶段对跨性别群体而言最为艰难，大学本科阶段最为友好。

通过对焦点小组的案例分析，我们总结出跨性别者遭受到的校园暴力多为以下几种形式。

（1）言论攻击（包括讽刺、嘲笑、起绰号、蔑视、谩骂、侮辱等语言方式）

广州焦点小组，参与者 A（代码）："……班上有人被霸凌过，给校园歧视过，被说是'娘娘腔'……初中针对娘娘腔或者是女汉子，会有很大的排斥，'男人婆、娘娘腔'也很受欺负……初中老师也会给我取外号，对我百般刁难，学生会效仿……""被迫出柜"（即在未经自己同意的情况下，自己的性倾向和性别认同被告知他人）。

（2）隐私泄露

武汉焦点小组，参与者 B（代码），21 岁，大学本科在读："……那个时候我很难过，去找学校心理咨询，结果老师就告诉了辅导员和书记……然后我爸妈就来了把我接回家去强行休养一个月，我爸爸也知道了我的事。"

（3）被冷漠对待或被故意孤立

武汉焦点小组，参与者 C（代码）："……对他们（跨性别、同性恋者），更多的是一种冷暴力。会看到他们经常是小圈子内的活动，跟其他人的交流就很少，被疏离，他们不跟他一起玩，就是觉得跟他们不是一类人的那种感觉……"

（4）被老师/同学性骚扰（令人不悦、带有性意味的言语或行为，如黄色笑话、身体触碰等）

广州焦点小组，参与者 D（代码），16 岁，生理性别女，自我认同男，高中在读："……当时隔壁班有一个男的经常过来不停地问，'你是男的还是女的'。然后过来全身摸、到处摸，然后他问别人，问那些班主任，别人跟他说我是女的，他就会说我'男人婆'……"

在所有的焦点小组受访者当中，无一人表示曾经就读的学校有明确的针对基于性别认同和性别表达的校园暴力和欺凌的校规。部分遭受同学欺凌的跨性别者会做出暴力反击，而学校将此类事件视为校园暴力事件，对欺凌者和被欺凌者做出相同的处分。一部分被欺凌的跨性别学生因在学校长期受到老师的嘲讽或者排挤，心理状态每况愈下，精神抑郁，还有的被欺凌的跨性别者因为无法忍受不友好的学习环境被迫转学或者退学。[①]

3. 我国法律政策相关规定

我国尚缺乏国家层面的防治校园暴力和欺凌的专门立法，但是在一些法律中有零散规定，天津等地也出台了专门的地方性法规治理校园欺凌。2017 年开始，教育部等相关部门开始着力治理校园欺凌问题，出台了一系列相关政策。

（1）《中华人民共和国义务教育法》第 29 条规定：教师在教育教学中应当平等对待学生，关注学生的个体差异，因材施教，促进学生的充分发展。教师应当尊重学生的人格，不得歧视学生，不得对学生实施体罚、变相体罚或者其他侮辱人格尊严的行为，不得侵犯学生合法权益。

（2）《未成年人保护法》第 5 条规定："保护未成年人的工作，应当遵循下列原则：（一）尊重未成年人的人格尊严；（二）适应未成年人身心发展的规律和特点；（三）教育与保护相结合。"第 21 条规定："学校、幼儿园、托儿所的教职员工应当尊重未成年人的人格尊严，不得对未成年人实施体罚、变相体罚或者其他侮辱人格尊严的行为。"此外，第 6 条强调，对侵犯未成年人合法权益的行为，任何组织和个人都有权予以劝阻、制止或者向有关部门提出检举或者控告。

（3）《教师法》第 8 条要求，教师应该"遵守宪法、法律和职业道德，为人师表"，"关心、爱护全体学生，尊重学生人格，促进学生在品德、智力、体质等方面全面发展"，"制止有害于学生的行为或者其他侵犯

[①] 有研究表明，遭受更多校园侵害的性与性别少数学生，其抑郁的可能性是其他性与性别少数学生的 2.6 倍，自杀的可能性是 5.6 倍。Russell S T, Ryan C, "Lesbian, Gay, Bisexual, and Transgender Adolescent School Victimization: Implications for Young Adult Health and Adjustment," *School Health*, (24 April 2011).

学生合法权益的行为，批评和抵制有害于学生健康成长的现象"。第 37 条规定，教师如果"体罚学生，经教育不改的""品行不良、侮辱学生，影响恶劣的"，"由所在学校、其他教育机构或者教育行政部门给予行政处分或者解聘"，"情节严重，构成犯罪的，依法追究刑事责任"。

（4）《义务教育法实施细则》第 22 条规定："实施义务教育学校的教育教学工作，应当适应全体学生身心发展的需要。学校和教师不得对学生实施体罚、变相体罚或者其他侮辱人格尊严的行为；对品行有缺陷、学习有困难的儿童、少年应当给予帮助，不得歧视。"

（5）《中华人民共和国侵权责任法》第 38 条规定："无民事行为能力人在幼儿园、学校或者其他教育机构学习、生活期间受到人身损害的，幼儿园、学校或者其他教育机构应当承担责任，但能够证明尽到教育、管理职责的，不承担责任。"第 39 条规定："限制民事行为能力人在学校或者其他教育机构学习，生活期间受到人身损害，学校或者其他教育机构未尽到教育、管理职责的，应当承担责任。"

（6）《中华人民共和国刑法》中关于故意杀人罪、故意伤害罪、过失重伤罪、侮辱罪、强制猥亵罪、抢劫罪、敲诈勒索罪、聚众扰乱社会秩序罪、寻衅滋事罪、非法拘禁罪等罪名的规定也与一些校园暴力、校园欺凌中的行为有关。

（7）2016 年 11 月，教育部等部门联合印发《关于防治中小学生欺凌和暴力的指导意见》公布，要求加强教育预防、依法惩戒和综合治理，切实防治学生欺凌和暴力事件的发生。意见强调，要积极预防学生欺凌和暴力。切实加强中小学生思想道德教育、法治教育和心理健康教育。严格学校日常安全管理，建立早期预警、事中处理及事后干预等机制。强化学校周边综合治理，对中小学生欺凌和暴力问题突出的地区和单位，通过通报、约谈、挂牌督办、一票否决权制等方式进行综治领导责任督导和追究。意见指出，对实施欺凌和暴力的中小学生必须依法依规采取适当的矫治措施予以教育惩戒。对构成违法犯罪的学生，根据有关法律法规予以处置。

（8）2017 年 11 月，教育部等十一部门印发《加强中小学生欺凌综合治理方案》（以下简称《治理方案》），要求各地各校在实际工作中严格区分学生欺凌与学生间打闹嬉戏的界定，正确合理处理。按照教育为先、预防为主、保护为要、法治为基的原则，《治理方案》健全预防、处置学生欺凌的工作体制和规章制度，形成防治中小学生欺凌长效机制，确保把中小学生欺凌防治工作落到实处，把校园建设成最安全、最阳光的地方。《治理方案》强调，学生欺凌事件须依法依规处置。明确学生欺凌事件的处置以学校为主。学校发现欺凌事件线索后，应当按照应急处置预案和处理流程对事件及时进行调查处理，由学校学生欺凌治理委员会对事件是否属于学生欺凌行为进行认定。由县级防治学生欺凌工作部门处理学生欺凌事件的申诉请求，对确有必要的，要启动复查。涉法涉诉案件纳入相应法律程序办理。屡教不改或者情节恶劣的严重欺凌事件，必要时可将实施欺凌学生转送专门（工读）学校进行教育。

（9）2018年4月国务院教育督导委员会办公室印发《关于开展中小学生欺凌防治落实年行动的通知》（以下简称《通知》）。《通知》强调，各教育部门要落实工作机构，做到责任到位，明确学生欺凌防治工作机构和防治工作负责人；学校要落实日常管理，做到制度健全，要成立学生欺凌治理委员会；落实预防措施，做到防患未然，每学期至少开展一次学生欺凌专题教育；落实处置程序，做到规范有度；建立学生欺凌防治工作培训、考评、问责处理、依法治理等长效机制。

（10）教育部《新时代幼儿园教师职业行为十项准则》《新时代中小学教师职业行为十项准则》《新时代高校教师职业行为十项准则》（2018年11月8日印发）中要求"关心爱护幼儿。呵护幼儿健康，保障快乐成长；不得体罚和变相体罚幼儿，不得歧视、侮辱幼儿，严禁猥亵、虐待、伤害幼儿"，"关心爱护学生。严慈相济，诲人不倦，真心关爱学生，严格要求学生，做学生良师益友；不得歧视、侮辱学生，严禁虐待、伤害学生"，"坚持言行雅正。为人师表，以身作则，举止文明，作风正派，自重自爱；不得与学生发生任何不正当关系，严禁任何形式的猥亵、性骚扰行为"。对于有虐待、猥亵、性骚扰等严重侵害学生行为的，一经查实，要撤销其所获荣誉、称号，追回相关奖金，依法依规撤销教师资格、解除教师职务、清除出教师队伍，同时还要录入全国教师管理信息系统，任何学校不得再聘任其从事教学、科研及管理等工作。涉嫌违法犯罪的要及时移送司法机关依法处理。要严格落实学校主体责任，建立师德建设责任追究机制，对于师德违规行为监管不力、拒不处分、拖延处分或推诿隐瞒等失职失责问题，造成不良影响或严重后果的，要按照干部管理权限严肃追究责任。

（11）《天津市预防和治理校园欺凌若干规定》（2018 年 11 月 21日）对"校园欺凌"进行了专门、明确的界定，从而为校园欺凌问题的解决提供了法律前提，同时也减少了处置此类问题时"校园欺凌"认定的争议。

（12）最高人民法院《关于审理人身损害赔偿案件适用法律若干问题的解释》第 7 条："对未成年人依法负有教育、管理、保护义务的学校、幼儿园或者其他教育机构，未尽职责范围内的相关义务致使未成年人遭受人身损害，或者未成年人致他人人身损害的，应当承担与其过错相应的赔偿责任。第三人侵权致未成年人遭受人身损害的，应当承担赔偿责任。学校、幼儿园等教育机构有过错的，应当承担相应的补充赔偿责任。"

从上述法律政策的梳理中可以看出，近年来我国在校园暴力和欺凌的治理方面取得一定进展，尤其是 2016 年以来，教育部等相关部门加大了治理力度。但是我国教育领域中的校园暴力和欺凌防治主要依靠政府"红头文件"来进行，仍然缺乏具体的法律上的规范和保障。而且现有的法律政策缺乏性别视角，没有关注性别平等和多元性别教育问题，以及校园暴力和欺凌与歧视和骚扰的关系，对于从源头上预防对跨性别者的校园暴力和欺凌还远远不够。

4. 境外经验

很多国家（地区）的立法明确禁止校园暴力和欺凌行为。（性）骚扰是一种暴力行为，同时也是一种歧视行为，教育领域中的歧视和（性）骚扰也是一种校园暴力和欺凌。一些国家在平等法或反歧视法中把教育领域中的骚扰和性骚扰行为作为歧视的一种类型而明确加以禁止；也有一些国家（地区）制定专门的立法来治理校园暴力和欺凌行为。

（1）瑞典《反歧视法》

瑞典《反歧视法》中禁止教育领域中基于性别、性别认同、性别表达和性倾向的直接歧视、间接歧视、骚扰、性骚扰和歧视指令。其中骚扰是指由于对他人的性别、跨性别认同或表达、种族、宗教或其他信仰、残障、性倾向或年龄的歧视而损害其尊严的行为。性骚扰是指损害人尊严的与性欲有关的行为。该法也要求教育提供者需要制定预防和阻止骚扰和性骚扰的指南，并且应该对这些指南和惯例进行后续跟进和评估。

（2）美国各州的反欺凌法

1999 年佐治亚州第一个通过反欺凌法，到 2015 年 4 月最后一个通过该法的蒙大拿州，美国所有 50 个州都有了各自的反欺凌法，有 38 个州还专门立法禁止网络欺凌或电子骚扰。其中新泽西州的《反欺凌法》最为严苛。早在 2002 年新泽西州制定了该州第一部《反欺凌法》。2007 年，新泽西汤姆斯河学区的一名学生因性倾向问题而遭到同学歧视，被迫转学去其他学校之后，家长将汤姆斯河学区告上了法庭。新泽西州最高法院审理该案后认为，歧视性偏见制造了一个充满敌意的学习环境，违反《反欺凌法》，同时发生在校园属于欺凌，判处学区败诉并赔偿学生。①

（3）中国台湾"性别平等教育法"

"性别平等教育法"第四章（第 20 条到第 27 条）"校园性侵害、性骚扰及性霸凌之防治"，主要规定了校园性侵害与性骚扰防治教育与措施的公告与倡导，校园性侵害与性骚扰事件的处置原则（如：调查专业、保密义务、紧急处置、转介与协助、资料建档与保管及通报义务等）与处理程序（如：申请调查与检举、调查惩处及申复救济等）。

①完善相关法律规范：为预防与处理校园性侵害、性骚扰或性霸凌事件，"性别平等教育法"要求中央主管机关应制定校园性侵害、性骚扰或性霸凌的防治准则；其内容应包括学校安全规划，校内外教学与人际互动注意事项，校园性侵害、性骚扰或性霸凌的处理机制、程序及救济方法。

---

① 于方：《校园欺凌如果发生在美国，学校和法律绝不会纵容》，http://m. kdnet. net/share - 12015031. html，最后访问时间：2019 年 4 月 29 日。

学校应依前项准则制定防治规定，并公告周知。

②建立通报制度：学校校长、教师、职员或工友知悉服务学校发生疑似校园性侵害、性骚扰或性霸凌事件者，除应立即依学校防治规定所定权责，依"性侵害犯罪防治法""儿童及少年福利法""身心障碍者权益保障法"及其他相关法律规定通报外，应向学校及当地直辖市、县（市）主管机关通报，最迟不得超过二十四小时。学校主管机关为中央主管机关者，并应向中央主管机关通报。学校校长、教师、职员或工友不得伪造、变造、湮灭或隐匿他人所犯校园性侵害、性骚扰或性霸凌事件的证据。

③调查处理：学校或主管机关处理校园性侵害、性骚扰或性霸凌事件，应将该事件交由所设的性别平等教育委员会调查处理。学校或主管机关调查处理校园性侵害、性骚扰或性霸凌事件时，应秉持客观、公正、专业原则，给予双方当事人充分陈述意见及答辩的机会。为避免对被害人造成二次伤害，法律特别强调应避免重复询问。

学校或主管机关在调查处理校园性侵害、性骚扰或性霸凌事件期间，可以采取必要的处置，以保障当事人的受教育权或工作权，比如，可以协助当事人双方减少互动的机会，以避免报复或降低行为人再度加害的可能，以维护校园安全。学校或主管机关处理校园性侵害、性骚扰或性霸凌事件，应告知当事人或其法定代理人其可以主张的权益及各种救济途径，或转介至相关机构处理，必要时，应提供心理辅导、保护措施或其他协助；为防止报复，检举人有受侵害可能的，并应该提供必要的保护措施或其他协助。心理辅导、保护措施或其他协助，学校或主管机关可以委托聘请医师、心理师、社会工作师或律师等专业人员进行。

④处罚及责任：校园性侵害、性骚扰或性霸凌事件经学校或主管机关调查属实后，应依相关法律或法规规定自行或将加害人移送其他权责机关惩处。学校、主管机关或其他权责机关在进行性骚扰或性霸凌事件的惩处时，考虑到校园性骚扰事件加害人有可能还留在原学校中，为使学校可以预防加害人再犯，应该要求加害人接受心理辅导，并可以对其进行下列一款或数款处置：经被害人或其法定代理人同意，向被害人道歉；接受八小时的性别平等教育相关课程；其他符合教育目的的措施。校园性骚扰

或性霸凌事件情节轻微者，学校、主管机关或其他权责机关可仅依前项规定做必要的处置。第一项惩处涉及加害人身份的改变时，应给予其书面陈述意见的机会。第二项的处置，应由该惩处的学校或主管机关执行，执行时并应采取必要的措施，以确保加害人的配合遵守。

⑤隐私权保护：对于校园性侵害、性骚扰或性霸凌事件，"性别平等教育法"特别强调隐私权保护问题，这种保护不仅是针对受害者、检举人，而且对于加害人既要建档监控，同时也不能随意损害其隐私权。调查处理中应遵循保密原则，当事人及检举人的姓名或其他足以辨识身份的资料，除有调查必要或基于公共安全的考虑者外，应予保密。由于校园性侵害或性骚扰事件常因消息走漏或成为媒体事件，而造成流言充斥、校园不安等现象，可能对当事人造成不必要的困扰。因此，学校或主管机关在调查校园性侵害、性骚扰或性霸凌事件过程中，可以视情况就相关事项、处理方式及原则予以说明，并可以在事件处理完成后，经被害人或其法定代理人同意，将事件的有无、样态及处理方式予以公布。但不得揭露当事人的姓名或其他足以识别其身份的数据。

学校或主管机关应建立校园性侵害、性骚扰或性霸凌事件及加害人的档案资料。加害人转到其他学校就读或服务时，主管机关及原就读或服务的学校应在知悉后一个月内，通报加害人现就读或服务的学校。接获前项通报的学校，应对加害人实施必要的追踪辅导。为了有助于加害人改过自新，除非有正当理由，不得公布加害人姓名或其他足以识别其身份的数据。学校任用教育人员或进用其他专职、兼职人员前，应依"性侵害犯罪防治法"的规定，查阅其有无性侵害的犯罪记录，或是否曾经主管机关或学校性别平等教育委员会调查性侵害、性骚扰或性霸凌行为属实并经该主管机关核准解聘或不续聘。

5. 法律政策建议

许多研究表明，频繁的侵害对受欺凌者会造成一定的身心伤害，他们会表现出更多在学习上的情绪和行为问题，甚至走向犯罪和自杀，另外，欺负者自身也会受到上述负面影响。同时，教师支持和同学支持均能显著降低性与性别少数学生自杀的可能性，自尊在教师支持和同学支持与自杀意念/企图之间起着中介变量的作用，即他人的支持会通过改变学生的自尊水平来影响学生的自杀企图。[①] 在现实中，校园欺凌案件时有发生，跨性别学生更易成为校园暴力和欺凌的对象。尤其是校园暴力和欺凌事件的一方为学校教职员工或学生，另一方为学生，而且学生中包括大量的未成年人，针对此类事件主体的特殊性，教育类立法中有必要做出专门规定，并提升教职员工和学生的性别观念，以减少对跨性别学生的欺凌，加强对跨性别学生的支持。

建议启动《反校园欺凌法》的立法工作，以提高全社会对校园欺凌的重视为重要目标，明确规定政府、学校以及有关社会组织的宣传、教育义务，并将教育和治理成果作为政府、学校等相关部门工作考核的重要内容。在反校园欺凌立法时，对校园欺凌的定义、处理程序和相关人员的责任要具体、翔实，具有可操作性。[②]

同时，跨性别者的身份特殊性使其更容易成为校园欺凌的主体，在言语上"男人婆""娘娘腔"的绰号，在厕所、宿舍的使用上的孤立与排斥的事例在校园中时有发生。只有明确将跨性别者列为被保护的对象，并要求将性别平等教育纳入学校的教学内容，才能从源头上防止并真正杜绝校园暴力和欺凌行为，才能使跨性别者拥有真正维护自己权益的武器。

此外，《反校园欺凌法》立法应明确学校有义务积极推动校园暴力和欺凌防治教育，每年定期举办校园欺凌防治的教育倡导活动，并评估实施效果；利用多种渠道，告知学校防治校园暴力和欺凌的规定，并纳入教职员工聘任合同及学生手册；学校应建立防治校园暴力和欺凌的权责及通报制度，鼓励被害人或检举人尽早申请调查或检举，以利于搜集证据及调查处理。

立法也应就隐私保护和心理辅导做出规定。为避免对被害人造成二次伤害，法律特别强调应避免重复询问。同时也根据校园欺凌和性骚扰的特点着重强调对被害人权利的保护，比如隐私权保护；为避免被害人一再被

---

① 杨雪、王艳辉、李董平、赵力燕、鲍振宙、周宗奎：《校园氛围与青少年的自杀意念/企图：自尊的中介作用》，《心理发展与教育》2013 年第 5 期。
② 丁刚：《加快〈反校园欺凌法〉立法》，《重庆时报》2018 年 3 月 7 日。

询问造成二度伤害，要避免重复询问；对被害人进行心理辅导；同时，由于加害人也有可能是学生，甚至是未成年人，所以也强调对加害人隐私权的保护以及对加害人进行心理辅导，使其接受性别平等课程。

（三）性和性别平等教育

公民平等享有受教育权，一方面要保证入学机会以及教育资源享有上没有差别待遇，另一方面在教育内容上，学校应该对学生进行平等、宽容、人权教育以及性和性别教育，注意培养学生充分发展自己的个性。如果教育中不贯彻性别平等原则，性和性别少数学生就不能得到应有的能力发展，就不能实现实质平等。

1. 我国校园中性和性别教育概况

我国已有一些囊括多元性别教育的实践，正确认知多元性别的课堂教学，也明显地改变了大学生对同性恋的歧视态度[1]，但是总体来说，我国的性和性别教育仍然非常薄弱，尚未被纳入主流的课程体系中。在现有的性和性别教育中，重点往往放在节欲和婚前守贞上，很少提及性健康，也缺乏性别多元、性别平等的视角。这使得人们对性和性别少数群体的了解非常有限，也无助于减少对这些群体的污名和歧视。

上海教育出版社在2016年8月、2017年9月先后出版了《小小男子汉》和《花样女孩》两本适用于小学四、五年级的教育读本，自称在中国首创"成体系"的性别教育。但事实上，中小学性别知识的普及和教育按照男女来区分和隔离，强化了社会性别刻板印象，也将跨性别群体排除在外。而2017年北京师范大学出版社出版的性教育教材《珍爱生命——小学生性健康教育读本》因为"尺度太大"被迫下架，而被网友热议的"尺度"是本教材中配有生殖器相关介绍图，对男女性器官的名称进行了直接称呼，并包含了多元性别和同性恋的内容。

在实践中，各级教师缺乏性和性别知识，以及性别平等意识，一些教

---

① 李丹、陈秀娣：《儿童生命认知和生命体验的发展特点》，《心理发展与教育》2009年第4期。

师甚至存在较为严重的性别偏见和性别歧视。这种教育强化了传统的二元性别观念，阻碍跨性别学生充分和平等享受受教育权利和参与社会。

多名受访者在焦点小组中反馈了其在校园求学中所接受的性教育状况及其需求。

> 广州焦点小组，参与者 E（代码），自我认同女，本科学历："……（高中）生理卫生课甚至会被占用……比如说今天是生理卫生课，这门课可能会被数学老师会被物理老师占掉，甚至有时候会放你去体育课都不会让你上这门。"

> 广州焦点小组，参与者 D（代码），16 岁，自我认同男，高中在读："我们学校都没有这种生理卫生课，都是在生物课的教学上，某一刻提到人体生物的时候，老师会顺带。但是一般讲到人体生物的时候，大家都会很感兴趣，特别是男生跟女生都会起哄，我觉得课堂气氛活跃，大家都会听得很认真，肯定都会很希望去了解，但是我们学校并没有这种专门的课程，生物课老师自己去讲。"

> 北京焦点小组，参与者 F（代码），自我认同男，21 岁，大学本科在读："生理课没上过，但器官课上过，因为高中要考。没有讲性倾向、月经。但还是有比没有好，因为总比啥都不知道要好。……大学时选过系统性的性别课。"

> 沈阳焦点小组，参与者 G（代码），自我认同女，31 岁，大专学历："……性多元的没有，主要是讲男孩女孩的区别。……觉得如果有性别多元教育的话会更好。"

2. 我国法律政策相关规定

我国现有的法律法规中基本上没有对性和性别平等教育做出规定。目前中国对于性和性别教育的规定主要体现在《中小学健康教育指导纲要》中，《中小学健康教育指导纲要》规定小学 1—2 年级学生要了解生命孕育、成长基本知识，知道"我从哪里来"；3—4 年级初步了解儿童青少年身体主要器官的功能，学会保护自己；5—6 年级，将学习有关青春期生长发育的知识，包括男女两性特征差异、女生月经初潮及意义、男生首次遗精及意义等；7—9 年级学生要了解与艾滋病有关的知识，拒绝不安全性行为；10—12 年级了解艾滋病的预防知识和方法，避免婚前性行为。

3. 境外经验

（1）荷兰：从孩子 6 岁进小学时就开始性知识教育，与学其他课程一样，没有什么特别，孩子们可以自己做研究报告。[①]

（2）瑞典：对 7 岁以上的孩子进行性教育，教师采用启发式、参与式和游戏式，把重点放在恋爱、结婚与人际关系的处理上。通过与孩子们交流，让他们知道"性"究竟是怎么回事。[②]

（3）英国：所有公立中小学根据"国家必修课程"的具体规定来进行性教育，按不同年龄层划分为四个阶段。5—7 岁，主要初步了解人体各器官的名称，知道人类可以孕育下一代，并能区分他们身体上的异同等；8—10 岁，主要掌握人类生命各周期的主要阶段，包括生殖、生长发育等；11—13 岁，懂得青春期所带来的各种生理和心理变化，及什么叫月经和受精等；14—16 岁，学习生殖激素对人体的作用，医学上使用生殖激素来控制和提高生育力的情况和决定男女性别的因素等复杂问题。除了这些必修内容以外，各学校还根据学生的特点适当地增加有针对性的内容，如性健康、人与人之间的关系、情感释放、肢体语言等。[③]

（4）芬兰：20 世纪 70 年代开始，性教育就进入了芬兰中小学的教学大纲，连幼儿园也有正面的性教育图书。设立了性教育咨询电话、儿童保护机构等，随时为青少年提供帮助。[④]

（5）中国台湾地区："性别平等教育法"把立法重点放在性别平等教育上，强调性别平等教育是指以教育方式教导尊重多元性别差异，消除性

[①] 《各国对少儿的性教育》，http://www.dqqagc.com/news_view.asp？id=677，最后访问时间：2019 年 4 月 29 日。

[②] 《各国对少儿的性教育》，http://www.dqqagc.com/news_view.asp？id=677，最后访问时间：2019 年 4 月 29 日。

[③] 《各国对少儿的性教育》，http://www.dqqagc.com/news_view.asp？id=677，最后访问时间：2019 年 4 月 29 日。

[④] 《各国对少儿的性教育》，http://www.dqqagc.com/news_view.asp？id=677，最后访问时间：2019 年 4 月 29 日。

别歧视，促进性别地位实质平等。为了有效突破教育中的性别区隔现象，
"性别平等教育法"明确规定教师从事教育活动时，应具备性别平等意识，
并应鼓励学生修习非传统性别的学科领域。该法规定在师资培训中要加入
性别平等教育训练，因为教师只有具有性别敏感度和性别平等意识，才能
公平地对待每一个学生，关注不同学生的需求，才能选择适当的教材，将
性别平等和社会多元的理念传授给学生。"性别平等教育法"也明确规定
学校课程、教材与教学等方面，都必须提供一个具有性别多元/平等意识
的学习环境，以课程融入、课程开设、发展课程规划及评量等方式，推动
性别平等教育，突破教育资源的性别区隔现象。在课程设置方面，该法要
求学校的课程设置及活动设计，应鼓励学生发挥潜能，不得因性别而有差
别待遇。国民中小学除应将性别平等教育融入课程外，每学期应实施性别
平等教育相关课程或活动至少四小时。高级中等学校及专科学校五年制前
三年应将性别平等教育融入课程。大专院校应广开性别研究相关课程。学
校应发展符合性别平等的课程规划与评量方式。

4. 法律政策建议

教育部等十一部门印发的《加强中小学生欺凌综合治理方案》中强调
对欺凌的积极有效预防，要求"中小学校通过每学期开学时集中开展教
育、学期中在道德与法治等课程中专门设置教学模块等方式，定期对中小
学生进行学生欺凌防治专题教育"，但是防止对跨性别学生的校园暴力和
欺凌行为，一般性的欺凌防治教育还远远不够，必须同时加强对师生员工
的多元性别教育和性别平等教育。研究表明，教师和同学支持有助于青少
年在学校环境中建立良好的人际关系，与他们这一阶段的心理需要相匹
配。有了他人支持，个体更容易与学校建立联结。[1]

（1）立法中应增加平等教育的内容

我国法律和政策中也应以《经社文权利公约》《儿童权利公约》《消
歧公约》等国际公约的原则和规定为指导，借鉴国外的立法经验，增加性

---

[1] 鲍振宙、张卫、李董平、李丹黎、王艳辉：《校园氛围与青少年学业成就的关系：一个
有调节的中介模型》，《心理发展与教育》2013 年第 1 期。

别平等教育的内容。例如，在教材编写方面，要为所有级别的教育包括师资培训，提出详细建议并开设无性别陈规定型看法的课程，编写相关课本，制作相关教具；从学前教育起，就促进不同性别群体之间平等、合作、相互尊重并共同分担责任。在课程设置方面，要制定人权教育方案，将性别平等内容纳入所有等级的教育中，尤其是鼓励高等教育机构特别是在大学及研究生法律、社会和政治学课程中列入有关联合国各项公约所载人权的内容；支持学术机构对性别和多元性别等问题的调查研究，并将研究成果应用于设置课程，包括大学课程、课本和教具以及师资培训方面；平等为所有性别群体提供领导能力培训和机会，鼓励他们在学生时期和作为公民社会的成年人时发挥领导作用。

教育立法应强调学校要破除两性二元对立的刻板印象，平等对待学生及教职员工的性别气质表现，并关怀性和性别少数群体的受教育权，力图创造一个公平、友善、安全的学习环境和氛围，使各种性别认同、性别表达及性倾向的学生，都得以自由而充分地学习与发展自我。师资培训中应加入性别教育的内容，使教师树立性别平等观念，要求教师对学生的态度与所使用的语言，应尽量避免性别刻板印象，或对任一性别或性倾向者有所贬抑歧视。学生们在这样的多元、平等、宽容的环境中学习成长，会有效地推动并连带影响家长等社会大众，必然对消除整个社会的性别歧视、建立平等社会大有裨益。

（2）出台政策加强各级学校中的性和性别教育

①性别教育

在初级教育阶段，学校应该给学生普及全面的性别知识，生理性别、社会性别、多元性别、性别认同、性别表达等概念也应纳入性别教育的内容之中。小学、初中阶段，学校应该传达正确的性别观念，摒弃传统的性别刻板印象，并引导学生正确认识自己的性别认同与性别表达，尊重他人的性别认同和性别表达，增强学生的包容度，接受学生的性别多样性。

在性别教育中对于跨性别的涉及，应该持有这样一种态度：即使人类现有知识可能仍然无法全面理解跨性别现象，但是，充分尊重多元存在本身便是一个社会民主、进步的象征。每一个人都有自主选择自己的生活方式，甚至自主选择自己性别，以及与性别有关的表达方式的权利，少数人的选择不仅不应该受到歧视和打击，还应该得到社会的充分尊重。①

②性知识普及

中学生多处在青春期，这个时期的性知识对学生的身心发展至关重要。但是在焦点小组访谈中我们发现，现今多数中学的生理健康课被忽视，生理健康知识并没有得到充分有效的教授。同时，访谈对象也反映，有的跨性别者在生理发育阶段采取了不正当的抑制行为，如服用动物用激素药品，跨性别男性用紧身束胸，跨性别女性用胶带捆绑自己的下体，甚至自行进行阉割手术等。对于跨性别者，中学阶段是树立性别观念的关键时期，而以激素、手术等方法对性别进行干预的最佳年龄也正是在这一年龄段。

因此，中学阶段，学校应当妥善承担起普及性知识的义务，面对逐渐性成熟的青春期学生，如何正确看待自己的性发育，如何处理自己的性冲动，尤其是对跨性别学生，如何正确解决自己生理性别和心理性别的差异都是将会影响学生身心健康的重要问题。

③性安全教育

在初中、高中和大学阶段，学校则应该注重对学生的性安全教育，男男性行为、女女性行为和异性性行为的性安全知识应当同样被重视。学校应当设立专门的课程教育和引导学生如何进行性行为，如何采取安全的措施解决性需求，如何及时发现和处理性疾病。

（四）校园设施和活动

1. 校服、宿舍、厕所、浴室

我国中小学普遍遵守严格的校服管理制度，很多学校要求学生在校期间必须穿着校服。但是很多校服设计是遵从传统性别印象的，尤其是夏季校服，一般是男生短裤，女生短裙。在访谈中，我们了解到，部分跨性别者向学校申请穿着与自己认同性别一致的校服，虽然一部分人得到了校方

---

① 方刚：《将性别教育引入学校性教育的思考》，《中国性科学》2007 年第 10 期。

的许可，但是这也意味着这些跨性别者因为所着校服与生理性别不符而被迫出柜。

学校内的宿舍、厕所和浴室的设计一般是依照男女二元性别划分的，很少有教育机构设立第三性别厕所或者性别友好厕所。根据北京同志中心的《2017 中国跨性别群体生存现状调查报告》，近 40% 的跨性别男性受访者和超过 43% 的跨性别女性受访者惧怕去公共浴室；71.8% 的受访者在卫生间有不适感。我们在焦点小组访谈中发现，一位受访者在学生生涯中一直在使用学校为残障者设立的无障碍厕所。所有的访谈对象都反馈，跨性别学生只能被分配到与自己指派性别相符的宿舍，出入符合自己指派性别的公共厕所和公共浴室。这不仅给跨性别学生带来生理和心理上的不适，也是对跨性别学生隐私权的侵犯。

2. 心理健康辅导

北京同志中心的《2017 中国跨性别群体生存现状调查报告》显示，超过 2/3 的被访者曾经历不同形式的、强烈的性别不安①；有过抑郁经历的跨性别者占比为 62.82%，有过校园暴力经历的受访者其抑郁发生率更高；44.5% 的受访者曾因为自己是跨性别者有过自残的想法，21.2% 的人有过自残行为，因为自己是跨性别者有过自杀想法的人达到 46.2%，有自杀行为的人达到 12.7%。但是，绝大多数（75.7%）的调查对象在遇到心理问题时没有进行心理咨询。其中最主要的原因是认为心理咨询不能帮助自己解决实际的现实问题（37.9%），担心咨询师不能正确理解自己的感受的占 34.2%。

在我们的访谈中有访谈对象这样反映学校的心理健康辅导课和心理辅导机构："学校的心理老师是体育老师代的""现在心理老师教政治"。访谈者反映其学校心理老师对跨性别男性同学采取这样的行为。

　　他听说 ta 是女的，然后他就很想去查一下看 ta 是什么情况。然

---

① 样本中 67.6% 的人曾强烈厌恶自己的生理性别，72.8% 的人对青春期发育感到强烈痛苦和焦虑，78.5% 的人曾渴望阻止发育、掩盖或改变性征。跨性别男性中曾渴望阻止发育、掩盖或者改变性征的比例高达 90.6%，跨性别女性中有此经历的比例也高达 85.7%。

后每天上课观察 ta 的表现，听 ta 的声音，还问他们班主任，问完之后发现 ta 真是个女的，直接在班上说，你一个女生为什么要打扮成这个样子？你觉得这样影响社会风气吗？

现在有一些学校心理老师，我们心理学专业的学生毕业就去做了，但是很多都是要去兼什么政治课、思想品德课等等，就算这个心理老师有机会在学校开性别方面的讲座、心理方面的讲座，他自己其实也不是很懂。

由此可见，我国教育机构对学生的心理辅导工作还是没有达到应有的重视程度。很多学校的心理辅导老师形同虚设，对处于青春期的学生没有适当的心理辅导课程和应对方案，甚至有一些心理辅导老师本人就带着强烈的社会性别刻板印象，对跨性别学生不仅不友好，可能还带有攻击性。而且学校的心理辅导机构由于与学校的行政隶属关系，有一些学校规定心理老师有义务向学校行政部门汇报"问题"学生的情况。这样的规定其实是对学生隐私的一种侵犯。

3. 我国法律政策相关规定

《教育法》第 43 条规定，受教育者享有参加教育教学计划安排的各种活动，使用教育教学设施、设备、图书资料的权利。

《未成年人保护法》第 3 条规定，未成年人享有生存权、发展权、受保护权、参与权等权利，国家根据未成年人身心发展特点给予特殊、优先保护，保障未成年人的合法权益不受侵犯。

《教育法》第 39 条只规定"国家、社会、学校及其他教育机构应当根据残疾人身心特性和需要实施教育，并为其提供帮助和便利"，但是针对跨性别学生的特点和需求，在校园设施和活动中提供相应的帮助和便利，以及心理辅导，以便跨性别学生实现生存权、发展权、受保护权和参与权在法律中并没有规定。

4. 境外经验

（1）美国：《纽约市人权法案》禁止学校基于性别、性别表达、性别认同和性倾向的歧视，同时强调拒绝跨性别者使用和自己性别认同一致的设施是一种歧视。根据该法，跨性别者可以使用与 ta 们的性别认同相一致的设施，如卫生间或更衣室，而无须提供任何证明。

虽然该法不要求学校必须增建厕所或者浴室，但是要求学校应该有私密性较好的单间厕所可以供所有性别的人使用。学校应该在所有单性别设施上粘贴标识，表明根据纽约市的法律规定，所有人都有使用符合他们的性别认同或性别表达的单一性别设施的权利。同时，该法也规定，基于性别强加不同的制服或美容标准是一种歧视行为。雇主和学校等实体有权执行着装要求，或者特定的修饰或外观的标准，但是，这种着装或者外观标准不可以根据性别来施加限定，也就是说，不可以要求男性如何着装如何打扮，而女性又应该如何着装如何打扮。

（2）加拿大：2014 年 5 月，加拿大温哥华教育局对 2004 年出台的《性取向和性别认同》条例进行了修订。其中最大的改变是关于跨性别学生。跨性别被定义为包括进行了医疗上变性的人，以及仅仅通过着装、姓名等来表达性别认同的人。学生可以根据自己所认同的性别来决定着装，学生有权根据自己的性别认同选择厕所和更衣室。

（3）中国台湾："性别平等教育法"第 24 条要求学校或主管机关在必要时，应为遭受校园霸凌的学生提供心理辅导、保护措施或其他协助。心理辅导、保护措施或其他协助，学校或主管机关得委请医师、心理师、社会工作师或律师等专业人员为之。

5. 法律政策建议

（1）打破法律政策中的二元性别框架，用社会性别视角审视中国现有法律规范，修改具有歧视性的法律规定。比如把《妇女权益保障法》修订为《性别平等法》，加入性别多元和性别平等的概念，使中国的法律不仅保障男女平等和妇女权利，而且把性和性别少数群体的权利纳入法律视野。再如，在现行教育类立法中增加"在校园设施和活动中针对学生的特点和需求，提供相应的帮助和便利"，以及"学校应为学生提供心理辅导和咨询"的相关规定。

（2）把目前中国正在推行的"厕所革命"引入校园，并融入"性别视角"，在学校中建立"性别友善厕所"或"无性别厕所"。对于宿舍的安排，校方应保证与跨性别学生和其他相关学生的充分沟通，了解跨性别学生的意愿，尽量提供帮助和便利。

（3）在各级学校中增加专业心理咨询辅导教师，并对心理咨询辅导教师进行多元性别的培训。

（五）学籍、教育证书和职业资格证书中的性别标记修改

1. 学籍、教育证书和职业资格证书性别标记修改面临的问题

我国的法律政策明确规定了跨性别者在完成性别重置手术之后可依法修改身份证件上的性别标记，但对于学籍、教育学历证书、文凭、执业资格证书等其他一些身份文件中性别标记的修改并无明确的政策规定。虽然我国教育部制定了两项法规，明确了在学校系统和国家教育系统中注册的个人信息变更的程序和要求，但因缺乏对跨性别人士所面临状况的了解，这两项政策规定在实际落实中使跨性别者在修改学历、学籍的性别标记过程中遭遇困难和阻碍。北京同志中心《2017 中国跨性别群体生存现状调查报告》显示，有 36% 的跨性别受访者在申请更改文凭和教育证书中的名字和性别标记的过程中面临挑战，其中有 12% 进一步表示学校本身就拒绝了他们的要求。

在我们的焦点小组调查中，绝大多数受访者表达出了对于教育证书中性别标记修改问题的担忧，而这些担忧使得一小部分受访者不得不以一些"特殊"的方式来应对。譬如，一名受访者表示："……现在唯一关心的可能也就是关于学籍、学历这方面东西的。因为现在不是毕业了嘛，工作了嘛，我去考博士其实也有歧视，这是其中原因之一。刷学历……"另外，修改学位学历上性别标记的困难为跨性别者实现平等就业权设置了障碍，并同时可能导致其隐私权受到侵害。有访谈对象表示其在完成性别重置手术后很快便修改了身份证上的性别标记，但"学历还是改不了"，因此其在找工作时曾四处碰壁。另一名受访者则表示，"……但是不改的话，也可以，并不是说学历全部作废了。就是说去找工作，一出示各种文件去证明这个男生现在是女生……相当于被迫出柜"。

在一对一的半结构式访谈中，笔者了解到，L 是跨性别女性，她曾向

自己毕业的学校、市教委申请过修改学历证书上的性别一栏，但均遭到了拒绝。2018 年 4 月，在律师和社区工作者的帮助下，L 向教育部提交了申请，成功修改了自己学历证书上的性别与照片。

截止到目前，包括 L 在内，虽然已有数例跨性别人士通过申请成功修改学籍和教育证书上性别标记的范例，但申请者成功修改在很大程度上依赖于其所曾就学的校方处理态度。由于缺乏完善的针对跨性别者学籍、学历修改的明确制度和规定，很多跨性别者仍然在获得与其性别身份相符合的教育/职业证书和文凭的问题上困难重重。

2. 我国法律政策相关规定

（1）《中华人民共和国民法通则》（1986）第 99 条规定："公民享有姓名权，有权决定、使用和依照规定改变自己的姓名，禁止他人干涉、盗用、假冒。"

（2）公安部出台了两项规定，为地方公安对性别标记变更的管理提供指导。根据公安部《关于公民变性后变更户口登记性别项目有关问题的批复》（公治〔2008〕478 号）的规定，跨性别者手术后进行性别标记变更需要向公安局提交的材料有：①申请人的书面报告；②户口簿、居民身份证；③国内三级医院出具的性别鉴定证明和公证部门出具的公证书或司法鉴定部门出具的证明；④属机关、团体、学校、企事业等单位的，要有所在单位组织人事部门准予变更的证明。

（3）《高等学校学生学籍学历电子注册办法》第 19 条规定：学生在校期间修改或变更身份信息的，由学生本人提供合法性证明，学校或省级教育行政部门审核确认后更改，学信网保留更改前的信息。学生要求修改、变更的信息或证明材料涉嫌弄虚作假的不予受理。学历注册并提供网上查询后，学校不得变更证书内容及注册信息，不再受理学生信息变更事宜。注册信息确有错误的，须经省级教育行政部门审核确认后方可修改。

（4）《普通高等学校学生管理规定》第 34 条规定：学校应当严格按照招生时确定的办学类型和学习形式，以及学生招生录取时填报的个人信息，填写、颁发学历证书、学位证书及其他学业证书。学生在校期间变更姓名、出生日期等证书需填写的个人信息的，应当有合理、充分的理由，并提供有法定效力的相应证明文件。学校进行审查，需要学生生源地省级教育行政部门及有关部门协助核查的，有关部门应当予以配合。

因为教育部未作出允许学校变更学历、学位证书上的性别的明确规定，学校就无权变更。许多跨性别者在完成性别重置手术之后在寻求学历、学籍性别标记变更上遇到巨大的阻碍。这导致许多跨性别者很难在其目前或将来的就业岗位上实现他们的性别转换，因其难以证明虽然身份证上的性别与文凭标注的性别相异，但身份证与文凭持有者是同一个人这一事实。[①]

3. 境外经验

（1）欧盟委员会要求其成员国为学生提供必要的信息、保护和支持以使得他们可以过上与他们性别认同一致的生活，并特别要求"协助学校文件上姓名和性别的更改"，以满足跨性别学生在学校生活中的特殊需求。[②]

（2）荷兰阿姆斯特丹大学拒绝向一位跨性别男性重新发放更改了姓名和性别标记的毕业证书，该跨性别男性向荷兰平等机会委员会申诉，平等机会委员会裁定阿姆斯特丹大学的决定构成歧视而必须纠正。[③]

（3）马耳他《性别认同、性别表达和性特征法案》（2015）规定：任何人都可以在付费的情况下，要求其他有权机关、部门、雇主、教育或其他机构颁发与他们相关的任何官方文件或证书，以反映他们性别和姓名的更改。[④]

（4）在美国，文凭上并无标注"性别"这一项，但并不影响持有者在应聘时证明自己的学习背景、专业知识和技能层级。

[①] 联合国开发计划署、中华女子学院：《跨性别者的法律认同障碍——中国相关法律和政策评估报告》，http://www. cn. undp. org/content/china/zh/home/library/democratic_governance/legal-gender-recognition-in-china-a-legal-and-policy-review - . html，最后访问时间：2019 年 1 月 12 日。

[②] Richard K. hler and Julia Ehrt, *Legal Gender Recognition in EU*, 2013, p. 33.

[③] Nationaljurisprudence / Netherlands, Equality Opportunities Commission , 30 November 2010.

[④] Richard K. hler and Julia Ehrt, *Legal Gender Recognition in EU*, 2013, p. 46.

（5）肯尼亚的一位跨性别女性成功地向肯尼亚高等法院申请去除其中学学历证书上的男性性别标记。法院认为，没有法律要求学历证书上有性别标记，去除性别标记并不会对证书的效力有不利影响。[①]

（6）我国香港地区学历、学位证书上没有性别标记和照片。

4. 法律政策建议和实践中的应对措施

国家教育行政部门应明确针对跨性别群体的学籍、学历证书及其他职业资格证书上涉及性别标记、姓名等重要信息修改的相应政策，为其提供充分便利，以实现跨性别人士的受教育权、隐私权等方面的全面保护。

在目前的立法状况下，跨性别者更改自己的学历信息应注意以下事项。

（1）准备好有用的相关材料，主要包括：①变更性别前后的身份证复印件；②身份证号码变更证明复印件；③变更性别前后的户口簿页复印件；④手术或诊断证明材料及相关公证书复印件；⑤本硕博学历学位证书复印件等材料。

（2）到学校相关管理部门提交申请材料，一般是学校的学生学籍管理部门（如教务处、学生处），以及学校的行政主管部门中的高等教育与学位管理处室。

（3）要有证据意识，注意保存好相关证据。例如，EMS 的快递单、寄出材料与申请表的照片、电话录音、书面回复、证人证词等。

四　结论和建议

对跨性别者的歧视和欺凌，往往与缺乏禁止基于性别认同和性别表达的歧视的法律有关。世界各地所有年龄的跨性别者的人权因而受到极其恶劣的侵犯，他们在劳动力市场、学校和医院里受到歧视，甚至被其家人虐待和抛弃。他们成为殴打、性侵犯、酷刑和残害等人身攻击的目标。20世纪 90 年代以来，联合国人权机构已反复表达了对这些问题和相关人权

---

① *Republic v Kenya National Examinations Council & another Ex-Parte Audrey Mbugua Ithibu* [*2014*]，ILGA.（2017）.

侵犯行为的担忧，并呼吁世界范围内同性恋行为的非刑事化，禁止针对男女同性恋、双性恋和跨性别者的暴力和歧视。"作为有良知的男性和女性，总的来说我们反对歧视，具体而言我们反对基于性倾向与性别认同的歧视，……在文化态度和普世人权相冲突时，普世人权必须先行。"①

为了充分保障跨性别者的受教育权，相关国际人权公约的缔约国应积极履行其国家义务。

（1）国家应当努力多在国际社会发声，通过讲话和声明、报刊评论文章、视频消息及分发多种其他资料等方式，参与对公众宣传和其他必要措施，加强对跨性别者的人权保护，与各联合国合作伙伴一道发布各种公共信息和开展一系列相关教育活动，旨在反抗对变性者或跨性别者的仇恨而引起的暴力行为，加强国内性别多元正常化的宣传。教育机构在课程设置中加入人权内容，让师生了解并接受世界和性别的多元性。所有人，包括跨性别者都享有充分平等地接受教育的权利。

（2）国家应当根据国际人权公约及 4A 标准（可提供性、可获取性、可接受性、可调适性），制定法律法规；并通过具体行政政策以及学校的规章制度来进一步落实国际人权公约及相关国际文件的倡导以及国内法的要求。从跨性别者在接受教育过程中最迫切的问题出发，保障他们的受教育权。

五　附录

附录一：词汇表

1. 生理性别：即 sex，指人们区分为男性或女性的生物及生理特征（例如，第一性征、第二性征、染色体等）。这些生物特征并不是相互排斥的，它们自然地呈现不同程度的混合。但是，在实践中，它们被用于将人

---

① 联合国人权高专办：《与基于性倾向和性别认同的歧视作斗争》，https：//www.ohchr.org/CH/Issues/Discrimination/Pages/LGBT.aspx，最后访问时间：2019 年 1 月 1 日。

类区分为预设中的相互两级，即男性和女性的二元结构。

2. 指派性别：指出生时，社会/医院依据一个人的性特征指派的性别标识。

3. 社会性别：即 gender，指因为社会对两性特征、角色、责任及两性关系的期待、要求和评价标准不同所产生的差异，是社会意义上的性别，由社会制度及个人社会化过程所决定，可以随着社会性别理念的变化而改变。

4. 性别多元：指反对传统的"男、女"二元性别概念。

5. 性别认同：一个人内在的、深深感受到的自己的性别，可能是男性，或者女性，或者两者皆是，或者两者皆非，或者是一些另类性别，或者是混合性别，其与出生时被指派的性别可能相同或不同。

6. 性别表达：一个人通过身体外观（包括着装、饰品佩戴、发型设计以及化妆品的使用）、行为习惯、表达方式以及与 ta 人互动的行为模式，外在地传达文化定义的男性化或女性化特质（或者两者兼具，或者两者皆非）的方式。

7. 性别肯定手术：亦称性别重置手术，或谓变性手术。指改变身体第一性征和/或第二性征的外科手术。性别重置手术通常包含一段时间的激素替代治疗来改变第二性征。

8. 顺性别：指自我认同的性别与指派性别一致的人。

9. 跨性别：所认同的性别和出生时被指派的性别不同的人。ta 们表达自己认同的方式，可能不同于 ta 们出生时被指派的性别角色。跨性别者进行自我认同的方式常常由地域、社会、文化、宗教或灵性所定义。

10. 跨性别男性：指自我性别认同为男性的跨性别者（例如，一个出生时被指派为女性但自我认同是男性的人）。

11. 跨性别女性：指自我性别认同为女性的跨性别者（例如，一个出生时被指派为男性但自我认同是女性的人）。

12. 性和性别少数群体：即"LGBTIQ"，是女同性恋者（Lesbians）、男同性恋者（Gays）、双性恋者（Bisexuals）、跨性别者（Transgender）、间性人（Intersex）与性别酷儿（Queer）的英文首字母缩略字。上述人群都是在传统二元性别或异性恋范畴之外的少数人群。

附录二：我国保障跨性别者受教育权的主要法律法规摘录

中华人民共和国宪法	第 33 条　凡具有中华人民共和国国籍的人都是中华人民共和国公民。中华人民共和国公民在法律面前一律平等。国家尊重和保障人权。任何公民享有宪法和法律规定的权利，同时必须履行宪法和法律规定的义务。 第 46 条　中华人民共和国公民有受教育的权利和义务。国家培养青年、少年、儿童在品德、智力、体质等方面全面发展。
中华人民共和国教育法	第 9 条　中华人民共和国公民有受教育的权利和义务。 公民不分民族、种族、性别、职业、财产状况、宗教信仰等，依法享有平等的受教育机会。 第 37 条　受教育者在入学、升学、就业等方面依法享有平等权利。 学校和有关行政部门应当按照国家有关规定，保障女子在入学、升学、就业、授予学位、派出留学等方面享有同男子平等的权利。 第 43 条 受教育者享有下列权利： （一）参加教育教学计划安排的各种活动，使用教育教学设施、设备、图书资料； （二）按照国家有关规定获得奖学金、贷学金、助学金； （三）在学业成绩和品行上获得公正评价，完成规定的学业后获得相应的学业证书、学位证书； （四）对学校给予的处分不服向有关部门提出申诉，对学校、教师侵犯其人身权、财产权等合法权益，提出申诉或者依法提起诉讼； （五）法律、法规规定的其他权利。 第 50 条　未成年人的父母或者其他监护人应当为其未成年子女或者其他被监护人受教育提供必要条件。未成年人的父母或者其他监护人应当配合学校及其他教育机构，对其未成年子女或者其他被监护人进行教育。学校、教师可以对学生家长提供家庭教育指导。
中华人民共和国义务教育法	第 2 条　国家实行九年义务教育制度。义务教育是国家统一实施的所有适龄儿童、少年必须接受的教育，是国家必须予以保障的公益性事业。实施义务教育，不收学费、杂费。国家建立义务教育经费保障机制，保证义务教育制度实施。 第 4 条　凡具有中华人民共和国国籍的适龄儿童、少年，不分性别、民族、种族、家庭财产状况、宗教信仰等，依法享有平等接受义务教育的权利，并履行接受义务教育的义务。 第 5 条　各级人民政府及其有关部门应当履行本法规定的各项职责，保障适龄儿童、少年接受义务教育的权利。适龄儿童、少年的父母或者其他法定监护人应当依法保证其按时入学接受并完成义务教育。依法实施义务教育的学校应当按照规定标准完成教育教学任务，保证教育教学质量。社会组织和个人应当为适龄儿童、少年接受义务教育创造良好的环境。 第 29 条　教师在教育教学中应当平等对待学生，关注学生的个体差异，因材施教，促进学生的充分发展。教师应当尊重学生的人格，不得歧视学生，不得对学生实施体罚、变相体罚或者其他侮辱人格尊严的行为，不得侵犯学生合法权益。

中华人民共和国 未成年人保护法	第3条　未成年人享有生存权、发展权、受保护权、参与权等权利，国家根据未成年人身心发展特点给予特殊、优先保护，保障未成年人的合法权益不受侵犯。未成年人享有受教育权，国家、社会、学校和家庭尊重和保障未成年人的受教育权。未成年人不分性别、民族、种族、家庭财产状况、宗教信仰等，依法平等地享有权利。 第5条　保护未成年人的工作，应当遵循下列原则：（一）尊重未成年人的人格尊严；（二）适应未成年人身心发展的规律和特点；（三）教育与保护相结合。
中华人民共和国 未成年人保护法	第13条　父母或者其他监护人应当尊重未成年人受教育的权利，必须使适龄未成年人依法入学接受并完成义务教育，不得使接受义务教育的未成年人辍学。 第18条　学校应当尊重未成年学生受教育的权利，关心、爱护学生，对品行有缺点、学习有困难的学生，应当耐心教育、帮助，不得歧视，不得违反法律和国家规定开除未成年学生。 第21条　学校、幼儿园、托儿所的教职员工应当尊重未成年人的人格尊严，不得对未成年人实施体罚、变相体罚或者其他侮辱人格尊严的行为。 第63条　学校、幼儿园、托儿所侵害未成年人合法权益的，由教育行政部门或者其他有关部门责令改正；情节严重的，对直接负责的主管人员和其他直接责任人员依法给予处分。学校、幼儿园、托儿所教职员工对未成年人实施体罚、变相体罚或者其他侮辱人格行为的，由其所在单位或者上级机关责令改正；情节严重的，依法给予处分。
中华人民共和国 职业教育法	第5条　公民有依法接受职业教育的权利。
中华人民共和国 高等教育法	第9条　公民依法享有接受高等教育的权利。 国家采取措施，帮助少数民族学生和经济困难的学生接受高等教育。 高等学校必须招收符合国家规定的录取标准的残疾学生入学，不得因其残疾而拒绝招收。
中华人民共和国 民办教育促进法	第33条　民办学校依法保障受教育者的合法权益。 民办学校按照国家规定建立学籍管理制度，对受教育者实施奖励或者处分。 第34条　民办学校的受教育者在升学、就业、社会优待以及参加先进评选等方面享有与同级同类公办学校的受教育者同等权利。
中华人民共和国教师法	第8条　教师应当履行下列义务： （一）遵守宪法、法律和职业道德，为人师表； （二）贯彻国家的教育方针，遵守规章制度，执行学校的教学计划，履行教师聘约，完成教育教学工作任务； （三）对学生进行宪法所确定的基本原则的教育和爱国主义、民族团结的教育，法制教育以及思想品德、文化、科学技术教育，组织、带领学生开展有益的社会活动； （四）关心、爱护全体学生，尊重学生人格，促进学生在品德、智力、体质等方面全面发展；

续表

中华人民共和国教师法	（五）制止有害于学生的行为或者其他侵犯学生合法权益的行为，批评和抵制有害于学生健康成长的现象； （六）不断提高思想政治觉悟和教育教学业务水平。 第 37 条　教师有下列情形之一的，由所在学校、其他教育机构或者教育行政部门给予行政处分或者解聘： （一）故意不完成教育教学任务给教育教学工作造成损失的； （二）体罚学生，经教育不改的； （三）品行不良、侮辱学生，影响恶劣的。 教师有前款第（二）项、第（三）项所列情形之一，情节严重，构成犯罪的，依法追究刑事责任。
中华人民共和国义务教育法实施细则	第 22 条　实施义务教育学校的教育教学工作，应当适应全体学生身心发展的需要。 学校和教师不得对学生实施体罚、变相体罚或者其他侮辱人格尊严的行为；对品行有缺陷、学习有困难的儿童、少年应当给予帮助，不得歧视。 第 38 条 有下列情形之一的，由地方人民政府或者有关部门依照管理权限对有关责任人给予行政处分： …… （三）对学生辍学未采取必要措施加以解决的；

《反歧视评论》征稿启事

《反歧视评论》是由中国政法大学宪政研究所主办的国内首个以平等权利和反歧视为主题的学术文集，旨在汇集反歧视研究的前沿理论，展现反歧视实践的最新成果，进一步推动反歧视的法律和制度变革。

《反歧视评论》以学术性和建设性为评价标准，设置主题研讨、学术专论、评论、判例研究、调研报告、深度书评等栏目。具体征稿要求如下。

一、内容

与反歧视相关的调查报告、立法建议、学术论文或译文等。文章需论点鲜明，论据充分，论证严谨，语言通畅，数据准确，图表规范，主题集中，层次分明，结构完整，注释引文无误。保证作品独创性，如有对其他作品适当引用，请在文中用注释说明。

二、来搞须为原创、未公开发表的科研成果。欢迎反歧视领域的译文。

三、文稿格式要求

（一）文稿体例

文稿由中英文题目、中文摘要、关键词、正文和注释构成。文章标题字数10字左右；摘要在200字以内；关键词3—5个。文稿正文采用脚注，每页重新编码。稿件字数一般不低于8000字，鼓励言之有物的长文。

（二）基金项目

如果来稿得到基金项目资助，请在文章首页页脚标明基金项目的类别、名称、批准号。

（三）作者简介

来稿应在文章首页页下脚按如下顺序标明作者信息：姓名、单位、职称（职务）、学历、研究方向。

（四）标题

文稿标题应层次分明，标题前的数字按不同级别依次使用：文内体例顺序一般采用：一（一）1.（1）①A. a. 其中：一（一）、1. 为标题序号，单独成行，不接正文。

（五）注释体例

1. 一般中文著作

专著作者后不用"著"字，编纂类加"主编、编"等字样，并注明具体起始页码。

例：周伟：《反歧视法研究：立法、理论与案例》，法律出版社，2008，第 101—102 页。

例：刘小楠主编《反歧视法讲义：文本与案例》，法律出版社，2016，第 15 页。

2. 期刊、集刊文章或论文

例：王理万：《就业性别歧视案件的司法审查基准重构》，《妇女研究论丛》2019 年第 2 期。（期刊网站不加页码）

例：何霞：《妥协与渐进之道：日本反性别歧视立法研究》，刘小楠主编《反歧视评论》（第 2 辑），法律出版社，2015，第 100 页。（集刊和论文集文章需标注页码）

3. 译著

作者要注明国籍，作者在前，译者在后。

例：〔美〕加里·贝克尔：《歧视经济学》，于占杰译，商务印书馆，2014，第 17 页。

4. 报刊文章

信息要完整、准确，切不能将网站转载日期作为报纸日期。

例：刘伯红：《性别平等之声在两会上日益响亮》，《中国妇女报》2017 年 3 月 7 日。

5. 互联网或数据库作品

应注明网址或数据库、访问时间。如网站文章系转载自纸质刊物，须引用原始出处。

例："外媒关注中国首例跨性别就业歧视案败诉"，http：//www. cankao
xiaoxi. com/china/20160512/1156347. shtml，最后访问时间：2018 年 7 月
20 日。

6. 外文注释：说明性文字需翻译成中文，资料性文字（如作者、书
名、出版社、章节页码等）保留原文。资料性文字中的著作或者杂志名斜
体。如果作者引用英文文献，格式为：

（著作类）Evelyn Ellis and Philippa Watson，*EU Anti-Discrimination Law*
（*Second Edition*），Oxford University Press，2012，p. 102.

（论文类）Elisa Holmes，"Anti-Discrimination Rights without Equality,"
The Modern Law Review，Vol. 68，No. 2（Mar.，2005），pp. 175 – 178.

四、投稿方式

投稿一律采用电子文稿方式，本刊电子邮箱：antidiscrimination @
163. com。对于录用的稿件，我们会在收到稿件的 1 个月内发出用稿通知。
没有收到用稿通知的作者请自行处理稿件。为适应信息化建设需要，扩大
作者学术交流渠道，本文集与网站、期刊数据库、微信公众号等建立了合
作关系。如作者不同意将文章编入数据库，请在来稿时声明，本刊将做适
当处理。

《反歧视评论》暂定为每年一辑，并适时增加出版专题集刊。《反歧
视评论》常年征稿，截稿日期为每年 6 月 30 日，并于当年 11 月 31 日前
公开出版，出版后会给每位作者寄送稿酬和样书。

中国政法大学宪政研究所

《反歧视评论》编辑部

图书在版编目（CIP）数据

反歧视评论. 第 6 辑／刘小楠，王理万主编. -- 北
京：社会科学文献出版社，2019.8
ISBN 978 - 7 - 5201 - 5129 - 0

Ⅰ.①反… Ⅱ.①刘… ②王… Ⅲ.①公民权 – 研究
Ⅳ.①D911.04

中国版本图书馆 CIP 数据核字（2019）第 136995 号

反歧视评论 第 6 辑

主　　编／刘小楠　王理万

出 版 人／谢寿光
责任编辑／关晶焱
文稿编辑／侯婧怡

出　　版／社会科学文献出版社·集刊分社（010）59367161
　　　　　地址：北京市北三环中路甲 29 号院华龙大厦　邮编：100029
　　　　　网址：www. ssap. com. cn
发　　行／市场营销中心（010）59367081　59367083
印　　装／三河市龙林印务有限公司

规　　格／开本：787mm × 1092mm　1/16
　　　　　印张：18　字数：272 千字
版　　次／2019 年 8 月第 1 版　2019 年 8 月第 1 次印刷
书　　号／ISBN 978 - 7 - 5201 - 5129 - 0
定　　价／98.00 元